행복한 책읽기

행복한 책읽기

김현 일기 1986-1989

문학과지성사

[해제]

죽음을 응시하는 삶-읽기와 삶-쓰기

　마지막 몇 해 동안, 김현 선생은, 한 후배 시인의 표현대로, 죽음에의 예감에 집착했었다. 선생은 자신의 육체적 징후들을 통해 몸속 깊이 번져가는 죽음의 증식을 보고 있었고(그 죽음의 뿌리는 모태 감염에 의한 것이었으니, 선생은 태아 적부터 죽음을 간직하고 태어났던 셈이다), 주위에서는 아무도 예측을 못 한 끝이 다가올수록 점점 더 자주, 점점 더 깊이, 그 응시와 사유의 궤적들을 글로 드러내왔었다. 그러나 죽음과 삶은 꼬리를 문 두 마리 뱀처럼 언제나 둥글게 한 몸으로 얽혀 있는 법, 그래서 그 응시와 사유 과정은 또한, 역설적이게도, 아니 너무도 낭연하게도, 유한한 삶에의 열정을 그만큼이나 강하게 떠올려주는 것이기도 했다. 선생은 죽음에의 예감에 집착하면 할수록 동시에 죽음 앞에 살아 있음을 생생하게 증거하는 숨소리를 뿜어냈던 것이다.
　이미 끝을 의식하는 의식으로 시간과 싸우며 쏟아 넣은 선생의 마지막 저작들은 모두 그 숨소리를 담고 있다. 말년의 선생을 사로잡은 주제들이 삶의 궁극적 근원으로서의 '욕망'의 문제 위에서 가지를 치고 있었다는 사실도 의미심장하지만, 그 숨소리가 가장 잘 느껴지는 것은 무엇보다도 선생에게 삶 그 자체였던 글, 즉 말의 결을 통해서이다. 죽음과 삶이 팽팽히 맞선 곳에서 발생하는 긴장된 힘, 그 긴장된 힘이 불러들이는 투명한 직관적 통찰, 그 통찰에 의해 과감히 잔가지를 치며 핵심에서 핵심으로 건너뛰는 글 걸음, 그러면서도 구석진 어디라도 끌어안고 가는 크나큰 품……『시칠리아의 암소』는 선생이 만들고 선생 자신이 그 속에 제물로 들어가 죽어가며 사무치는 울음소리를 낸 선생만의 언어 예술로서 '시칠리아의 암소'이다.『말들의 풍경』은 아마도 그 예술가의 고통을 혼자의 몫으로 감추며 고통을 넘어서는 사랑의 말숨결로 세상을 따뜻하게 감싸 빚어낸 선생만의 '말들의 풍경'일 것이다. 글에 안/밖이 따로 있는 것은 아니겠으나, 상대적인 의미에서, 위의『말들의 풍경』이 밖을 향해 있다면, 이제 선생의 마지막 저작물로 간행되는 이 유고 일기는 보다 선생 자신의 내면을 향해 시선을 쏟은 선생만의 독특한 방식의 '일기'라 할 수 있다.

  선생의 일기 쓰기가 독특하다 함은 우선 자신의 내면을 바라보는 그 개인적 삶의 기록조차 주로 타인들의 글을 읽고 쓰는 것에 의존하고 있음을 일컫는 말이다.『행복한 책읽기』라는 제목이 암시하듯이, 선생에게 세상과 삶을 읽고 거기에 대해 쓰는 것—차라리 삶을 살고 삶 자체를 온몸으로 써나가는 것—은 곧 책을 읽는 거기에 대해 쓰는 것이었다. 이 말은 선생의 주체성의 부재를 지적하는 것이 아니다. 아니, 그 반대이다. 선생은 메타-언어를 사용하는 비평가였음에도 불구하고 이 땅에서 가장 독창적인 언어 세계를 펼쳐 보여준 사람들 중의 하나이다. 그런데 그 독창성을, 선생은, 기실 모든 언어가 저 자신에 대해 말할 때조차 언어에 대한 언어임을, 타인들의 언어들과의 관계 속에서 움직이는 언어임을 드러내 보여줌으로써 획득하고 있는 것이다. 그리고 선생은 그 깨달음의 한 극단을 다른 글도 아닌 '일기'를 통해 보여주고 있는 것이다. 사람들은 일기가 저 자신에게 자신만의 은밀한 이야기를 고백하는 것이라 생각한다. 그러나 모든 글은 그것이 언어로 씌어지는 한 자신에게만 이야기할 수도, 자신만의 이야기로 감출 수도 없다. 그것은 언제나 타자를 전제한다. 그런 의미에서, 일기가 실제로 은폐하고 있는 것은 결국 그것이 누군가에 의해 읽히고야 만다는 점이다. 그 점을 꿰뚫어 보고 있는 선생은 이때까지의 통념을 완전히 뒤집어엎는 일기 형식을 제시하는바, 그 일기 쓰기는 전복적인 글쓰기이다. 전복적인 글쓰기! 선생의 오랜 문학적 명제 중의 하나가 마침내 여기서, 죽음을 담보로 한 죽음 앞에서의 삶-쓰기를 통해 실천적으로 완성된다.

그러나 그 전복적 완성은 동시에, 선생의 오랜 동료 비평가의 말처럼 '사랑의 완성'이다. 선생의 전복성은 '죽임'을 목표로 하는 것이 아니라 '살림'을 목표로 하는 것이기 때문이다. 그것은 굳어 있는 우리 모두의 정신을 함께 뒤집어엎으려는 것이지, 내가 살기 위해 너를 숙이려는 것이 아니다. 그런 의미에서 선생의 글쓰기는 말의 바른 의미에서의 '대화'에 기초해 있다. 진정한 대화란 언제나 함께-삶을 지향한다는 것을 상기하자면 말이다. 저 자신에 대한 글쓰기인 일기마저도 대화의 양식으로 바꾸고자 한 선생의 뜻은 융숭하다. 상대적으로 자유로운 글쓰기 형식인 일기이기 때문에 이 책에는 비교적 타인들에 대한 비판적 언급이 많이 나오지만, 그 비판이 누구보다도 선생 자신에게, 그리고 생활 속에서 가까웠던 동료들에게 먼저 가해지고 있음도 바로 그 때문이 아닐까? 그 비판이 이 세계에 대한 깊고 넓은 애정을 밑에 깔고 있는 깨달음과 일깨움의 비판이라는 점에서, 그것은 차라리 따뜻한 바다 위에 그려지는 아름다운 파도처럼 보인다.

김현 선생과 맺어온 어떤 인연으로 인해, 이 유고 일기 원고는 선생이 마지막으로 입원해 있던 병원 병상에서 나에게 맡겨졌었다(이에 관해서는 다음 글을 볼 것: 「죽음 앞에서 낙타 다리 씹기」, 『문학과 사회』 1990년 겨울호). 그 원고를 보관하고 있는 사람으로서, 나는 그것에 대해 내가 알고 있는 몇 가지 정보를 제공함으로써 독자들의 이해에 보탬이 되고자 한다. 이를 위해 나는 김현 선생의 마지막 어투를 빌려 쓸 생각이다.

우선, 이 유고 묶음의 표지에는 김현 선생의 자필로 '일기 1986-1987-1988-1989'라고 적혀 있다. 그것은 동어반복이 되겠으나 이 유고가 일기를 정리한 것임을 분명히 보여준다. 이 지적은, 위에서 언급했듯, 이 일기가 일기는 일기이되 선생만의 독특한 글쓰기가 빚어낸 일기임을 확인시키기 위함인데, 실제 원고는 1985년 12월 30일에 시작하여 1989년 12월 12일에 끝난다.

그다음, 이 유고 묶음의 속표지에는 역시 선생의 자필로 '책읽기의 즐거움'이라는 제목이 달려 있다. 그것은 이 일기 묶음이 1984년에 출판된 『책읽기의 괴로움』과 짝을 이루며 동시에 대비되는 어떤 글쓰기의 소산임을 뜻한다. 그러나 선생은 세상을 떠나기 며칠 전 이 원고의 보관을 부탁하며 그 제목을 '행복한 책읽기'로 고쳐줄 것을 부탁했다. 아마도 그 제목이 『책읽기의 괴로움』이 나온 이후 다른 이에 의해 사용되었던 까닭으로 여겨진다.

그다음, 이 일기 원고는 컴퓨터로 정리되어 있다. 마지막 2~3년 동안 선생은 컴퓨터에 빠져 그것을 애용했었다. 죽음이 오기 전에 글을 빨리 써야겠다는 속도의 필요성 때문이었을까? 아무튼 이 일기는 마지막 1년 가까운 시간 동안 틈틈이 새로 정리한 것이라고 한다. 여기서 주목할 점은 일기를 새로 정리했다는 사실이다.

그다음, 일기를 컴퓨터로 새로 정리했다거나 그 제목을 미리 정해놓고 있었다는 위의 사실과도 연관되어 있지만, 선생은 이 유고의 출판을 스스로 의식하고 있었다. 다시 말해, 선생은 이 책이 출판되었을 때의 공적인 의미를 고려하고 있었던 듯이 보인다. 선생은 사생활의 기록 또한 꼼꼼히 해왔다고 하는데, 이 유고에는 그러한 부분들이 일부를 제외하고는 거의 지워져 있다. 새로이 정리하면서 그것들을 잘라버린 것이다(실제로 어떤 부분들은 그 잘라버린 흔적을 남기고 있다). 선생은 타계하기 전 일기의 원본들을 모두 없애버렸다고 말했다.

그다음, 1986년 이전의 일기를 남기지 않은 이유도 그 공적인 가치의 고려와 관련된 것으로 짐작된다. 그 이전의 선생의 사유는 이미 발표된 글들 속에 어떻게든 표명되었다고 판단했던 까닭이 아닐까? 선생은 동어반복을 싫어했다.

그다음, 공적인 발표를 의식하고 사적 기록의 많은 부분을 지워버렸다면, 그럼에도 불구하고 남겨놓은 사적 기록들은 이 일기의 전체 속에서 그 나름의 어떤 의미 작용을 한다고 판단했기 때문일 것이다. 사회문제·병·여행·등산·인간관계·영화 감상 등, 독서를 떠난 생활에서 촉발된 삶에의 단상들은 자세히 읽어보면 독서 기록들 사이에 단단히 끼워져 맞물려 돌고 있다. 그것이 내가 선생에게서 책-읽기/삶-읽기, 글-쓰기/삶-쓰기를 하나인 둘, 둘인 하나로 본 이유 중의 하나이다.

마지막으로, 글쓰기 방식의 문제. 얼핏 보면 이 유고집의 중심 줄기를 이루는 독서 기록들은 짤막하고 직관적인 인상기이거나 본격적인 평론을 준비하는 밑그림처럼 보인다. 그러나 그것들을 그 자체로 모아 발표하려 했다는 것은, 마지막의 선생이 자신의 글쓰기의 새로운 형태를 제시하려 했다는 이해 또한 가능케 한다. 그것들이 그 자체로 의미를 지니는 독자적 형식일 수 있다는 말이다. 『김현 예술 기행』(1976)의 「아르파공의 절망과 탄식」(이것은 프랑스 체류 일기를 간추린 것이다), 평선집 『살아 있는 시들』(1983)의 단편적 해설들(나는 이것들 역시 일기의 일부였을 것으로 추측하고 있다)에서 이미 그 편린을 보여주었었지만, 그것은 짧은 몇 마디 말 속에 큰 핵심을 실어 나르는 단장 형태의 글쓰기이다. 후기의 선생의 글들은 갈수록 정련되며 짧아져갔었다. "짧고 맛있는" 글쓰기를 향한 선생의 경사는 일기 속에서도 분명히 나타나고 있다(한 예: 1989. 6. 18).

이 책은, 편집의 틀을 잡고 오자를 바로잡는 외에는, 선생의 유고 일기를 원문대로 아무 삭제도 가하지 않고 그대로 출판하는 것이다. 선생은 유고의 뒤처리를 부탁하는 자리에서, 삭제하는 게 나을 부분—특히 사람 이름들과 관련하여—이 있다면 판단해서 지워달라는 부탁을 남겼었지만, 나는 어디서도 그래야 할 부분을 발견하지 못했다. 선생 자신이 이미 세심하게 모든 것을 배려해 정리해놓은 상태였던 것이다. 차라리 나는 선생이 더 많은 부분들을 노출시켜놓았었으면 하는 아쉬움마저 느낀다. 그러나 이미 돌이킬 수 있는 것은 아무것도 없다. 그러니 이제는 우리가 빈틈으로 스며들고 빈틈을 메우며 '김현'을 읽어내는 수밖에……

1992년 가을
이인성

일러두기

1. 이 책은 1992년 문학과지성사에서 출간된 김현의 『행복한 책읽기: 김현의 일기 1986~1989』의 개정판으로, 1992년 초판과 함께 1993년 〈김현 문학전집〉 15권으로 간행된 『행복한 책읽기/문학 단평 모음』(문학과지성사)을 저본으로 삼았다.
2. 초판에서 발견된 저자의 단순 오기나 편집상의 실수로 보이는 몇몇 부분은 해제자의 의견에 따라 바로잡았다.
3. 본문 뒤쪽에 '인명 찾아보기'를 덧붙여, 이 책의 중심을 이루는 독서 기록들과 독서 외의 삶에서 촉발된 경험과 인상을 드러내는 사적 기록들의 궤적을 밝혔다.
4. 본문에 (134) 표시는 언급되고 있는 책의 134면을 가리킨다. (2: 56) 표시는 여러 권으로 된 같은 제목의 책 중 제2권의 56면을 뜻한다.
5. 일부 인용문과 서지 사항, 저자의 의도가 담긴 몇몇 경우를 제외하고 현행 국립국어원의 맞춤법과 외래어표기법을 따랐다.
6. 본문의 콜론, 세미콜론, 로마자 등의 문장부호는 그대로 두었고, 단행본이나 잡지는 『 』, 논문과 영화, 그림, 공연 등은 「 」로 표시했다.

차 례

[해제] 죽음을 응시하는 삶-읽기와 삶-쓰기 ············· 5

1986 ························· 15
1987 ························· 81
1988 ························· 167
1989 ························· 255

인명 찾아보기 ····················· 369
김현 약력 ························ 377

1986

치수에게

편지 받았다. 반갑다. 오래 기다리고 있었다. 마치 석상같이 무표정한 얼굴로. 그리하여 나는 여러 가지 사실을 또한 깨달았다. 이제 나는 실망하지 않는다. 이번 실패로 인하여 새로운 계기를 이루어주었으니까. 그리고 당선작들을 읽고 그렇게 내 자신을 학대할 것도 아니라는 것을 동시에 알았던 것이다. 50년 전 소설이 아직 우리 풍토 위에서는 나래를 펴고 있다는 사실을 알았던 것이다. 그리고 그렇게 써야만 한다는 것도. 첫째는 나의 실력 부족이다. 실패로 인하여 도약한다는 것에 진정으로 동의하고 있다. 둘째는 새로운 작품은 새로운 route로만 발표되어야 한다는 것이다. 셋째는 새로운 유파를 형성해야겠다는 것이다. 이것에 대하여 roman poétique와 dépayser에 관해서 생각하고 있다. 좋은 생각이 있다. 서울 가서 이야기하자. 아마 여기서도 여기에 찬동하는 한 사람이 있을 것이다. 서울 가서 말하마. 넷째는 너무 서두르지 말자는 것이다. 대강 이야기만 했는데 서울 가면 자세히 할 이야기가 있다. 너도 문과를 택한 이상 재미있다고 생각할 만한 일이다. ─ 이것이 나의 요즘 중대한 관심사이다. 연애? ─ 천만에 말씀이다. 개시는커녕 온고이지신이다. 할 말이 있다. 놀랠 것이다. 〈여자가 남자를 사랑하고 있다는 것을 알면 한결 마음이 놓이는 법이다〉 어떤 노인이

김현이 김치수에게 보낸 편지 (1962. 1. 31)

1985.12.30

다니엘 들라Daniel Delas／자크 필리올레Jacques Filliolet의 『언어학과 시학Linguistique et poétique』의 한국어 번역판(유제식／유제호 역, 인동, 1985)을 읽고 나는 내가 왜 구조주의를 소개하면서 거기에 위화감을 느꼈나 하는 것을 분명히 알 수 있었다. 내 글쓰기의 초기엔 텍스트를 닫힌 체계로 보려는 성향과 열린 체계로 보려는 성향이 공존해 있었고, 닫힌 체계로 보려는 성향은 구조주의를 긍정적으로, 열린 체계로 보려는 성향은 그것을 부정적으로 보게 한 것이다. 텍스트는 열려 있지만 닫혀지려 하고, 혹은 닫혀 있지만 열려지려 하고 있다. 그 모순의 긴장이 텍스트이다. 그 관점이 탈구조주의로 나를 이끌고 간다.

1986.1.1

정문길이 옮긴 파펜하임의 『근대인의 소외』(정음사, 1985)를 재독. "〔다른 사람이나 어떤 사건을 하나의 전체로써 연관시켜 보기보다는, 우리에게 중요한 부분만을 분리시킴으로써 그 나머지 부분에 대해서는 어느 정도 거리를 가진 관찰자의 입장을 취하는〕 식으로 현실을 두 개의 부분으로 분리시키는 사람은 자기 자신의 자아에 있어서도 분열을 보이게 된다. [……] 우리는 개인으로서의 자신을 확인하기 위하여 우리의 목적을 성취하는 데 도움이 될 것처럼 보이는 국면만을 강조하면서, 그 외의 국면에 대해서는 격리되어 있는 것이다. 그러나 이 같은 분리에의 충동이 크면 클수록 우리 자신 가운데 나타나는 균열은 더욱더 깊어지는 것이다"(11~12). 그 소외는 기술의 발전, 정치술의 발전, 시장 경제의 확산, 매스 미디어의 상품 판매적 경향(상품 가치를 갖고 있는 나쁜 뉴스!(138)), 노동의 상품화에 의해 더욱 심화된다. 그것을 극복할 수 있을까? "소외의 힘에 대항하는 우리들의 투쟁에는 지름길이 없다"(178). 상품 구조에 의해 지배되지 않는 경제적·사회적 제제도의 발전을 위해 싸워야 한다는 생각에 일리가 없는 것도 아니나, 동구의 예들은 그것이 반드시 올바른 것은 아니라는 것을 보여준다(182). 그렇다면? 사르트르가 한때 제시한 것은 음악으로의 길, 예술로의 길이었다. 그러나 그것을 할 수 없는 사람들은? 문제는 다시 원점으로 돌아온다.

1.10

한국 사람들이 아들에게 바치는 정성은 상상을 절한다. 고생에 대한 격렬한 증오가 아들의 미래에 투사되어 그 미래가 화려하기를 바라면 바랄수록 격정적으로 아들의 현재를 질타하게 만든다.

『오늘의 책』 1985년 겨울호(8호)에 실린 반성완의 「총체성의 이념과 변증법적 인식」은 루카치의 『역사와 계급 의식』에 대한 매우 중요한 글이다. 루카치의 본질을 유토피아적 전망에 있다고 보는 관점에서 루카치의 물화 현상 분석을 설명하고 그것의 수용을 요약하고 있는데 글이 평이하고 정곡을 찌르고 있다.

1.11

흉몽이다라는 생각은 들지 않았고, 다만 감각적으로 진저리를 치다가 잠을 깼다. 잠자리 같기도 하고, 헬리콥터 같기도 한 어떤 것이 꼬리가 수직으로 떨어져 위로 오르려고 열심히 맴을 도는 순간에 잠을 깼는데, 그 직전에 불어로 "C'est le décès qui inventa la mort"라고 누군가가—난가, 아니면 남인가—말했고, 그것은 잠을 깬 뒤에도 머릿속에 남아 있었다. 그것이 무슨 뜻인지도 확실하지 않다. 꿈속에서 누군가가 그 말의 뜻을 명확히 설명해주었고, 나는 완전히 그것을 수긍했었다. 일어나 그 말을 적어둔 뒤 시계를 보니 2시 15분이었다. 8시 반쯤 다시 잠을 깼는데 그 말은 아직 머리에 남아 있었다. 이상한 꿈이다. 장병기가 보여준 조의문 속의 "le décès du grand professeur LEE"라는 문장의 그 'décès'가 무의식에 남아 있었던 것일까. 그렇다면 그 잠자리 같기도 하고, 헬리콥터 같기도 한 것의 고름이 잔뜩 든 듯한 꼬리는 무엇일까. 그것은 열심히 둔탁하게 맴돌고 있었다.

이제하의 『용』은 좀 비유적으로 말한다면 구타선殿打禪의 세계에서 일상선日常禪의 세계로의 이행을 보여주고 있다. 소설의 맨 마지막에 충격적인 이미지를 제시함으로써 그 앞의 이야기를 멍청하게 뒤

따라가던 독자들을 놀라게 만드는 버릇은 여전하되, 그 앞의 이야기가 비일상적인 것에서 일상적인 것으로 서서히 바뀌고 있다. 초(혹은 반)-역사주의적인 비일상은 역사주의적인 일상으로 바뀌고, 충격적인 이미지들은 책읽기, 그림 보기에서 현실 보기로 바뀌고 있다. 소설로 보자면 그것은 일종의 진전이지만, 이제하의 광기가 그만큼 죽어가고 있다는 증거이기도 하다. 그러나 그는 좋은 작가이다.

1.14

시 무크 『상징과 은유』라는, 3개 국어로 이루어진 『미래시』 8집(도서출판 모모, 1985. 12)을 읽었는데, 흥미 있는 두 개의 글을 만났다. 하나는 김상일의 「권력과 시인」(66~76)이고, 또 하나는 윤성근의 「황진이」이다.

김상일의 글은 권일송·이은상·김춘수·서정주의 친권력 성향을 다루고 있는데, 한두 군데 문맥이 이상한 곳이 없는 것은 아니나, 김춘수와 서정주의 시 한 편씩을 구조주의적으로 분석한 대목은 흥미로웠다. 지배적 이데올로그에겐, "지상적인 것, 더러운 것, 인간적인 것, 고통스러운 것, 참혹한 것, 불행한 것, 죽음이나 붕괴해나가고 있는 것, 불합리한 것 따위와는" 관계를 맺지 않으려는 성향이 있으며, 그 성향이 "위에 있고" 싶다는 성향이다라는 지적은 음미할 만한 지적이다. 김상일이 이때까지 쓴 글 중에서 제일 잘 쓴 글 같다.

윤성근은 처음 읽는 듯한(!) 시인인데, 「황진이」를 읽은 뒤에 『미래시』를 뒤져보니 첫 호부터 참여하고 있다. 82년쯤 등단한 대구 시인인 모양이다. 「황진이」엔 뭔가가 분명히 있다. 뱃속의 태아라는 주제는 강호무의 「암소질」의 변형인데, 비진정성의 자리로 황진이를 선택하여, 횡설수설하고 있는 것이 재미있다. 그 횡설수설을 통해서, 소외된, 지배받고 있는 익명인들의 처참한 모습이 분명하게 드러나 있다. 작품은 짜임새가 부족하고, 이미지가 선명하지 못한—선명하지 않은 것도 선명하게 선명하지 않아야 한다—곳들이 많다. 그러나 맨 마지막 「황진이의 추억」은 좋다.

> 만일 내가 돌이었다면 나는 수치심으로
> 딱 갈라졌을 것이네
> 만일 내가 수목이었다면 나는
> 저 푸른 강을 길어올리지 못하고
> 그래서 꽃으로 피지 못하고
> 꺼멓게 탄 숯덩이였을 것이네
> 나는 이 거듭되는 시련들이
> 마침내는 내 영혼을 정화하리라는
> 얄팍한 기대를 죽어도 포기 못 한다
> 그러나 아아, 누가 지옥을 모른다고 해서
> 지옥에서 벗어나 있다고 말할 수 있으리오

시만으로 본다면, 아직 결혼을 하지 않았고(결혼한 뒤에도 성에 대해 그렇게 강한 집착을 표시할 수는 없을 테니까), 군대 생활을 했거나 하고 있고(p. 275의 군대 체험은 섬뜩하다), 사랑하던 여자가(혹은 아내가?) 임신 때문에 크게 앓은 경험을 갖고 있는 듯하지만, 그것이 무슨 가치 판단의 근거를 이루랴. 가능성 있는 글을 읽는 밤은 즐겁고, 즐겁다.

1.15

『골짜기의 백합 Le lys dans la vallée』(1835)을 읽으니까, 『동 키호테』의 영향력이 얼마나 컸던가 하는 것과 『적과 흑』이 연애소설로 얼마나 뛰어난 것인가 알 수 있다.

1.16

김춘수 신작 에세이 『하느님의 아들 사람의 아들』(현대문학사)을 읽었는데, 납득이 잘 안 되는 대목이 많다. 단절된 연상들을 연결시켜 시적 효과를 내는 방법이 에세이에서는 별로 큰 효과를 못 내고 있다. 아니, 그의 연상들이 너무 피상적이다.

1.24

대구 파계사는 인상에 남는 절이었다. 절 분위기는 봉정사 비슷하였으나, 봉정사보다 나은 것이, 파계사에는 사람 냄새가 있었다. 뒤에 있는 승방은 고아한 선비의 거처를 연상시켜주었다. 앞마루에 나와 있는 동양란 한 촉의 그윽한 맛! 거기서 여러 명의 시인이 나왔다 한다. 그럴 만하다. 밀양 표충사는 별로 볼 것이 없었으나, 가지산 석남사로 넘어가는 석남고개는 일품이었다. 산은 깊이 들어갈수록 낮아진다는 신대철의 시구가 얼마나 옳은 진술인지 이제 알겠다.

1.27

민희식 역의 『구조주의란 무엇인가』(고려원, 1985)는 일본어 역 같고, 이춘길 역의 『계몽주의 철학』(지양사, 1985)은 영어 역이다. 주석이 자세하게 붙어 있는 번역판을 번역했기 때문에 도움을 주는 부분도 많으나, 어색한 곳도 많다. 사이드의 비평이 데리다에 연결되어 있음은 근원-시작에 대한 논의에서 쉽게 인지된다. 근원은 없고 흔적만이 있는 의미, 근원은 없고 시작만 있는 문학······

1.30

중산층의 의식 구조에 관한 에세이:
 1. 부흥회-기도회
 2. 탈향-귀향
 3. 아파트
 4. 주간지-여성잡지-과시적(소비적) 아름다움
 5. 텔레비전-오디오-비디오
 6. 점심 먹기-맛있는 곳 찾기-몰려들기
 7. 웃기는 이야기——지옥·식인종·쌍놈·동물 시리즈
 8. 인스턴트식품——라면 문화
 9. 싼 맥주 마시기
 10. 차 마시기

11. 대중가요
12. 결혼식
13. 골동품 사재기
14. 자동차 바꾸기

1.31

장석주의 「한국시의 지금-여기」(『현대시학』, 1986년 2월호)는 읽을 만하다. 그 글은 황지우·김정환·최승호·김혜순 등을 다루고 있는데, 직관적인 어떤 것이 담겨 있다. 김정환에 대한 '버팀김의 시'라는 지적은 약간 정치적이지만, 다른 시인에 대한 지적은 전투적이어서 들을 만하다. 황지우에 대한 지적: "그의 시의 극렬성은 위장의 극렬성이다."

2.5

육체는 자기가 고통스러우면 사고를 중단하고, 어떤 일이 있어도, 그 고통에서 먼저 해방되려 한다. 맹목적이 아니라 맹사적이라 할까.

2.6

발레리 시에 나타나는 'poreux(구멍 뚫린)'는 스며들어가 동화될 수 있는이라는 뜻이다. 근거: le corps poreux et pénétrable, assimilable au monde(Raymond: *Valery*, p. 13. cf. p. 53). 실제의 예:

mon existence poreuse(*Cimetière*).

2.10

괴테의 『젊은 베르테르의 슬픔』을 다시 읽다. 오시안주의, 폐허 감각, 검은 눈의 여인. "바다처럼, 심연처럼 검은 눈동자는 내 앞에, 내 속에 나타나서 모든 감각을 채운다." 밖의 검은 눈, 안의 검은 속! 연애소설의 중간 원형이라 할 만하다. 더욱 자세히 분석해볼 필요가 있다.

2.12

이관묵의 『변형의 바람』(민족문화사)을 읽으면, 그의 시적 재능이 엷지는 않다는 것을 알 수 있다. 그러나 그 재능은 자연스럽게 꽃피어 나지 못하고, 장식적으로 낭비되고 있다(33, 52). "시뻘건 혓바닥 하나가 남아 있었다"(56), "말의 껍질을 벗겨보면 / 거기도 시뻘겋게 피가 맺혀 있었다"(39) 따위는 쓸 만한 시들인데, 나머지들은 장식적·수사적 아름다움만 울창하다, 맛없이.

장 바셰Jean Bacher의 『비평가 발레리의 상황: 책의 부활*La situation de Valery critique; la renaissance du livre*』(1976)을 강의 준비로 읽다. 중요한 새 정보도 없으며, 70년대 초 수준의 정보들뿐이다. 새로운 관점도 없다. 진부한 관점, 진부한 진술……

정재서가 번역하고 주석을 붙인 『산해경』(민음사, 1985)을 쉬엄쉬엄 읽다. 중국인들의 상상적 세계가 어슴푸레 떠오른다. 잘 걸리는 병(목에 난 혹……), 화재, 제사, 보석, 희귀한 동식물…… 들의 상상적 세계에서는, 모든 것이 인간과 관계되어 있다.

흥미 있는 몇 개의 이름:

1. "어떤 새는 생김새가 올빼미 같은데 사람과 같은 손을 갖고 있고 그 소리는 암메추리의 울음과도 같다. 이름을 주라고 하는데 제 이름을 스스로 불러대며 이것이 나타나면 그 고을에 귀양 가는 선비가 많아진다"(50).

2. "어떤 신은 그 형상이 누런 자루 같은데 붉기가 빨간 불꽃 같고 여섯 개의 다리와 네 개의 날개를 갖고 있으며 얼굴이 전혀 없다. 가무를 이해할 줄 아는 이 신이 바로 제강이다"(90).

3. "어떤 새는 생김새가 올빼미 같은데 머리가 희다. 이름을 황조라고 하며 그 울음은 제 이름 소리를 내는 것이고 이것을 먹으면 질투하지 않게 된다"(125).

4. "어떤 짐승은 생김새가 소 같은데 머리가 희고 외눈에 뱀의 꼬리가 있다. 이름을 비라고 하며 물을 지나가면 물이 마르고 풀을 지나가면 풀이 죽는다. 이것이 나타나면 천하에 큰 돌림병이 생긴다"(149).

5. "산 위에 이름을 제휴라 하는 나무가 있는데 잎새는 버들 같고 가지는 다섯 갈래이며 노란 꽃에 검은 열매를 맺는다. 이것을 먹으면 노하지 않게 된다"(177).

6. "궁기는 생김새가 호랑이 같은데 날개가 있다. 사람을 잡아먹는데 머리부터 시작하며, 잡아먹히는 것은 머리를 풀어헤치고 있다

(주: 털이 고슴도치 같다〔곽박〕. 〔……〕 서북쪽에 어떤 짐승이 있는데 〔……〕 사람의 말을 알아들어서 그 싸우는 소리를 듣고 정직한 자를 잡아먹는다. 누군가 성실하다는 말을 들으면 그 코를 베어 먹고 악하고 그릇되다는 소리를 들으면 짐승을 갖다 바친다)"〔265〕.

그 이름들은 아름다운 시보다도 더 많은 꿈을 꾸게 한다.

2.14

자리매김이라는 말이 나는 싫다. 자리매김이란 관계 맺기, 관계 짓기보다 훨씬 고착적이어서, 한번 자리가 맺어지면 변경하기가 힘들다. 변화를 전제하지 않은 자리매김이란 딱지 붙이기에 다름 아니다.

2.25

사람은 무엇보다도 먼저 불안감에서 해방되려 한다. 위대한 선동가는 그것을 이용하여 우선 사람을 불안하게 만들고 그것을 해소하는 가장 손쉬운 길을 제시한다. 그 길이 축제로 변할 수 있을 때 혁명은 완성된다.

>Ne renvoyez plus, mon ami
>
>A moi parler: venez y vous,
>
>Car messagiers sont dangereux
>
>사랑하는 사람이여 사람을 보내

말하지 말고, 제발 직접 와주세요
중간에 사람이 끼면 위험하니까요

중세의 연애시의 서두이지만, 이 서두는 하나의 깊은 암시를 간직하고 있다. 독자들에게 작품은 직접 읽어야 한다는 권유로 이 서두는 새롭게 읽힐 수 있다.

3.1

자스의 『포이에르바하』(문지, 1986)에서 따온 두 개의 인용문:

1. "언어는 인류의 빛이다. [……] 언어는 원천적으로 나와 타자 간의 대화에 지나지 않는다. 질문과 대답은 사유의 제일 요소이다. [……] 사유는 근본적으로 둘로 이뤄지는 것이다"(77).

2. "원이 사변 철학의, 즉 자기 자신에만 집착하는 사고의 상징이자 문양이라면(거기에는 머리라는 하나의 중심점이 있으므로: 인용자), 타원은 감성적 철학, 즉 직관에 입각하는 사고의 상징이다(거기에는 머리와 가슴이라는 두 개의 중심점이 있으므로: 인용자)"(97).

3.4

블로크의 『봉건사회 1』에 나타나 있는 흥미 있는 생각 두 개:

1. 중세에서는 보행자가 말 탄 사람보다 이동 속도가 빨랐다. 그것은 도로 사정 때문이었다(114).

2. 봉건사회에서의 엄밀한 정신의 결여는 라틴어와 속어라는 두

언어 사이를 끊임없이 왔다 갔다 한 것 때문이다[139].

3.7

홍승오의 「발레리의 "Charmes"와 자아」(『인문논총』 15집)를 읽다. 홍 선생의 학문을 어떻게 정의할 수 있을까? 이것을 읽고 나는 그가 랑송주의자라고 믿게 되었다. 원천에 대한 관심은 여전하고, 논문의 주제 자체가 실증적이다.

3.11

김윤식의 『우리 문학의 안과 바깥』(성문각, 1986)에는 예전에 표명한 태도들이 거칠게 되풀이되고 있다. 『이광수와 그의 시대』에 대한 회고담이 제일 진솔하고 읽을 만하다. 그의 내면의 무의식은 작가와 세계가 부딪치는 자리에 있지, 그 앞이나 뒤에 있는 것이 아니다. 그것이 그의 문체를 이상하게 과잉-서정적으로 만드는 요소이다. 그의 실증주의는 그것을 숨기기 위한 가면이다.

3.18

박몽구의 『십자가의 꿈』(풀빛, 1986)은 황석영의 『죽음을 넘어……』(1985)와 짝을 이루는 중요한 시집이다. 그러나 그의 시가 주는 충격의 거의 대부분은 사실을 그대로 연역하는 데서 얻어지고 있는데, 그 사실 구성은 담담하고 무리가 거의 없다. 삶에 대한 깊이 있는 성찰은 불행하게도 잘 보이지 않는다. 권력/진실의 대립을 보여주는 「꿈 71」 같은 시들이 더 깊고 깊이 있게 다뤄져야 하고, 묵비권·고문·배신의 문제 역시 그러하다. 과연 그곳에는 그렇게 의로운 사람들만 있었는가? 그 질문을 던질 수 있는 곳에 진실은 있을 것이다. 그러나 그 문제를 떠나…… 답답하고 답답하다.

3.19

최루탄이 계속 나를 미치게 만든다. 따끔거리며 둔통이 계속되는 목, 흐르는 콧물, 막혔다 터졌다 하는 코, 따갑고 뜨거운 눈, 부풀어오르거나 터지는 피부…… 지옥이 있다면 여기가 지옥이다.

3.20

서인석의 『한 처음의 이야기』(생활성서사, 1986)는 서인석의 『성서와 언어과학』(성바오로출판사, 1984)보다 한걸음 나아가고 있는데, 그 진전은 주제비평의 방법을 원용한 데서 얻어진 결과이다. 그는 르네 지라르의 반형식주의적 속죄양 이론을 형식주의적 기호학 이론의 위 혹은 아래에 놓음으로써 형식주의의 메마름을 어느 정도 벗어나고 있다. 카인의 분석이 그 점에서 재미있다. 아직 어색한 용어도 눈에 띈다(예: 'poétique'를 '창조'와 동일시하는 것(49, 188)).

3.22

강석경의 『숲속의 방』(민음사, 1986)은 삶의 전망이 막힌 지식인—생활인들의 몸부림을 수채화처럼 담담하게 그린 단편집이다. 삶의 전망이 막힌 이유는 예전이나 앞으로 삶에 어떤 의미를 부여하는 것이 불가능하다는 느낌에 주인공들이 침윤되어 있다는 것인데, 그 근거는 가정생활의 파탄(파산, 일만 아는 가장, 돈만 벌어다 주는 가장……)이라 할 수 있다. 『밤과 요람』보다 치열성이 떨어지지만 글은 훨씬 담담하다. 어느 정도 생겨난 문명이 그녀의 치열성을 그만큼 지운 것인지. 나무에 묻은 때를 지우는 미친 여자의 행위에서 삶의 깊은 의미를 읽는 그녀의 한 주인공의 모습은 그녀 자신의 그것이겠지만 깊은 울림을 울리지는 않는다.

3.28

고은의 『전원시편』(민음사, 1986)은 별 재미가 없다. 아마도 내가 농부가 아니어서 그럴 것이다. 자신의 삶에 대한 의식이 없는 의식에 대해 나는 별다른 흥미를 느끼지 못한다. 자작농의 밋밋한 삶은 고양된 혹은 충전된 삶에 대한 감각이 마모되어 있어, 비장이나 장엄에 이르지 못하고 있으며, 그렇다고 사실의 정확한 전달이라는 묘사의 기능을 수행하고 있지도 못하다. 그것은 고은이라는 떠돌이의 의식이 자작농에 가탁한 가면 때문이다. 무의식적인 오문들(예: 나는 그 영감 생시보다는 손톱만치 달라져야겠구나), 달관의 제스처 섞인 선적 언어의 비-선적 남용(예: 벌써 별 하나 떠 이 세상이 우주이구나—이 무슨 소리!), 지켜야 하는 것이 바람직한 것인지 아닌지 잘 알 수 없는 민족 정서들에 대한 집착…… 등의 토포스들이 넘실대는 이 시편들은 비진정성이 진정성의 탈을 쓰고 있다.

3.31
제도 속에서 제도적으로 사유하기……

4.2
서유석이 부른 「타박네」를 댓 번 듣고 있으면, 가슴이 묘한 슬픔으로 가득 찬다. 내 가슴속에 어머니에 대한 기억이 그렇게 뿌리 깊게 박혀 있었나는 생각이 들 정도이다. 슬픔이 목젖까지 차오르면, 어머니가 보고 싶다! 외치고 싶다. 누구에겐가 가서 어리광을 부리고 싶을 때, 추하다, 45세의 장년이여!

4.5
박주관의 『몇 사람이 없어도』(청하, 1986)는 상식적인 서정 시집이다. 깊이가 없고, 고향 — 그리운 고향! — 에 대한 아련한 그리움이 주조를 이루고 있는 시들은 최소한의 수준을 유지하고 있으나 감동을 주진 않는다.

4.9

정진규의 『뼈에 대하여』(정음사, 1986)는 조정권의 시들과 마찬가지로 노장, 선의 연습인데, 충격이 없다. 비우기-베끼기, 받아쓰기의 마음 맡기기 연습도 적절치 않고, 교과서의 세련된 연습 문제 답안지 같다.

4.10

유재용의 『성하』(삼중당, 1986)를 읽다. 지적할 두 가지 점. 하나는 소설은 가족들의 이야기다라는 정석의 확인. 또 하나는 분단 주제의 정석화: 고향에서는 잘살았는데 여기서는 잘 못살고 있다; 고향에서는 못살던 사람들이 여기서는 잘살고 있다. 잘살던 사람의 입장에서 본 잘살지 못하던 사람들의 벼락(?) 출세. 안락함에 대한 추억과 지배욕의 갈망이 어우러져, 오기·집념·절망·자기 방기를 낳고, 있는 그대로의 현실을 못 보게 한다.

4.16

오정환의 『맹아학교』(오상사, 1986)에서 오래된 옛 제자의 얼굴을 봤다. 어두운 세계와 그 세계를 벗어날 수 있으리라는 기대(때로는 그 기대가 절망으로 변하기도 하지만)가 적절하게 대응되어 있는 시편들이지만, 시들은 깊은 울림을 주지 않는다. 그 대응이 대개 수사의 차원에 머물러 있기 때문이다. 그러나 「흰 죽사발」에는 절규가 있다. 잊기 힘든 절규다.

> 쟁기날에 매달려 죽어가던
> 땀방울 땀방울

은 힘 있게 울린다. 좋은 시다. 그런 시가 그리 많지 않다는 데 문제가 있다.

4.19

우리에게 미국은 무엇일까? 한 가지 느낄 수 있는 것: 미국 영화는 미국 정책의 드러난 변이이다. 월남전을 전후하여 대형 재난을 그린 영화들이 계속 나타나더니(월남전이란 인간이 어쩔 수 없는 재난이라고 설명해야 미국인들은 편하다!), 개인-소영웅주의자들을 그린 영화들(「람보」, 「록키」……)과 국수주의를 고양하고, 적의를 소련 공산주의자들에게 집중시키는 영화들(「크렘린」, 텔레비전의 「사차원」……)이 연이어 나타나고 있다. 그 이데올로기 교육 덕택으로 레이건은 리비아를 폭격하고, 니카라과를 협박하고 있다. 그것을 교묘하게 은폐하기 위해 칠레·한국 등의 인권을 강조한다…… 대내적으로는 민주주의를, 대외적으로는 신식민주의를—고전적 도식이다. 미국에서 중요한 것은 언제나 국익이다. 그것이 세계주의의 가면을 쓸 때, 지식인들은 멋모르고 춤춘다. 보라. 제3세계에 돈을 빌려주는 것도 미국이고, 종속 이론을 가르쳐 돈을 잘 갚게 만들고 있는 것도 미국이며, 종속 이론을 비판하고 있는 것도 그들이다. 돈을 너무 잘 갚아도 곤란하니, 적당히 떼먹고, 또 빌리러 오게 해야 한다는 멋진 논리(『르 몽드』에서 그런 주장을 봤을 때의 경이감!)도 그놈들이 만든 논리이다.

4.26

이균영의 『멀리 있는 빛』(정음사, 1986)을 읽다. 정현기·이동하의 해설도 읽었지만 그리 좋지는 않았다. 이균영의 세계는 김승옥의 「환상수첩」에서 그로테스크를 뺀 세계이다. 그의 주인공도 "외로움이 날 망쳤다"(348)라고 외친다. 그 외로움은 그리움·쓸쓸함 등의 서정적 감각의 대표적 지표이다. 그는 소설을 시 쓰듯 쓰고 있다.

4.27

에코의 『장미의 이름』(이동진 역, 우신사, 1986)을 읽다. 아리스토텔레스의 『시학』 제2권 희극론을 남몰래 보관하려는 수사 ― 웃음은 성을 파괴하니까 ― 의 광적 노력을 토포스만을 이용하여 비판하고 있는 소설이다. 대중 문학은 이미 있는 요소들의 새로운 조합이다.

4.28

『장미의 이름』에서 이끌어낸 교훈 하나: 왜 사는가…… 따위의 문제를 실존적 문제로 제기하는 것은 삶의 의미가 단일하고 영원하다는 광신주의에서 벗어나는 가장 중요한 길 중의 하나이다. 나는 광신주의가 문화의 가장 큰 적이라는 것을 다시 확인한다.

4.30

어떤 경우에건 자살이 정당화될 수는 없다. 그것은 싸움을 포기하는 것이니까. 살아서 별별 추한 꼴을 다 봐야 한다. 그것이 삶이니까.

5.2

김윤식의 『안수길 연구』(정음사, 1986)는 평전 연작 중의 하나이다. 이광수·김동인에 이어 안수길을 다루는 그의 태도는, 역사적 정황을 드러내고, 가계를 밝히고, 작품의 역사적 구조, 아니 뿌리를 해명하는 데 있다. 대부분의 평전이 그러하듯 길고 재미없다. 만주 문화의 일면을 해명한 것이 공적이라면 공적이다. 평전 연작은 자칫하면 방대한 양으로 사람을 억누르려는 과시적 문학이 되기 쉽겠다. 안수길의 특징이 드러나야 하고, 작품의 구조들이 드러나야 하는데, 그렇지 못하다.

  김인환의 『한국 문학 이론의 연구』(을유문화사, 1986)는 라캉을 자세히 소개한 공적을 갖고 있다. 분석의 정확성이 눈에 띈다.

5.6

엘리아데의 아름다운 문장 하나: "망명자는 누구나 이타카로 되돌아가고 있는 율리시스이다. 모든 생활은 오디세이, 이타카로 가는 길, 중심으로 가는 길의 모사이다. 망명자는 자기 방황의 감춰진 뜻을 통찰할 수 있어야 하고, 그것이 중심으로의 한 입사적 시련이라는 것을 깨달아야 한다. 저마다 자신의 다리와 악으로 집으로 가고 있다."

5.9

이청준의 「섬」(『현대문학』, 1986년 5월호)은 섬을 삶의 본질의 한 상징으로 표현하려 한 상징소설이다. 그의 탐구가 갈수록 독일적 깊이를 향하고 있다.

 이은봉의 『좋은 세상』(실천문학사, 1986)은 좌파 지식인들의 구호를 행갈이 해놓은 것 같은 시들을 모은 시집인데, 그 인식의 상투적 완강함을 벗어나는 시들도 있다. 「공원」〔90〕 같은 시는 좋은 시다. 이 시인의 시작의 초기에, 오규원에게서 보이는 감상적 휴머니즘이 자리 잡고 있었다는 것은 흥미 있는 일이다. 시인은 대상을 탐구하면서 그 인식의 깊이를 획득하는 것이 아니라, 대상을 바꾸면서 인식의 깊이를 얻는 척한다.

5.11

오월시 판화 시집 『빼앗길 수 없는 노래』(시인사, 1986)를 읽다. 몇 편의 시와 그림은 좋았다.
 최두석의 「성에꽃」:

  오랫동안 함께 걸었으나
  지금은 면회마저 금지된 친구여

는 가슴을 뭉클하게 한다.
　김진경의 「대구에 가서」:

　　긴 겨울 벌판에 눈이 내리고
　　기우는 집들의 바람벽 봉창마다
　　불빛이 졸고 있을 때
　　너는 그것이 따뜻함이라고 말했다
　　나는 말없이
　　너와 나의 어깨 사이로 내리는 눈을 보았고
　　마음 깊이
　　아니, 그것은 고통이라고 거부했다

　이 시의 아름다움은 일상적인 삶의 안락을 거부하는 마음의 움직임이 방황하는 자의 시선으로 환치되어, 따뜻함을 바라보면서도 그것을 고통이라고 수락 못 하는 역설적 정황 속에 녹아 있게 되는 데서 얻어진다. 안락함을 바라는 자만이 그것을 거부할 수 있다. 그 앎은 아름답다.
　그 밖에 박진화의 「바람」「눈물」「소리」, 이철수의 「괭이질」, 이준석의 「바람부는 날」, 특히 정진석의 「사시」, 이준석의 「시산」 등이 볼만했다. 박진화에겐 아직도 유년성이 남아 있어, 고통을 부드럽게 순화시키고 있으며, 이준석은 외로움·고통 등을 객관화시킬 수 있는 힘을 갖고 있다. 정진석은 형이상학적이지만 무서움을 전해 준다.

5.23

김주연의 비평에 대하여: 그의 초기 비평은 대상의 인식이라는 주제에 집중되어 있다. 대상의 인식이란 대상의 본질을 알기 위해서는 인위적인 의도성을 제거해야 되며, 그때 드러나는 대상은 현상학적 환원이 이뤄진 대상이라는 주장을 담고 있다. 그것은 시적 상상력이 행하는 작용이다. 그는 그 뒤에 초월적 신에 귀의함으로써, 그 이전의 비평을 비평, 초월하려 하고 있다. 그가 초월적 신에 귀의한다 하더라도, 그 신이 대상, 환원된 대상 속에 내재하는가, 아니면 그 대상 밖에 있는가라는 문제로 그의 초기 비평의 관점을 확대했더라면, 그의 비평은 더욱 깊이를 획득할 수 있지 않았을까? 현상학적 환원이 결국은 하강 초월이 아닐까라는 질문은 충분히 던져볼 만한 질문이다. 자신의 내부로 하강 초월하면 거기에 대상이 있는 게 아닐까?

5.24

오생근의 「드레퓌스 사건과 바레스의 민족주의」는 묘한 글이다. 왜, 무엇 때문에 썼을까? 사회주의와 민족주의의 결합은 개인주의나 국제주의보다 나쁜 것이라는 것을 보여주자는 것이었을까?

5.27

현영학이 번역한 제임스 콘의 『눌린 자의 하느님』(이대출판부, 1980)을 구해 읽다. 현영학에 대한 관심 때문에 구해 읽은 것인데, 감동했다. 나는 전라도 사람으로서의 나 자신에 대해 숙고했다. 때로는 혐오하면서, 때로는 연민을 갖고서, 그러나 대부분의 시간은 도피의 마음으로. 전라도 사람이라는 것 때문에 하숙을 거절당한 것, 사투리 때문에 놀림받은 것, 전라도 사람임에도 불구하고, 80년 이후에도 조용하다는 것…… 등의 것들이 뭉쳐져 내 가슴에 밀려들어왔다. 콘의 책은 내 경험 세계의 신학적 의미를 되묻게 만든다. 나는 억눌린 자인가? 아니다. 억눌림에서 벗어나기 위해 완전히 지배 이데올로기에 종속되어 있는가? 그것도 아니다.

콘의 언명 중 나를 가장 감동시킨 것은 "나의 신학적 한계와 내가 흑인들의 사회적 조건들과 밀착돼 있다는 사실이 나로 하여금 복음의 진리를 제대로 볼 수 없게 만들 수도 있다는 것을 나는 인정한다"(185)라는 선언이다.

그리고 멜빈 톨슨Melvin Tolson의 노래(302):

> 오 어찌 잊을손가
> 거부당한 우리의 인권을
> 오 어찌 잊을손가
> 죽임을 당한 우리의 인간성을
> 정의가 모독당하고
> 호소가 저주로 메아리쳐 올 때
> 자유의 문이 닫혔을 때
> 오 어찌 잊을손가

5.31

김윤식외 『우리 소설과의 만남』(민음사, 1986)을 공들여 읽다. 그의 가장 빛나는 대목은 자기 직관에 그가 유보 없이 매달릴 때이며, 그가 가장 어설픈 대목은 원론에 집착할 때이다. 원론을 지탱하고 있는 원칙들의 의미는 설명하지 않고 실증적인 사실들만을 나열할 때, 원론은 그 관여성을 잃기 쉬운데, 그의 경우가 때로 그러하다. 남의 이론을 공들여 읽지 않고 몇 개의 이론적 개념들만을 감각적으로 이용하려 할 때, 이론은 휘청댄다.

김윤식 비평의 본질은 "열정이란 재능을 가리킵니다. 열정 없는 재능이란 없지요"(201)라는 말 속에 자리 잡고 있다. 그 말이 되돌아가야 하는 것은 그 자신에게로이다.

6.4

토도로프Todorov의 『비평의 비평Critique de la critique』(1984)을 읽다가, 갑자기 내가 이론가가 아니라 경험주의자(125)라는 생각이 들었다.

1. 이언 와트의, 문학이 자율적이라 하더라도 도덕적이기도 하다는 말은 옳다(137);

2. "문학이 외적 이데올로기의 반영이 아니라는 것이, 그것이 이데올로기와 관련 없다는 것을 입증하지는 못한다. 그것은 이데올로기를 반영하지 않는다. 그것이 차라리 하나의 이데올로기이다"(187).

3. "솔제니친, 쿤데라, 귄터 그라스, 토마스 만의 저작은 문학에

대한 이전의 생각에 잡혀 있지 않다. 그것들은 예술을 위한 예술도 아니며, 참여문학도 아니다. 다만 문학적 구축과 진리 추구를 하는 작품들이다"(193).

6.16

자기가 쓴 글들을 읽을 때마다, 문장과 문장 사이의 거리가 매우 멀다는 느낌을 받곤 한다. 문장들 사이의 침묵이 점점 무서워진다.

6.19

낭만적 지식인은 조직력의 결여를 그 약점으로 갖고 있지만, 그것은 또한 장점이 되기도 한다. 왜냐하면, 조직력이 없기 때문에 그는 싸움의 변두리로 밀려나지만, 그렇기 때문에 조직의 전체주의적 성격을 드러낼 수가 있다. 토마스 쿠오의 『진독수 평전』(민음사, 1985)을 읽고 느낀 점.

6.28

『세계의 문학』 40호에 실린 김영호의 「다산학 연구사 서설」과 임철우의 「볼록거울」을 흥미 있게 읽었다. 김영호는 다산의 조선시 선언이 그렇게 중요한 것이었나를 되묻고 있으며 ― 그것은 김만중의 자국어 선언과 비교될 수 있겠다 ―, 다산 문학의 민중문학적 성격이 논자들의 주장과는 다르게 그렇게 선명하지 않다고 조심스레 항변하고 있다. 음미해야 할 주장이다. 임철우의 소설은 학원 사태를 더 까발려놓은 소설이다. 최인훈의 창의 이미지가 볼록거울로 변모되어 나타나고 있다. 이미지의 끈질김……

6.29

김욱동 편의 『윌리엄 포크너』(문지, 1986)에서 읽은 포크너의 기억할 만한 말: "가장 서글픈 사실 중의 하나는, 사람이 하루에 여덟 시간씩 매일 할 수 있는 일이란 일밖에 없다는 사실입니다. 우리는 하루에 여덟 시간씩 계속 밥을 먹을 수도 없으며, 또 여덟 시간씩 술을 마실 수도 없으며, 섹스를 할 수도 없지요. 여덟 시간씩 할 수 있는 일이란 일밖엔 없습니다. 이것이 바로 인간이 자신과 다른 사람들을 이토록 비참하고 불행하게 만드는 이유이지요"(255). 과연!

7.3

아, 알겠다, 테니스와 축구들이 대중 매체의 대단한 애호를 받고 있는 것은, 대중 매체 조작을 담당하고 있는 백인들이 그것을 자신들의 운동이라고 느끼고 있기 때문이다. 다시 말해 유색 인종이 아직 쫓아오지 못하는 운동 분야라고 느끼고 있기 때문이다. 여유 있는 삶들이 어렸을 때부터 천연 잔디 위에서 해야 하는 운동……이니 유색 인종들이 해낼 재간이 있는가.

7.9

김주영의 『천둥소리』(민음사, 1986)를 큰 기대를 갖고 읽었다. 단편적으로 띄엄띄엄 몇 개를 읽었는데, 그때의 느낌으론 좋았다. 읽고 나서의 첫 느낌은 이것이 아닌데라는 것이었다. 처음 봤을 때의 단정함·깔끔함은 어디로 사라지고 우연의 만남에 의해 사건이 진행되고 있다는 단절의 느낌만이 나를 사로잡았다. 책을 덮고 다시 생각해보니, 그 느낌은 신길녀의 상대역들인 차병조·지상모·황점개가 아무런 인과적 필연 관계 없이 병렬적으로 나열되어 있다는 것에서 연유한 느낌이었다. 그 네 인물은 필연적인 관계에 의해 얽매여 있는 것이 아니라, 우연스럽게 묶이어 있어, 그 우연성이 나를 괴롭힌 것이었다. 그리고 나서 다시 읽어보니, 단아함·단정함·깔끔함 등은 여전하였으나 감흥은 여전히 『객주』만 못하였다. 조소사가 갖고 있는 강렬한 낭만성이 신길녀에겐 없다. 그것이 없는데도 낭만적으로 느껴지는 것은 서술의 힘 때문이다. 그렇다면 이 소설은 안 좋은 소설인가? 그런 것 같지는 않다. 우선 문학사적으로, 이 소설은 한국의 근대 소설이 서양에서 들어온 서양 소설의 이식이 아니라, 고대 소설의 완만한 변형이라는 것을 보여주는 예로 제시될 수 있으며(이 소설의 공간(고가·주막집·친정집……)이나, 글투(이야기 투), 구성상에서 우연이 차지하는 비중, 수동적 존재로서의 여성이라는 주제(아이에 대한 집착, 헌신에 대한 과도한 의미 부여……)를 보라!), 6·25가 신분 이동의 문화 접변기였다는 한 좋은 예를 이룰 수 있다(올림말에서 내림말로의 교묘한 변화의 아름다움). 이 소설은 현대문으로 고쳐 쓴 고대 소설이며, 6·25의 신분 이동적 의미를 과장하고 있는 소설이다. 그것은 구성상으로는 우연에 의지하고 있는 고대 소설이며, 주제상으로는 신분 이동에 근거한 연애소설이다. 이 소설의 약점은 많다. 그중에서도 제일 치명적인 것은 천둥소리의 상징적 의미가 허약하다는 것이며, 황점개가 죽게 되는 과정이 설득력이 없다는 것이다. 그렇다고 이 소설을 나쁜 소설이라고는 아직도 단정 못하겠다. 버리기에는 문체가 너무 아름답다.

7.10

골드만에게서 눈에 띄는, 두 가지 비판할 점:

1. "한 작품의 기원을 그것에 앞선 작품들의 영향이나 그것에 대한 정황으로 설명할 수 있다고 생각하는 것은 대학의 편견이라고 우리들은 생각한다"(*Le structuralisme génétique*[35]).— 텍스트 상호 관련성을 완전히 무시하고 있는 주장이다. 그것은 그가 내용의 사회학을 완전히 벗어났다고 주장하면서도 아직 내용의 사회학에 깊숙이 관여되어 있음을 보여준다. 서로 얽혀 있지 않다면 감싸는 구조라는 것이 무슨 의미를 띨 수 있을까?

2. "에세로서는 힘 있지만 바슐라르의 작품은 과학적 작품으로 충분히 엄격하지 않은 것 같다"[37].— 그는 그것이 에세로서 왜 힘이 있는지를 탐색했어야 하지 않을까? 바슐라르가 엄격한 과학적 작품을 목표하지 않은 것을 비난하는 것은 몽테뉴에게 왜 수학 대계를 쓰지 않고 수상록을 썼느냐고 비판하는 것과도 같다. 다시 말해 우스꽝스러운 비판이다.

7.11

미카엘 뢰비Michael Löwy의 흥미 있는 두 가지 지적:

1. 골드만이 루카치와 파스칼의 비극적 세계관에 눈을 돌리게 된 역사적 정황을 설명한 뒤(스탈린주의의 거짓말/자본주의의 거대화), 그러나 골드만은 비극적이지도, 실존적이지도 않다고 그는 지적한다. 그는 그럼에도 불구하고 마르크스주의자이다. "그러나 중요한 일치, 결정적이기까지 한 일치가 있다. 그것은 내기 개념이다. 골드만은 사회주의 공동체가 절박하고 저항할 수 없는 미래라고 생각지 않는다. 그는 결정적으로 1944~45년의 환상을 잃어버렸다. 그에게, 변증법적 세계관은 이제는 '인류에게 주어진 사회주의냐 야만이냐 라는 양자택일'에서 사회주의의 승리에 내기를 거는 행위 위에 세워져 있다. 그 내기는 파스칼의 내기처럼 위험, 실패 가능성, 성공성을 갖고 있다. 주된 차이는 물론 변증법적 내기의 대상이 갖고 있는 내적·물질적·역사적 성격이다. 변증법적 내기는 현재와 영원밖에 모르는 비극적 사유에는 전혀 나타나지 않는 차원인 미래에 대한 투기이다"(112~13). 흥미 있는 지적이다.

2. 또 다른 지적: "루카치가 1916년에 톨스토이와 도스토옙스키의 책에서 러시아 혁명의 대두를 예감했던 것과 같이, 골드만은 주네의 연극에서 68년 5월 혁명의 전조를 발견했다. 방법상의 눈에 띄는 차이에도 불구하고, 두 경우에 있어 방법의 유사성은 부정할 수 없다. 그 둘에게서 문제가 되고 있는 것은 예언자적인 신비스러운 성향이 아니라, 총체성의 범주를 적용함으로써 문화적 소산과 사회 현실의 내적 흐름 관계를 발견해내는 천재적 능력이다"(118~19).

7.19

중앙일보의 이중섭전을 마누라와 함께 보러 갔다. 고2 때던가, 고3 때던가, 소공동의 중앙공보관에서 열린 이중섭전을 본 뒤, 원작을 보기는 25, 6년 만이다. 그때 감각적으로 제일 선명한 인상을 주었던 「달과 까마귀」를 다시 봤을 때의 느낌은 덤덤한 편이었다. 색채도 바랬고(특히 까마귀의 노란 눈은 그 힘을 거의 잃고 있었다) 화폭도 구질구질하였다. 그때 나왔던 그림들 외에 은박지·편지·삽화 등이 대거 명작들처럼 걸려 있었다. 그 사람 만화가 아니에요라는 마누라의 말은 지나친 말이겠지만, 무의미한 말은 아니었다. 연필화 몇은 재미있었다. 황소 연작도 괜찮았는데, 역시 색깔이 바래고 엉망이었다. 위대한 천재 화가란 칭호가 고인에겐 차라리 비례가 아닐까.

7.24

박태순의 『신생』(민음사, 1986)을 읽다. 장르상으로 보자면, 그의 소설은, 그 자신은 그것을 문학 언론적인 것과 사학도적인 것으로 나누고 있지만, 그 둘을 합쳐, 수필적 소설이라고 할 수 있다. 하나의 삽화나 다른 책에서 읽은 것들이 성찰의 시원이 되어 역사나 민족에 대한 탄식을 거쳐 유토피아에 대한 몸 바침으로 나가는 과정은 수필의 그것과 비슷하다. 세계관으로 보자면 그는 낙관적 사회주의자이다. "잘못돼 있는 것을 지적하여 잘못돼 있다고 말하는 것"(291)은 긍정이라는 의미에서 그의 사회주의는 긍정적 전망주의이다. 기법상으로 보자면 그는 전지적 관점에서 소설을 기술하고 있어 주인공들의 내면이 그대로 드러나는 법이 없고, 그의 시선에 의해 객관적으로 설명될 뿐이다. 지적 호기심은 채워주지만 삶의 근저를 흔들지는 못한다는 게 그의 소설의 약점이다.

7.26

정동주의 『이삭줍기』(청사, 1986)에서 「도열병 1, 2」 같은 시들은, 그 시적 인식의 소박성에도 불구하고 마음을 울려준다. 그런 시들은 그러나 그리 많지 않다. 어떤 시들은 시적 배경을 알아야 이해될 수 있으며(「여름이야기」), 어떤 시들은 사회면의 기사 같다. 그래서 깊은 울림을 울리지 않는다. 그것은 내 삶이 깊이의 주관주의라고 부를 수 있는 것에 지나치게 경도되어 있기 때문에 생겨난 현상인지도 모르겠다. 피폐되어가는 농촌적 삶에서 산업화의 나쁜 점만을 읽는 것이 심하다고는 할 수 없으나 약간의 저항감이 생긴다. 농촌을 지키는 것이 과연 인간성을 지키는 것일까? 그렇다면 어떤 면에서 그러한가 따위를 이제는 겸허하게 생각할 때가 되지 않았을까? 김우창의 해설은 평이하고 설득력이 있다. 현학취가 덜하다는 말이다.

7.27

김원우의 『장애물 경주』(문지, 1986)를 재미있게 읽다. 이전의 소설과 비교해볼 때 하나의 변화가 눈에 띈다. 그것은 활달함이라고 이름 붙일 수 있는 것이겠는데, 그것이 타인을 향할 때는 풍자·야유조가 되지만, 자신을 향할 때는 연민·해학조가 되는 것이 특색이다. 그 활달함은 서술에까지 끼어들어 엄격성에 대한 집착은 많이 사라지고, 자기가 읽은 텍스트에서 빌려 온 어투들이 많이 활용되고 있다. 그것은 때로 술 취한 사람의 지분거림 같은 느낌을 주기도 하지만, 외국인/한국인의 문화 충돌을 드러낼 때는 놀라운 힘을 발휘한다. 제목의 장애물은 "저 자신도 여러 사람에게는 경사가 심한 장애물일 터이지만"(122)이라는 대목에서 알 수 있듯이 서로가 서로에게 걸림돌이 되는 삶을 지칭하고 있다. "생활 그 자체도 일종의 나쁜 버릇이 부과하는 피곤한 시간 죽이기이다"(122)와 같은 경구들이 많다. 그가 보는 삶 속에서의 우리란 "하나같이 안간힘을 쓰는 익사자들의 허우적거림을 닮아 있다"(130).

그의 소설이 재미있게 느껴지는 것은, 내가 그와 비슷하게 살고 있기 때문이다. 글쓰기, 게으름 피우기, 등산, 술 마시기, 외국인 싫어하기······

8.1

김진경의 『광화문을 지나며』(풀빛, 1986), 문충성의 『내 손금에서 자라나는 무지개』(눈지, 1986), 정대구의 『무지리 사람들』(문지, 1986), 『시힘 2』(한겨레, 1986)를 읽다.

『시힘 2』의 시인들은 그저 그만그만한 시인들이었고, 김정환의 발문은, 그 너스레가 재미있었다. 김정환에게도 이제는 어느 정도의 여유가 생긴 것인지, 슬금슬금 핵심을 피해가며, 시인들을 달래고 협박하는 재주가 용하다. 정대구의 시집은 그 소박성이 돋보이나 그뿐이다.

문충성의 시집을 읽고선 약간의 충격을 느꼈다. 신경성으로 느껴질 정도로 죽음에 사로잡혀 있다. 한 2년 죽음에 사로잡혀 있던 시절의 우울함·절망감 같은 것의 찌꺼기를 아직도 간직하고 있는 나로서는 그에게 편지라도 띄우고 싶을 정도로 그의 시집에서 충격을 느낀다. 김재민의 죽음, 적대적으로 느껴지는 주위 사람들, 투명한 것이라고는 자신의 내부뿐인 시인의 답답함……

삶이란 멸망이므로
다시 살아난댔자 별것 있겠느냐 (124)

이 도저한 인식은 어디에서 연유한 것일까!
김진경의 시에는 아직 뭐라 이름 붙일 수 있을지 알 수 없는, 그래서 단순히 함석헌주의라고 부르고 싶은, 그런 세계관이 두드러지게 드러나 있다. 그것은, i) 이 세계는 고난의 자리이다; ii) 그 고난의 자리는 티 없는 하늘(114)을 예비하는 자리이다라는 특성을 갖고 있다. 미륵 사상이 집단적 회원을 주조로 하고 있다면, 함석헌주의는 개인적 유토피아주의를 기저에 갖고 있다. 내가 그것을 함석헌주의라 부르는 것은 『뜻으로 본 한국 역사』에서의 세계의 하수구로서의 한국이라는 이미지 때문이다. 그 주의는 이 고난의 땅은 시창작의 명당자리이다라는 서정주류의 미학적 함석헌주의와 고난이 없으면 해방이 있을 수 없다라는 김지하류의 해방적 함석헌주의로 나눌 수 있겠는데, 김진경은 김지하에 가깝다. "아, 이 땅은 세계의 고난, 세계의 가시 면류관"(46), "휴전선에 얽혀 있는 가시 철조망들이/잔뿌리를 내려/가시 면류관처럼 한반도를 둘러싸더니"(52)에서 출발하여, 시인은 언제나 "우리들의 그리움이 이 땅의 힘살로 일어나/ 모든 가시 철조망을 부수는 날/ 맨 먼저 그이를 만나고 싶습니다"(52)에 이른다. 그의 함석헌주의는 그러나 공허한 관념적 체조가 아니라, 교사로서의 실천의 자리에서 얻어진 구체적 관념이어서 깊은 감동을 전해준다.

8.6

박정만의 『맹꽁이는 언제 우는가』(오상, 1986)는 좋은 시들과 나쁜 시들이 뒤섞이어 있는 시집이다. 시어들은 60년대 초의 내면주의자들의 어휘들처럼 맑고 깨끗하고 슬픈 어휘들이지만, 어떤 것들은 그 단정한 아름다움 — 꾸밈에 속하는 아름다움을 넘어서서 섬뜩함을 전해주기도 한다. 「목민의 꿈」(39~40) — 이 시는 삶 자체가 어둠이며, 어둠 속의 방황이라는 것을 『두시언해』의 어조로 노래하고 있다. 짧은 서너 편의 시들, 예를 들어, '

    사랑이 진하여 꽃이 되거든
    그 꽃자리에 누운 한 작은 종자가 되라
    그리하여 다시 오는 세상에서는
    새나 나무나 풀이나
    그런 우리들의 영원한 그리움이 되라

라는 이별의 아픔을 그린 「작은 사랑의 송가」(80)나,

> 애꾸눈에 반벙어리 귀나 없을 것
> 육신이 성한 것도 천형이어라
> 오늘도 재갈 풀린 말처럼
> 누군가 내 귀의 말문에 대못을 친다

라는 소시민의 아픈 입 다묾을 그린 「시국담」(111)은 읽을 만한 시들이다. 그에게 있어, 삶은

> 다만 옥 같은 어둠의 부표

이다. 그 허무주의는 어디에서 나온 것일까?

8.9

린의 「인도로 가는 길」의 전반부는 압도적이었지만, 후반부는 엉망이었다. 그것은 그가 피식민자/식민자의 대립으로 영화를 몰고 가느냐, 이국인들끼리의 사랑으로 몰고 가느냐 하는 선택을 포기했기 때문에 생겨난 현상이다. 앞의 관점을 선택했다면 아지스 의사가 석방되는 데서 영화는 끝이 나야 하고, 뒤의 관점을 선택했다면 산정에서의 일을 더 선명히 묘사하고 필딩과 그의 처의 삽입을 최대한 억제했어야 했을 것이다. 화면은 그러나 장엄하고 아름다웠다. 과연, 하는 느낌이 들 정도였다. 대가의 화면은, 대개, 정공법이다.

8.12

앙리 마스페로Henri Maspero의 『도교와 중국 종교들Le taoisme et les religions chinoises』(Gallimard)의 「중국 종교의 역사적 발전La religion chinoise dans son développement historique」과 「불교는 어떻게 중국에 들어왔는가Comment le boudhisme s'est introduit en Chine」를 읽었다. 그의 주장의 요지는, 도교와 불교는 초기에는 서로 섞이어 있었으나, 구마라즙의 번역이 진척되면서 그 차이가 선명해지기 시작했다는 것이다.

몇 개의 주장:

1. "불교는 중국에 새로운 구원의 이론을 세웠으나, 중국인들은 초기에는 그것에서 도교의 거친 변형을 보았다. 그래서 도교도들 중에서 최초의 신도들이 생겨났다. 그러나 이론들은 서로 달랐을 뿐만 아니라, 모든 면에서 거의 대립적이었다. 도교도들은 개인의 살아남음을 추구하였으나, 불교는 개인성의 존재 자체를 부인했다. 불교도들에게는 나란 없다. 도교도들은 육체를 한없이 연명할 수 있다고 생각했으며 그것을 불사의 것으로 만들려 했으나, 불교도들에겐 육체란 모든 복합체와 마찬가지로 본질적으로 비영속적인 것이다 〔……〕 그러니 초기에는 이런 싶은 이론적 차이가 보이지 않았으며 몇몇 외적인 사실들이 유사함을 드러낸다"〔48〕.

2. "한의 시대에는 벌써 대단한 문학 작품들에 의해 순화되었으나 중국어는 아직도 철학적 사유를 표현하는 데 큰 혼란을 느끼고 있었다. 가장 곤란한 것은 말들이 바뀌지 않으므로 분명히 불교에 넘쳐나는 추상명사를 정착시키는 게 불가능해서 근사한 것으로 만족해야 하는 것이었다. 〔……〕 번역은 실제로 중국인이건 외국인이

건 두 국어를 다 잘 아는 스승들이 나타났을 때에야 이뤄졌다. 구마라즙이 그를 앞선 모든 것보다 우월한 번역소를 조직한 것은 5세기 초였다"〔48~49〕.

3. "오래전부터 지적된 것이지만, 불교의 기술적 용어들은 고대의 번역에서는 도교적 용어로 번역되었다. 부처가 해탈했을 때, 중국어로는 그가 득도했다고 말한다. 부처의 기본 육덕 파라미타는 도덕이 된다. 불교 성인을 지칭하는 말은 진인으로 번역된다. 구원의 목표인 해탈 존재인 열반은 무위가 된다"〔288〕.

4. "도교도들은 도교의 형이상학적 어휘의 일부분을 『역경』에서 빌려 왔으며, 불교도들이 이번에는 도교에서 어휘들을 빌려 왔으나 두 이론 사이에 진짜 혼란이 있었던 적은 없다"〔288〕.

8.17

박재삼의 『찬란한 미지수』(오상사, 1986)는 박재삼의 이전의 시집들을 되풀이하고 있으면서, 조금씩 깊어진다. 찬란한 미지수란

가장 약한 것이
무수하게 모여서는
가장 강한 것이 되는
그 미지수 〔13〕

이다. 그것은 노장적 세계─약한 것이 강한 것을 제압하는 세계이다. 가장 약한 감정은 슬픔·그리움 등이며, 가장 약한 현상은 죽음

이지만, 그것들이 이 세상을 미치게 아름답게 만든다. 영랑·미당을 잇는 시맥에 충실하지만, 자연의 아름다움에 대한 찬탄은 더 누골석이다.

> 또 거기에 바람이 와서
> 무상의 무늬를 빚고 있는
> 미칠 것같이 조용하고 아름다운
> 이 그윽한 재화를
> 적당한 거리를 두고
> 매일 공으로 보는 호사를
> 누리고는 있다마는
> 언젠가는 이 세상에 팽개치고
> 저세상으로 가야만 하는
> 원통함은 누가 있어 거두어줄 것인가 〔45〕

삶이 아름다울수록, 죽음의 원통함은 더 절실하다. 그 원통함이 영랑의 섬세함, 미당의 게으름과 다른 점이다.

8.21

김윤식의 『한국 근대 소설사 연구』(을유문화사, 1986)를 대충 읽다. 몇 편은 이미 읽은 글이었기 때문이다. 그가 갑작스레 소설의 육체, 문학적 풍경이라는 물질적·감각적 용어를 '표 나게' 쓰고 있는 이유가 무엇일까? 문학 사상이라는 추상적 세계에 들어서자마자, 본능적으로 문학 작품이 증발되는 것을 막아야 하겠다는 당위성을 느끼게 되어서 그런 것이 아닐까? 그러나 그 구체성의 세계는 육체·풍경 등의 용어로 얻어지는 것이 아니라, 느낌의 세계로 전위되어야 얻어지는 세계이다. 그는 불가능한 것을 가능한 것처럼 속이고 있다. 그의 육체·풍경이라는 말들이 그토록 자주 되풀이되고 있음에도 불구하고 큰 울림을 울리지 않는 이유이다.

8.22

이시영의 『바람 속으로』(창비, 1986)는 『만월』 이후 10년 만에 나온 그의 두번째 시집인데, 『만월』에 비해, 염무웅이 말하듯, "싸늘한 애수와 일말의 체념을 느끼게 한다"(144). 시어는 더 정제되고, 80년 5월 사태에 대한 비극적 인식은 심도가 있으나, 인생관 그 자체는 변화가 없다. 그의 세계관이 가장 잘 드러나 있는 것이, 내가 보기에는 그의 가장 중요한 시처럼 보이는 「흐린 날」이다.

철근이 자라는
아스팔트 위 저 나무는
밤새도록 팔을 벌려
하늘의 눈송이들을 맞고 있다
허공중을 시속 수백 킬로로 달려온 눈송이들은
독한 배기가스를 피해
그래도 그 앙상한 팔에 안겨
아, 처음으로 꿈꾸어보는 지상에서의 불안한

눈송이의 작은 꿈 (62)

세계의 날씨는 흐린 날씨며, 세계는 철근이 자라는 아스팔트, 앙상한 팔을 벌리고 있는 나무, 독한 배기가스로 이뤄져 있다. 그 나무 위에 앉아 지상에서의 불안한 눈송이가 꾸는 작은 꿈이 바로 삶이다. 그래도 눈송이는 꿈을 꾸는 것이다. 덧없는 인생의 꿈, 그것이 바로 조신의 꿈이 아닌가. 그런 의미에서 이시영은 불교적 인생관에 침윤되어 있으며, 그래서 그의 서정시들은 때로 「제망매가」의 서글픈 음조를 띤다. 이 세계는 덧없다, 그러나 꿈은 꿔야 한다 ─ 그의 다른 표현을 빌리면 날아올라야 한다라는 세계관을 뭐라 이름 붙일 수 있을까. 그의 꿈이 해탈을 위한 꿈이 아니라, 덧없는 세계를 의미 있는 세계로 만들기 위한 꿈이라는 점에서, 그의 세계관은 미륵주의·정토주의 등의 불교적 세계관과 일정한 거리를 갖고 있다.

8.23

김명수의 『피뢰침과 심장』(창비, 1986)은 그의 다른 두 권의 시집에 비해 그리 큰 진전이 없다. 「11월」「고향에 가서」「찔레 연애」 등은 재미있다. 특히 「찔레 연애」는 그의 세계관의 핵심이라 할 만하다.

  때로는 눈물짓던 네 영혼아
  네 바람 어디에 두고 있느냐 (117)

서리에도 안 떨어진 / 눈부신 열매가 바로 그의 바람 아닐까! 그 바람 위에 혹은 아래에 그리움·부끄러움·추억…… 등의 서정적 감정이 자리 잡고 있다.

8.25

가장 중요한 것은 모든 논의가 가십의 차원에서 시작되고, 진행되고 논의된다는 것이다. 하나도 중요하지 않은 세목들이 굉장한 중요성을 띠고 논의의 중심에 자리 잡는 것을 볼 때의 그 허망함.

8.26

정치적 언어의 특징은 그 뻔뻔함에 있다.

8.30

김용택의 『맑은 날』(창비, 1986)은 지루하고 상투적이다. 농촌 세계의 가족적 정황이 수필같이 드러나 있으나 감동을 주진 않는다. 민요 쪽으로 빠져나가면 출구가 있을지 모른다……

8.31

김향숙의 『겨울의 빛』(창비, 1986)을 읽어보니, 어떤 것이 내 마음을 끌었고, 어떤 것이 내 마음을 끌지 않았나 알 수 있었다. 내 마음을 끈 것은, 혈연관계에 의거해서 모든 것을 해석하려는 태도가 주인공들의 "육신의 괴로움은 얼마든지 감수하되 꼿꼿한 자존심 하나는 결코 굽히지 못하는"(염무웅) 성격과 길항하는 모습이었고, 내 마음에 들지 않은 것은, 혈연관계가 여인의 시선에 의해 포착되어 지적 분석을 거의 불가능하게 하고 있다는 것이었다. 지적 분석이 불가능하기 때문에 외적 정황은 대개 탈연대기적인 모습을 띠고 있으며, 그렇기 때문에 정황 앞에서의 반응은 선택적 반응·결단이 아니라, 비선택적 반응, 상처에 대한 감각적 반응일 따름이다. 염무웅이 "심리소설의 방법으로 사회소설을 쓰고 있다고" 말한 것은 어느 정도의 타당성을 갖고 있으나 올바르지는 않다. 사회소설이 사회 개혁을 밑바탕에 깔고서 사회의 모순을 드러내는 소설이라면, 그녀의 소설은 사회소설이 아니라, 낙관주의에 기반을 둔 심리소설이다.

현기영은 자기 체험의 의미를 반성적으로 되새김질할 줄 아는 작가이지만 그 한계에 사로잡혀 전망의 확대에는 둔한 작가이다. 황동규의 표현을 빌리면—그는 서정인에 대해 뛰어난 군소 작가라는 표현을 썼다—뛰어난 군소 작가라 할 만하다. 제주도 4·3 사건을 소재로 한 소설들이나, 선생 노릇의 어려움을 그려낸 소설들은 그럭저럭 재미있다. 「잃어버린 시절」 「겨우살이」 「나까무라 씨의 영어」 등의 예를 보라.

9.5

전영애의 『어두운 시대와 고통의 언어』(문지, 1986)는 학위 논문을 다듬은 것인데, 글이 평이하고 자상하다. 말라르메의 전통을 잇고 있는 첼란의 난해시를 일일이 번역하고, 해석-주석을 붙인 것은 큰 공적이라 생각되지만, 그 반면에 그 때문에 시적 울림이 줄어든 곳도 눈에 띈다. 난해시일수록 리듬에 더 집착해야 살아남을 수 있다는 것도 이 책을 읽은 뒤에 얻은 한 결론이다.

머리에 남는 시구 두 개:

i. 정적이여! 가시가 네 가슴을 더 깊게 파고든다
 가시는 장미와 한동아리니 [28]

ii. 그런데
 그런데 그가 뻗대고 일어섰다네, 그 나무가, 나무가,
 나무까지도
 맞섰다네
 흑사병에 [182]

9.13

안병무의 『역사 앞에 민중과 더불어』(한길사, 1986)를 읽다. 나로서는 처음으로 그의 글을 체계적으로 읽은 셈인데, 큰 감흥은 받지 못했다. 한두 개의 생각거리:

1. "민중문학이 민중의 소리와 감정을 지식인의 언어로 바꾸어 그것을 잘 모르는 사람[지식인]에게 전달해주듯이 민중 신학도 민중 사실을 신학적 언어로 바꾸어 전달하는 것이다. 곧 번역 작업인 것이다. 지식인에게 민중의 말과 희망과 의지를 전달해주는 통로,

'그것이 민중 신학이다"(32~33).—묘한 발언이다. 그렇다면 민중문학은 지식인을 위한 문학이란 말인가.

  2. "하느님이 움직일 수 있는 여지(공간)를 위해 비우는 일을 하는 것이 이 시점에서 할 수 있는 최선의 길이라고까지 그(Zahnt)는 말한 것이다"(56).—새겨들어야 할 대목이다. 하느님이 움직일 수 있도록 굳어진 것들을 비워야 한다. 공!

9.17

『데카메론』에 실린 이야기들의 거의 대부분은 절망의 상태에서 희망의 상태로, 혹은 행복의 상태로 전위하는, 혹은 그 반대로 되는 인물들을 다루고 있다.

9.18

김준태의 『불이냐 꽃이냐』(청사, 1986)는 지나치게 수다스럽다. 그 수다가 정열을 동반하고 분석을 숨은 원리로 간직하고 있을 때는 김지하처럼 넓고 깊어지지만 그렇지 못할 때 그것은 지겨운 수다 같다.

  『천일야화』가 첫눈에 반하는 사랑의 원천 중의 하나임은 분명하다. 아라비아의 성 풍속이 매우 자유롭고 다양하다는 것은 주목할 만하다. 사랑 이야기로는 「카마르 알 자만 이야기」가 전형적이다. 그곳에는 미남/미녀의 원형적 모습이 묘사되어 있다. 비록 성적인 비유로 쓰이고 있지만.

>그대 눈에는 보이지 않는가
>과일을 늘어놓은 저자 풍경
>이 사나이들은 오디가
>저 사나이들은 무화과가 먹고 싶다네

라는 시는, 취미의 다양성을 보여주는 한 예로 기억될 만하다. 이야기가 이야기를 낳는다는 소설 기법의 기원 중의 하나가 『천일야화』라는 것도 분명하다.

9.21

『천일야화』에 나오는 숱한 노래들은 아라비아의 시적 수준이 상당한 수준에 도달해 있었음을 보여준다. 이별이나 사랑의 시득은 특히 뛰어나다.

>그대 떠난 후, 단잠을
>맛보았다면, 원컨대
>신이시여, 은총을 끊으시라
>그렇다, 이별한 후 한번도
>나의 눈은 감겨지지 않고, 이별한 후
>편안히 쉰 적도 없었네!
>그대는 나의 꿈 보았는지
>아, 원컨대, 밤의 꿈아

생시에 나타나거라
그리운 것은 밤의 휴식
잠든다면, 그리운
그대 모습 꿈에 보련만

잠이 들면 꿈속에서나마 그대의 모습을 볼 터인데, 잠도 오지 않는다는 비통한 탄식은 뛰어난 호소력을 갖고 있다. "꿈길밖에 길이 없어……"라는 황진이의 시나, 한용운의 이별 노래와 맞설 만하다.

9.22

『데카메론』의 재미는 한 사람만은 주제에서 벗어난 이야기를 해도 괜찮다는 교묘한 일탈에 있으나, 그 일탈이 언제나 좋은 결과를 얻는 것은 아니다. 열 사람의 화자가 어떤 이야기를 어떻게 했느냐를 우선 분석해야 되겠고, 열 사람의 관계가 어떠한가도 분석해야 되겠다.

9.23

이동하의 『저문 골짜기』(정음사, 1986)는 그의 평소의 세계를 다시 그대로 보여주고 있다. 진전이 없고 때로는 더욱 풀어져 긴장감도 없다. 쓸쓸함의 감정은 그 풀어진 곳에서도 여전히 남아 있어 그가 섬세한 예술가라는 것을 입증하고 있다. 신형기라는 나로서는 처음 대하는 비평가의 해설은 읽을 만하다. 「몰매」 「번제」 「폭력 요법」에 대한 그의 해설, 가해자가 피해자라는 분석은 설득력이 있다. 그러나 내 관심을 끈 것은 차라리 「파편」이다. 그것은 『장난감 도시』에 연계되어 있다. 그의 집안 이야기가 그토록 그의 무의식 깊이 내려앉아 있었던가. 그러니까 그의 「땅 끝에 갔었단다」가 쉽게 이해된다.

9.30

미국 영화가 자꾸만 애국심을 강조하는 것은, 미국의 지적 힘이 자신감을 잃고 있다는 명백한 증거이다. 자기 나라가 좋은 나라라는 것을 선전해야만 안심이 되는 나라는 이미 그렇게 좋은 나라가 아니다. 자기 나라가 좋지 않은 나라라고 비판하는 것을 그대로 놔두고 그것을 수용하는 나라가 차라리 좋은 나라이다. 그 체제를 나는 '부정적 신학'이라는 용어를 차용하여 '부정적 체제'라고 부르고 싶다.

10.4

이국선 목사의 죽음은 또 하나의 아버지의 죽음이다. 그 아버지는 청교도적 기독교라는 이름을 갖고 있다. 그는 52년 1월부터 63년 6월까지 11년 5개월을 목포 중앙교회에서 사목했다. 나는 어머니의 심부름으로 떡과 김치를 목사관에 가져가던 날 처음으로 그와 그의 식구들을 봤다. 깨끗하게 생긴 사람들이었다. 그는 맨발로 다니고 잠방이를 입고 있는 내 눈에 익숙한 사람이 아니었고, 깨끗한 검은 예복을 입은 이방인이었다. 그 뒤로 나는 목사관을 제집 드나들듯 들락거렸다. 집에서 가까웠으며, 고전스러운 돌집이 마음에 들어서였으며, 목사관의 이방인적인 청결함이 마음에 들었기 때문이었다. 목사관의 문은 언제나 열려 있었고, 거기에는 또한 나보다 어린 계집아이들도 있었다. 국민학교 5, 6학년생이었던 나는 아마도 성을 알기 시작하였던 모양이고 그래서 이방인들에게 흥미를 느꼈던 모양이다. 그 성은 신성성이라는 다른 이름을 갖고 나타났던 것이다. 나는 그의 설교를 매주 공들여 노트하였으며, 그것은 상당한 분량에 이르렀다. 나는 지금도 그때 내가 쓰던 손바닥만 한 노트를 기억하고 있다. 그의 전언의 상당수를 나는 이제 기억할 수 없지만, 타불라 라사를 설명하던 그의 목소리를 아직까지 간직하고 있다. 나라와 그 의를 먼저 구하라는 외침보다도, 나에게는 그 타불라 라사가 훨씬 더 무서웠다. 나는 틈만 나면 내 손과 얼굴을 씻었으며, 그것은 거의 병적으로 되어갔다. 성은 그렇게 자신의 모습을 바꿔 나에게 나타났다. 야뇨증이 시작된 것도 그때쯤이었다. 그리고 57년에 나는 서울로 올라왔으며, 그가 목포 중앙교회를 떠난 뒤에도 인천으로 그를 찾아가 뵙곤 하였다. 인천에서 뵌 그는 도시 산업 선교를 하고 있다. 나는 그때에야 그의 염결성·깨끗함이 청빈함·정직함·진지함의 다른 말이라는 것을 깨달았고, 그의 가난의 엄청난 도덕적 무게에 짓눌리곤 하였다. 나도 그와 같이 되리라. 그러나 그는 내가 대학을 마친 뒤 신학 대학에 가보겠다는 내 생각을 내보였을 때, 그것을 극력 말렸다. 너같이 편하게 자란 아이는 목사가 될 수 없다는 것이었다. 나는 곱게 대학원으로 진학했고, 그는 그의 가파른 길을 그대로 걸어갔다. 그는 계속해서 나에게는 닿을 수 없는 곳에 있는 아버지이며 스승이었다. 그 스승의 뒤를 이을 사람은 내가 아니라 바로 고재식이다. 묘소에서 그는 거의 실신할 듯하였다. 아버지와 스승을 잃은 슬픔 때문이었으리라. 나는 그 슬픔을 이해할 수 있었다. 그는 좋은 제자를 두었다.

요즈음의 미국 오락 영화의 상당수는 바로크적이다. 특히 「코난」류의 옛날이야기(신화·전설), 현대 무술 영화(「레모」), 괴기 영화(「빅 트라블」; 스필버그의 어떤 것들) 등은 바로크적이다. 왜 미국 영화가 바로크를 요구하게 되었을까. 예술은 극단화되면 수사와 극으로 나아가게 되어 있다는 니체의 말이 맞는 것일까? 아니면 시대적 흐름이 보편성의 와해를 불러 과장된 취미로 향하게 하는 것일까? 그것은 야수파·표현주의·초현실주의의 영화적 번역일까?

10.6

어제 저녁에 오랜만에 강강수월래를 보았다. 내 유년의 기억 속에서, 그것은 찬란한 축제의 이미지였다. 보름달이 뜨면, 거리거리가 조금씩 달아오르면서 북교국민학교로 가는 인파들이 집 앞을 가득 메웠다. 그 인파들에 휩싸여 학교까지 가보면, 운동장을 가득 메운 사람들이 강강수월래를 추고 있었다. 그 빛나는 돎 속에 내가 모르는 어떤 성적인 것이 숨겨져 있었고, 나는 그것이 무엇인지 몰라 애달아하였다.

10.9

이청준의 『비화밀교』(나남, 1986)는 폭발을 기다리는 젊은 사람들과 끈질긴 소망과 기다림으로 현실의 간난을 이겨내려는 조 선생의 대립을 표면상으로 다루고 있으며, 젊은 사람의 분신자살로—그 사실은 소설 속에 교묘하게 은폐/개진되고 있다(205, 212)—조 선생의 '가열한 정신주의'가 실패하는 것으로 끝난다. 그러나 그 대립은 그 실패/성공의 순간을 소설화하는 나에 의해 삼각의 대립으로 변모한다. 폭발하는 젊음, 인내하는 늙음, 그 갈등을 묘사함으로써, 그것들을 비극으로 승화시키고, 그것을 보편적 삶의 진실, 파괴/수용으로 파악하는 소설가의 은폐/개진 욕망의 세 항은 이청준적 사유의 세 항이다. 80년의 사태 앞에서, 무엇을 어떻게 써야 하는가를 고뇌한 소설가의 아픔이 잘 느껴지는 소설이다. 그러나 그 느낌은 얼마나 흔히 잘못 전달되고 있는 것인지!

10.11

한창기의 귀담아들을 만한 주장 두 개(1986. 10. 6):

1. 사물놀이는 한국적인 것이 아니라 일본 것의 변형이다;
2. 아름답다의 아름은 알음알음의 알음, 앎의 대상이다. 아는 물건 같다가 아름답다의 어원이다. 고유섭은 아름을 앎이라고 생각했으나, 아름은 앎이 아니라 앎의 대상이다.

10.18

조정래의 『태백산맥 1, 2, 3』(한길사, 1986)은, 시기적으로는 해방 직후의, 장소적으로는 전남 벌교의 총체적 모습을 보여주려고 애를 쓴 소설이어서, 밑으로는 무당·소작농에서부터 위로는 청년단장, 지주들·서장·국회의원…… 등까지 넓은 인물들이 등장한다. 주인공은 좌의 염상진과 민족주의자 김범우, 우의 염상구라 할 수 있으나, 작가의 사랑을 받고 있는 인물은 냉철한 사회주의자도 아니고, 동물적인 출세주의자도 아니고, 그의 아버지의 민족주의를 거의 그대로 받아들인 김범우이다. 그의 정치적 입장은 백범의 민족주의에 가깝고, 단결해서 독립성을 유지해야 된다는 소박한 이상주의라 할 수 있다. 냉정하게 현실을 분석-파악하는 인물이 거의 보이지 않는 것은 그 때문이라 할 수 있다. 그 소설의 행위는 여수 반란 사건 직후의 산/읍의 생존을 위한 움직임이다. 소설 속에서 제일 극적인 것은 고모/조카 간인 정하섭과 소화의 사랑이며, 그 외의 것은 눈에 익은 정황이다. 살아 생동하는 부분은 염상진의 부인이 취조받는 장면(2: 191~98)이며, 가장 아름다운 부분은 하섭이 소화에게 비파 두 개를 주는 장면(1: 20~22)이다. 그러나 그것뿐이다. 정치 의식의 깊이에선 김원일을 따르지 못하고 있으며, 스케일의 크기에선 박경리를 따르지 못하고, 낭만적 사랑의 울림에선 김주영을 못 따른다(외서댁-염상구의 사랑 놀이에서도 김원일의 『바람과 강』만 못하다). 더구나 김범우의 아버지 김사용이 너무 비범하게 묘사되어 있어, 현실감을 거의 주지 않는다…… 그러나 읽힌다.

10.19

김원우의 『짐승의 시간』(민음사, 1986)은 좋은 소설이다. 4·19를 부는 박태순의 소설을 상기시키지만, 박의 소설엔 없는 개인의 구체적 육체성을 지나치게 많이 갖고 있다. 특히 2부의 요설·풍자·해학은 뛰어나다. 장 사장에게서 돈 받는 장면, 인화의 집에서 술병 깨는 장면 같은 것은 압도적이다. 『마의 산』의 죽음(우리는 산에 갇힌 병자들이다), 무대 공연(카뮈의 「정의의 사람들」; 「휘어진 시계바늘」— 우리는 테러리스트들이고 미친놈들이다), 연애(나/양이 — 우리는 상처받은 사람들끼리 껴안고 있다)가 파국 직전의 정치 상황과 명확하게 맞아들어가고 있으며, 10월 사태와 육체적 경련이 엇물려, 정황 자체가 위경련을 하는 것으로 의미가 확대되고 있다. 묘사는 요설(잦은 괄호 사용)·인용으로 가득 차 있으나 거부감을 주지는 않는다. 1979년의 봄-가을의 풍속도로는 뛰어난 것이다. 김원우가 여기까지 왔나 하는 느낌이 든다. 인화가 갑자기 사라져버린 것이 흠이라면 흠이다.

10.21

이윤택의 『춤꾼 이야기』(민음사, 1986)는 활달하지만 삶에 대한 통찰이 부족하다. 중산층의 야유적 시선뿐이다. 「수자의 편지」는 읽을 만하다.

황동규의 『악어를 조심하라고?』(문지, 1986)도 활달하지만 직관의 깊이가 있다. 그 깊이를 성숙이라고 부를 수도 있고 명료성이라고 부를 수도 있겠지만 나로서는 깊이라고 부르고 싶다. 성숙은 두

터움이 더 강조되는 어휘이고, 명료성은 논리성·사상성이 더 강조되는 어휘이다. 직관의 깊이에는 그 모든 것이 다 어우러져 있다. 그의 그 깊이는 "계단을 기어올라가 옥상 난간에 뜨거운 배를 대고" 있는 악어의 시선의 깊이이다. 그 높이 있음이 별을 향한 초월적 바람의 의지가 아니라, 아래로 내려갈 수 없다는, 그러나 아래로 내려가야 한다는 하강적 바람의 의지라는 데 그의 시의 특징이 있다. 나는 어쩔 수 없이 높은 곳에 있다, 그러나 나는 내려가야 한다. 그것이 엘리트주의일까?

10.24

홍정선 비평의 특징은 사회가 지리멸렬할 때에는 그 사회와 맞서 싸우는 문학을 해야 된다고 생각하는 데 있으나, 그 싸움이 논리성을 잃고 감정화되어서는 안 된다고 생각하는 데에도 있다. 그가 문체와 논리성에 자꾸 관심을 보이는 것은 그것 때문이며, 유행적 구호의 의미에 동감할 때에도 그 구호의 논리성을 따져보는 것도 그것 때문이다. 염무웅의 문체에 영향받았으면서도, 그의 화려한 영웅주의에 물들지 않은 것도 그답다.

  진형준 비평의 특색은 지금의 문학적 혼란이 서구적 합리주의에 지나치게 경사한 데서 연유하고 있다고 보는 문화인류학적 시각을 갖고 있다는 데 있다. 합리주의가 놓치고 있(다)는 무의식의 힘을 드러내려 하기 때문에 그는 깊이·일탈·자유로움…… 등에 깊이 경도된다. 문체는 난만하고 자유롭고 관능적이다. 내 문체의 영향을 받았으나, 나보다 훨씬 꾸밈이 없고 과거로의 경사가 없다.

11.2

정과리의 『존재의 변증법 2』(청하, 1986)는 그의 두번째 비평집이다. 첫번 비평집의 『문학, 존재의 변증법』에서 '문학'이 빠져나가 논의의 범위가 그만큼 넓어지고 있다. '존재의 변증법'의 '존재'는 실체적 개념이며, '변증법'은 운동의 개념이다. 그는 실체를 해체하여 변증법적으로 재구성하며, 재구성된 것을 다시 해체한다. 그가 해체하는 것은 작품이며, 그가 재구성하는 것은 사회적 문맥이다. 문학을 "사회에 대한 뒤틀린 비추기" 또는 "심층의 구조적 드러냄"이라고 보는 문학관은 거기에서 생겨난다. 그것은 때로 뛰어난 성과를 거두기도 하며(서정인·황순원·황지우 분석……), 때로 관념의 체조 같기도 하다.

11.21

양귀자의 「원미동 시인」은 좋은 소설이다. 호적에는 일곱 살로 되어 있는 아이가 원미동의 사람들을 영악스럽게 관찰한 이야기인데, 그 이야기의 핵심적 인물은 시인이다. 그는 후취를 얻은 아버지 집에 살고 있는 막둥이다. 계집애/시인은 영악함/순진함의 대립이며, 함부로-말함/죽어-지냄의 대립이다. 그것은 또한 드러냄/감춤의 대립이다. 그것은 그러나 어린애의 영악한 시선에 의해 드러나 생경하지는 않다. 김 반장의 배신을 계집애·시인은 다 알고 있지만, 다른 사람들은 모른다. 다른 사람들은 그를 "진국이라" 생각하지만, 계집애는 그 거짓말 때문에 "속 터지려" 한다. 그는 시인에게 그것을 알려주지만 그는 이미 그것을 알고 있으면서도 딱 잡아뗀다. 시인은 박해받고 싶은 순교자이다.

김형영의 부탁으로 쓴 짧은 우정론:

우정이 있는 게 아니라, 가끔 친밀감을 느끼는 사람이 있을 뿐이라고 한 작가는 꼬집듯 말하고 있다. 사람의 이기적인 면을 잘 꼬집는 말이지만, 그 말이 옳다는 생각은 들지 않는다. 우정이니 뭐니 하는 거창한 말은 빼더라도, 언제 만나도 편안하고 마음 놓이는 친구들이 있다. 나는 진정한 의미에서의 친구란 아무 말 없이 오랫동안 같이 앉아 있어도 불편하지 않은 사람이라고 생각하고 싶다. 어떤 사람들은 같이 있는 것은 불편해서, 괜히 담배를 피우거나, 해도 괜찮고 안 해도 괜찮은 말을 계속해야 되는 경우가 있는가 하면, 어떤 사람들은 그냥 곁에 있는 것만으로 편안해져서, 구태여 의례적인 말들은 하지 않아도 되는 경우가 있다. 같이 아무 말 않고 오래 앉아 있으면 불편해지는 사람을 친구라 부르기는 거북하다. 친구란 아내 비슷하게 서로 곁에 있는 것을 확인만 해도 편해지는 사람이다. 같이 있을 만하다는 것은 어려운 삶 속에서 같이 살아갈 만하다고 느끼는 것과 같다. 그런 친구들이 많은 사람은 행복할 것 같다.

내 곁에도 그런 친구들이 서넛 있는데, 그런 친구들의 고마움을 새삼 느낀 뜻깊은 경험을 지금 나는 하고 있다. 내 친구 중의 하나는 신촌에 있는 여자대학교의 선생(김치수: 문학평론가)인데, 얼굴이 시커멓고 몽고추장이라는 괴상한 별명을 갖고 있다. 내가 술병으로 한 1년을 고생하는 것을 옆에서 아무 말도 안 하고 지켜보던 그가 어느 날 아침 갑자기 전화를 걸더니 관악산에 등산 가지 않겠느냐고 물었다. 나는 아무 말 없이 그의 뒤를 따라나섰는데, 서울대학교 4·19탑 뒷길을 한 10여 분 걸어가다가 도저히 못 가겠다고 내가 멈춰 서자 그는 나를 한 1, 2분 물끄러미 들여다보더니 아무 말 없이 앞장서 내려오는 것이었다. 한 한 달 뒤 그가 다시 전화를 걸어 이번에는 청계산을 가보자고 하였다. 나는 아무 말 없이 다시 그의 뒤를 따라나섰고, 부끄러워라, 무려 다섯 번이나 쉬면서, 지친 노새처럼 헉헉대고 청계산 제1야영지까지 올라갔다. 그는 내가 쉴 때마다 옆에 앉아 5월의 신록이나 산세의 아름다움, 맑은 하늘을 예찬하곤 하였다. 그다음 주일에도 그가 전화를 걸어 청계산엘 갔는데 이번에는 세 번 쉬고 올라갔고, 그다음 주일에는 한 번 쉬고 올라갔다. 그다음 주일부터는 조금씩 걷는 길이가 길어졌고, 한두 시간쯤 걷게 되자, 다른 산 구경을 하자면서, 그는 나를 북한산으로 데려갔다. 이제는 다섯, 여섯 시간 정도는 산길을 걸을 수 있을 정도로 몸이 튼튼해졌지만, 5분만 쉬지 않고 걸어도 구식 증기기관차 같아지는 내 숨소리를, 참고 듣고 이런 험한 길로 나를 데려온 놈이 어떤 놈이냐는 호령 소리를 옆에서 아무 말 없이 다 받고서 그냥 빙긋 웃어버리는 것이 그의 버릇이었다.

일요일마다 산행을 하면서 그와 나는 거의 말을 하지 않는다. 처음에는 내가 숨이 가빠서 그런 것이지만, 숨이 별로 가쁘지 않은 요즘에도 그러하다. 우리는 아침 7시에 만나 별말 없이 산길을 걷는다. 그가 쉬자고 하면, 어느 틈엔지 숨이 목까지 차 있다. 그는 참외나 사과·배를 꺼내 깎아 반쪽을 나에게 준다. 그는 어린애 달래듯, 이젠 잘 걷는데라고 말한다. 거의 매번 되풀이되는 칭찬이다. 어린애 달래듯, 혹시 내가 이젠 못하겠다 하고 나자빠질까 봐 하는 소리다.

6개월을 넘기니까, 이제는 식욕도 좋아지고, 겁나는 일이지만,

다시 술맛도 난다. "내가 자네 때문에 술병이 거의 나은 것 같네"라고 말하면 "내년 가을에는 설악산에 데려다줄게"라고 대답한다. 알랑방귀 뀌지 말라는 말일 게다. 그는 매주일 나를 데리고 산엘 가는데, 이제는 그 친구가 갑자기 "인제부터는 혼자 다니게"라고 말하지 나 않을까 겁난다. 그래서 이런 자리를 빌려 "그런 나쁜 짓을 하면 못쓰네" 하고 그를 타이르고 있는 중이다.

우정이 있는 것이 아니라고 말한 그 작가는, 바다가 놀라운 것은 거기에 놀라운 것이 하나도 없는 것이라고 말했다. 좋은 친구가 놀라운 것은 거기에 놀라운 것이 하나도 없기 때문이다. 과연 놀랍다!

12.3

한국 사회는, 소외/물신화/기능화 등의 후기 산업 사회의 특징을 드러난 구조로 갖고 있으며(나는 나 아닌 것이다), 분단·군사 독재 등의 후진국 경제·정치적 특성을 숨은 구조로 갖고 있다(나는 나 아닌 것이어야 한다). 한국 사회에서는 내가 나 아닌 것이어야 안심하고 살 수 있다. 나는 사유하지 않는다…… 나는 사유하지 않는다.

12.6

고은의 『만인보 1, 2, 3』(창비, 1986)에는 활달성이라는 고은의 특성이 잘 살아 있다. 그 활달성의 근원은 때로 나오는 '할!'이라는 표현에서 알 수 있듯 선에서 온 것인데, 그것은 이 시집에서 큰 덕성으로 작용하고 있다. 같은 삽화가 때로 되풀이되고 있지만(예: 선묘,

나는 천황 폐하가 되겠다……), 대부분은 진솔하고 구수하다. 그러나 이 시집의 약점은 삽화들을 이끌어가는 이야기꾼의 시선이 종잡을 수 없다는 것이다(그것이 선의 한 특성일까). 유년 시절에 만난 사람들의 이야기 속에 간간이 끼어드는 역사적 인물들은, 그것이 민족지의 차원에서 선택된 것이라 해도, 누구의 입장에서 이야기되느냐가 분명해야 힘을 얻는데 그것이 분명하지 않다. 그래서 이 구수한 시집은 자꾸 야담집 같아 보인다. 애석하다.

12.12

황지우의 『사람과 사람 사이의 신호』(한마당, 1986)는 뛰어난 시인이 쓸 수 있는 좋은 산문집이다. 김수영·정현종·김지하의 산문집에 필적할 만하다. 지식 노동자로서의 부끄러움이 배어 있지만, 감성적이면서도 빠트린 것 하나 없는 것 같은 지적 문장, 뛰어난 분석력(분석은 분석을 벗어나는 것을 과감히 버리는 행위까지를 포함한다. 바보들만 하나도 안 버리려다가 다 버린다), 음흉한 자기방어(그 반작용으로의 공격력)는 눈여겨볼 만하다. 좋은 산문가는 뛰어난 통찰력을 갖고 있는 사람이다.

「되돌아가는 진로」(『문예중앙』, 1986년 겨울호)를 보니, 박태순이 내 글을 괴팍하다고 했다고 한다. 괴팍하다니. 나는 내가 쓰고 싶은 글을 썼을 뿐이며, 남들도 다 쓸 수 있는 글들을 쓰는 것을 삼갔을 따름이다.

12.26

모든 구멍 체험이 되돌아가는 것은 오르페 신화이다. 왜냐하면 구멍은 결국 지옥이기 때문이다. 그 지옥에 들어갔다 나올 수 있게 해주는 것이 음악-쾌락이지만, 그것의 끝은 무이다. 오르페 신화를 구멍 체험으로 보게 되면, 유리디스로 표현되는 이타성은 핑계이지 절대적인 것이 아니다. 어두운 지하 동굴 속에 허상으로 존재하는 유리디스. 여자와의 정사가 언제나 허망하게 끝나는 것은 그것 때문인가.

12.27

지드, 프루스트를 사로잡았던 남색 취향은 어디서 생겨난 것일까. 『만일 한 알의……』에서 지드가 와일드의 인도로 처음으로 아라비아 소년과 남색을 즐기게 된 정열을 묘사할 때의 어조는 그리 밝지는 않다. 그 앞에서 자기가 즐긴 아이와 그의 친구가 즐기는 장면을 그가 추악하다고까지 묘사하고 있을 정도로, 남색을 지옥시하는 그가, 천국의 여인에게 마음은 끌리지만, 몸도 끌리지는 않는다. 거기에는 뭔가 비이성적인 것이 숨어 있다. 어머니의 엄격한 가톨릭주의가 여자에 대한 그의 욕망을 죽여버렸을 수가 있기는 있으나, 그렇다고 남색으로 끌려가야 할 성향은 발견되지 않는다.

    지드와 바르트를 연결하고 있는 끈들: 피아노, 고전주의적 문체, 남색…… 바르트가 지드를 자기의 정신적/육체적 선배로 인정하는 이유를 알겠다. 그리고 홀어머니 밑에서 자라난 생활, 어머니의 죽음……

12.28

눈이 온다고 하여 갈까 말까 하다가, 거르면 자꾸 안 가게 될까 봐 아침 일찍 나갔다. 삼양슈퍼 앞에서 대동문으로 가는 일상 다니는 코스로 접어들었는데, 지난주에 쌓여 있던 눈은 거의 녹았으나, 날씨가 워낙 추워, 잠바를 벗을 틈이 없었다. 눈만 나오는 털벙거지를 쓴 노인들도 많았다.

올라갈 때는 주로 산을 바라다보고 걷기 때문에 — 삼양슈퍼 코스에서는 오른편으로 커다란 백송 같은 인수봉·백운대·만경대의 모습을 보는 것이 재미이다. 언제 봐도 그것들은 아름답다 — 길이 좁고 꼬불꼬불해 보이는데, 내려올 때는 길만 보고 내려오기 때문에 길이 넓고 가팔라 보인다. 같은 길인데도, 올라갈 때와 내려갈 때가 천양지판으로 다르다. 관점이 대상의 모습과 성격을 결정한다는 말은 산에 대해서도 적용된다.

'미래시' 동인지 10집 『존재와 언어』(융성출판사, 1986)에는 좋은 시들이 많지 않다. 동인들의 시의 수준은 그저 그렇고, 거기에 초대된 김영태의 「눈화장」은 아름답다. 그의 시적 자질이 자유분방한 대상 묘사에 있음을 이제 확연히 알겠다.

아이 섀도를 칠한
달이 뜬
추석 대보름
눈두덩이 푸르스럼한
아니, 요즘 십대들은

엷은 자색을 눈가에 바르지
아이라인으로 근 다음 뭉개
번지도록
눈화장을 하고
하늘에서 세상 구정물을 내려다보지

　추석 대보름달과 십대의 눈화장을 결부시킨 솜씨는 범연하지 않다. 그런 눈화장을 한 달이 "하늘에서 세상 구정물을 내려다보"고 있다. 달은 비록 요즘 십대처럼 눈화장을 한 달이지만 내려다보고 있다. 그 내려다보는 마음은 어떤 마음일까? 김영태의 초속주의는, 그의 시선이 달에 가 있을 때에도, "세상 구정물을" 내려다보지 않고는 못 견딘다. 그의 초속주의는 변태성욕자의 초속주의라고나 명명해야 할 초속주의이다. 겉으로 자색이 번져나오는 푸르스름한 추석달, 생기발랄한 십대의 달. 그 달이 바라다보는 것은 맑은 하늘이 아니라 세상 구정물이다 ─ 세상에는 맑은 물이 없다는 듯이.

12.29

『제네바 학파 연구』에 대한 서평을 쓰면서 황현산은 "저자가 이 책에서 사용하고 있는 용어의 번역은 매우 독창적이다. 그러나 그 역어들이 저자의 문체와 너무나 잘 어울리고 있기 때문에 그 보편성에 의혹을 갖게 된다는 점을 부기해두고 싶다"(『외국문학』, 1986년 겨울호〔308〕)고 토를 달고 있으며, 「속꽃핀 열매의 꿈」을 평하면서 최동호는 "그가 어딘가 자신의 능력을 과시하려는 듯한 기미가 있기는 하지만……"(『예술과 비평』, 1986년 겨울호(24))이라고 토를 달고 있다. 그 두 개의 토는 같은 마음의 움직임에서 나온 것처럼 보이는데, 그 움직임은 그는 조금 겉멋을 부리고 있는 게 아닌가라는 움직임이다. 꼬집어 말하기는 힘들지만 약간 역겹다는 것이다. 내 속의 무엇이 그들을 역겹게 한 것일까? 끝까지 가보려는 마음의 움직임이 비-객관적으로 보인 것은 혹시 아닐까? 멈춰야 될 곳에서 그는 멈추지 않는단 말이야라는 비난이 아닐까?

『제네바 학파 연구』의 전언 중의 하나는, 제네바 학파의 비평은 실증주의와 반실증주의 싸움의 자리며, 그래서 수필을 향하는 경향이 있다는 것이다. 그리고 그 책의 특성 중의 하나는 구성이다. 레이몽을 전기 비평이 아닌 방법으로 어떻게 총체적으로 보여줄 수 있을까라는 마음의 움직임이 그 책의 구성을 낳았다. 황현산만이 그 일단을 눈치채고 있다. 「속꽃편……」의 중요한 전언 중의 하나는 의미론적 분절과 음악적 분절이 길항할 때 리듬이 산다라는 것인데, 그 점을 아무도 지적하지 않고 있다. 놀라운 일이다.

그러나 사람은 자기가 볼 수 있는 것만을 본다. 볼 수 없는 것을 보는 사람은 거의 없다.

12.31

남송우가 편찬한 부산에 있는 시인들의 사화집인 『남녘』(예술시대, 1986)에 실린 시들의 수준은 고르고, 시인들의 키도 고르다. 이것은 칭찬이며 욕이다. 그만큼 큰 시인들이 보이지 않는다. 개인적으로는 박태일의 「주먹밥」을 재미있게 읽었다. "눈에 갇혀 북으로 끌려가는 산들"이라는 표현이 재미있어서이다.

> 부석부석 성에 낀 흙이
> 논둑으로 흘러내리고 있었다
> 아이들이 버린 연꼬리와
> 어른들이 버린 소주병이 채이고
> 눈에 갇혀 북으로 끌려가는 산들
> 벙구지서 다시 와리로
> 물러서는 산들을 손으로 가리키며
> 마지막 주먹밥을 손에 들면
> 상엿집 근처론 벌써 저녁이었다

산을 옆으로 끼고 한나절을 걷는 사람의 모습이 눈에 선하다. 산에 가고 싶다.

오태환의 『북한산』(청하, 1986)은 가능성이 있어 보인다. 이남호가 지적하고 있듯이 역사 인식이 단선적인 데가 없는 것은 아니나, 「용담사 별사」 같은 시는 좋다.

1987

1972. 12. 7

가장 비참한 것은 페루의 갈해라에 저항할수 있게 하였다는 사실이다. 그는 그가 한여로 받을수 없는게 그의 뒷몸들이 너무나 개천이었기 때문이었다라고 의기양양하게 말했다 한다. 모든 개새끼. 그걸 소지를 많들어 좋은게 누구란 말인가! 흑봉[?]가 좋았다는 말을 좋다. 그는 그네도 못되놓은 안 았다고! 그것은 착각이다. 왜냐하면 그가 3選이나 뭐다 개지걸을 떨지 않았던들 어찌 감히 다른 일들이 일어날수 없었을 것인가. 멀거간 자위 허로움을 그는 안지 못한 것이다. 오래살기 위해서 일찍 죽는것과 일찍 죽지 못해서 오래 견디는 것. 모른! 이라는 말이 아직 앉아 일을게 쓰름하다.

境界人 marginal man, 平均人 average man 따위의 사회과학적 술어가 공연히 나를 불안하게 한다.

학생들이 전혀 모르는 척 하는 것인가, 전혀 모르는 것인가.
— 1974年度 초봄에서의 시험.

몸—몸는 자신를 떠어시키는 순간부터 허허진다.
* distancia하여야 함[?]

김현 일기 (1972. 12. 7)

1987.1.2

롤랑 조페Roland Joffee의 「미션The Mission」을 마누라와 함께 보러 갔다. 칸 영화제 금상(1986)을 받은 작품이라, 최소한도의 수준은 유지하리라 생각했는데, 좋은 작품이었다. 미국식의 과장이 거의 없는—미국 영화에는 과장이 거의 없는 경우에도 이상하게 과장이 느껴진다. 「위트니스」에서 뺨을 맞는 장면 같은 것이 그러하다—정공법의 영화였는데, 우선 아마존의 배경이 대단했다. 폭포, 비 내릴 때의 원시인의 마을, 식민지의 건물들의 음습함이 작품을 지배하고 있었다. 폭력/비폭력, 권력에 타협하는 교회와 권력에 타협하지 않는 신부들이라는 주제는 언제 어디서나 통하는 주제이지만, 그 주제가 통속적인 차원에 떨어져, 문명인의 시혜적 태도로까지 나타나지는 않았다. 그런 유의 영화가 보여주기 쉬운 문명인/원시인의 대립은 거의 나타나지 않았으나, 문명은 악이고, 원시는 선이라는 루소주의적 관점은 은근히 드러나 있었다.

기억에 남는 두 장면:

1. 노예 상인이었다가 예수교 수사로 변한 인물이 마지막에 신부는 구원을 받는가 아닌가를 끝까지 확인하려고 안간힘 쓰는 장면.
2. 마지막에 계집애가 칼과 바이올린 중에서 바이올린을 집어드

는 장면. 살아남은 10여 명의 아이들은 더 먼 오지로 들어간다. 바이올린을 갖고.

1.5

박의상의 『불의 꿈』(문학사상사, 1986)은 제목과 다르게 내면은 잘 보여주지 않고 외면만 뚜렷하게 보여준다. 정상적인 사람이 정상적으로 느끼는 것들이 그의 시에 자리 잡고, 비정상적인 것으로 알려진 것은 받아들이지 않는다. 그의 시들은 꿈을 꾸려 하지만, 그래서 꿈을 꾸지 못한다. 그의 시는 마치 수필을 읽듯 담담히 읽게 되는 운문이다. 그 시를 통해 그가 주장하는 것은 중산층의 의식에 떠올라 있는 것들, 자유·노동·꿈…… 등이다. 그것들의 생산적 조건도 그의 시에는 나타나 있지 않다. 그의 시 중에서 그나마 재미있는 것은 「헤닝거 비어 하우스에서의 노동」「파리의 죽음」 정도이다. 그의 노동과 죽음이 표피적인 것이라 해도, 그 두 편의 시는 최소한의 깊이를 말하고 있다.

조르주 상드의 『프랑수아』(신현숙 역, 범우사, 1979)는 어머니와 결혼하는 아들의 이야기이다. 모정은 사랑으로 변하고, 고마움 역시 그러하다. 그러나 그 아들은 실제의 아들이 아니라, 업둥이, 아들 같은 아이이다. 모자는 30/21의 나이에 결혼한다. 어머니와 아들의 결혼이 가능한 방법은 그 방법뿐이다. 오이디푸스의 방법은 올바르지 않은 것이 아니라 축복을 받지 못하는 방법이다.

1. 어머니는 16세에 결혼하였다[75]. 남편은 탐욕스러워 아내 생

각할 여유가 없다.

  2. 그녀의 아이와 업둥이의 나이 차이는 다섯 살이다(98).
  3. 그녀는 결혼 생활 내내 남편을 사랑한 적이 없다(110).
  4. 남편은 아내에게, 어머니는 아이에게 명령한다(128).
  5. 시골의 만남의 자리는 샘터이다(61, 137). 어머니는 샘터에 가서 실컷 운다(224).
  6. 사생아는 "불현듯 그녀가 퍽 젊다는 것을 알았고, 정갈하고 아름다운 여인임을 발견했다. 그러자 그의 마음은 갑자기 종탑의 꼭대기에 올라선 것처럼 세차게 두근거렸다." "그는 타오르는 불꽃에 태워지는 듯한 느낌을 처음으로 느꼈으며, 그것은 그의 생에서 서서히 잿속에 묻혀 달아오르고 있던 사랑에 불이 붙은 것이다" (230).
  7. 사랑하게 되면 "마치 열다섯 살짜리 소녀처럼 부끄러웠고 온몸이 뻣뻣하게 굳어버렸다. 그런 그녀의 모습은 나이에는 상관없이 순진무구한 마음과 행동 속에서 드러난 것이었기 때문에 몹시 아름다워 보였다"(241).
  이 이야기의 대칭은 지드의 『전원교향곡』이다!

1.6

4시경에 복거일 씨가 들렀다. 언제 봐도 깔끔한 차림인데, 수줍어하기는 계집애보다 더하다. 그가 하는 말로는, 대전상고를 나왔다고 하는데, 집안에서나 학교에서나 신동으로 꼽혔다고 한다. 하기야 대전상고를 나와 서울상대에 들어갔으니, 그럴 만도 하겠다. 그의 이야기 중에서 들을 만한 것 또 하나: 가난한 사람들은 눈에 금방 띄는 환부이지만, 진짜 아픈 부분은 몸의 다른 곳이다. 그곳을 보지 못하는 한 총체성은 얻어지지 않는다. 사회라는 거대한 몸속의 가장 아픈 부분은 정치와 돈이 만나는 자리이다.

그의 두 개의 계획: 어렸을 때 자란 파주 근방의 기지촌을 중심으로 한 중편 하나, 그리고 예비군 훈련에 관한 이야기 하나……
"기지촌 이야기를 쓰려면 걸리는 것이 참 많아요. 우선 제 아버님만 해도 살아계시거든요……"

1.8

『여자의 일생 *Une Vie*』에서 제일 내 마음을 흔든 장면: "잔느는 늘 예전처럼 숨을 쉴 수 없는 것 같고, 지금은 더 고독하고 더 버림받고 더 몰락해 있는 듯한 느낌이 들었다. 〔……〕 매일 이러한 일이 되풀이되고 있었지만 이 이상한 욕구의 원인은 알지 못했다. 그러던 어느 날 저녁 그녀가 무의식중에 내뱉은 한마디가 자기가 불안해 있던 비밀이 무엇인지를 알려주었다. 잔느는 저녁을 들려고 앉으면서 말했다. "오! 이처럼 바다가 보고 싶을까!" 그토록 간절하게 보고 싶었던 것은 바다였다. 포효하지만 평온하기도 한 것이 바다다.

1.9

김준태의 『넋 통일』(전예원, 1986)과 『불이냐 꽃이냐』(청사, 1986)는 이념에 취한 시인의 넋두리 모습이다. 그 넋두리는 때로 절실하게 느껴지기도 하지만 삶의 구체성이 진솔하게 표현되어 있지 않아 지루한 다짐 같아 보인다. 술 취한 사람이 내지르는, 그에게는 꽤장히 중요하게 느껴지지만, 다른 사람에게는 안 그럴 수도 있는 것들과 같이, 끈질기게 지루하다. 지루한 것은 되풀이 때문인데, 그 되풀이는, 광주는 고난의 자리이다, 우리는 통일을 위해 싸워야 한다, 우리는 쇠붙이를 미워하고 생명력을 길러야 한다로 요약될 수 있다. 다른 사람들은 그런 것에 전연 관심이 없다는 듯, 자기만이 거기에 관심을 쏟고 있다는 듯, 그 되풀이는 지루하게 끈질기다. 그런데 그의 사유의 거의 대부분은 김지하의 생명 사상에 기대어 있다. 힘 있던 시인이 갑자기 스메르자코프가 되어버린 것을 보는 슬픔!

장석주의 『한 완전주의자의 책읽기』(청하, 1986)도 나에게 너무 가까이 와 있다. 그의 글들의 상당수는 남이 읽은 것들을 조금씩 변형하여 재조립한 것들이어서 깊이가 부족하다. 섬세한 문장이 때로 그것을 덮어주지만 다 성공하고 있지는 않다. 그가 치열하게 싸우지 않아서 그렇다. 하나의 예외는 있는데, 그것은 그가 황지우를 비판할 때이다. 그것은 그의 무의식이 황지우와 치열하게 싸우고 있음을 입증한다. 그가 황지우에 대해 그의 시의 극렬성은 "위장의 극렬성이다"(41)라고 말할 때, 그 진술은 크게 울린다. 그런 유의 치열성이 다른 글에서는 별로 보이지 않는 것이 그의 약점이다. 그럴 때 그는 완전주의자가 아니라 타협주의자 같아 보인다. 그러나 그가 자신은 독학자라는 것을 고백하는 서문은 아름답다. 그는 역시 시인이다.

1.12

『월간문학』에 연재될 때 흥미 있게 읽었던 천이두의 『명창 임방울』 (현대문학사, 1986)을 다시 숙독을 하였다. 글도 재미있고, 주장도 깊이가 있다.

주목할 만한 주장 몇 개:

1. 임방울은 이조 때의 영광도, 해방 후의 인간문화재(의 영광)도 받아보지 못한 "시골뜨기 문화의 역군"(167)이었다. 그 점이 그의 예술을 획기적인 것으로 만들고 있다. "그의 예술로 하여금 일정한 사회적 예우도 경제적 보장도 누릴 수 없는 진짜 광대의 예술이 되게 함으로써 판소리 그 본래의 존재 양식을 가능하게 했다는 점이 그 하나이며, 당대의 지배 계층으로부터 제반 보장과 비호를 받을 기회를 상실한 대신 당대의 역사의 주류에서 소외된 대다수 서민 대중들과의 정서적 일체감을 더욱 공고히 함으로써 판소리의 역사상 새로운 경이를 창조하였다는 것이 그 다른 하나이다"(167~68).

2. 판소리 가락의 근간을 이루고 있는 것은 육자배기 흥타령인데, 판소리의 큰 광대들은 그것을 애써 기피하였다(94).

3. 식민지 시대에 접어들면서 우조에서 계면조로 관중들의 취향이 바뀐다(153). 그 변모되어가는 청중의 기호에 부합되는 새로운 창법을 개발한 천재적인 광대가 임방울이다. 그는 계면조를 "최상의 예술적 창조로 개발해낸 가객"(154)이다. 물론 우조에서도 그의 천재는 발휘되고 있다(173).

4. 판소리는 식민지 시대에 접어들면서 지배 계층의 비호와 협력을 잃고 민중들의 지지에만 의존할 수밖에 없게 되었는데, 여기에서 판소리는 계면조의 흐름으로 바뀐다(151). 민중들은 유식한 사

설보다는 서민적 사설을 더 좋아하였고, 임방울의 예술은 그래서 성공할 수 있었다(155). 유식한 사설을 이끌어간 사람은 김연수이다(155).

5. 판소리 미학이 간직하고 있는 중요한 속성 중의 하나는 비애와 탄식이 낙천과 해학과 함께 어우러지는 한이라는 일원적 양면성에 있다(140).

1.16

김붕구 역의 『적과 흑』(정음사, 1959)은 뛰어난 번역이다. 그의 문체를 그대로 느낄 수가 있다. 무엇이든 그의 손에 닿으면 그 식으로 변형된다. 원작자는 죽고 그만 남는다. 특이한 번역가이다.

연애소설로서의 『적과 흑』은:

1. 이탈리아 연애소설, 보카치오의 『데카메론』이나, 아랍의 연애소설 『천일야화』와 텍스트 관련성을 갖고 있다. 이탈리아 소설의 대담성, 아랍 소설의 격정이 거기에 숨어 있다.

2. 높은 산, 사다리, 높은 산의 동굴은 자존심을 근간으로 하는 사랑 이야기의 장소적 변형이다. 사랑은 높은 곳에 있다. 여자들의 지위가 높은 것, 소렐이 높은 곳으로 올라가려 하는 것은 다 그 변형이다.

3. 그것은 삼각관계의 기본인 질투심을 이용하고 있다. 레날 부인/엘리자, 마틸드/페르바크 부인의 관계는 질투에 의거하고 있다.

4. 그것은 동년배의 사랑보다는 연상의-여인/연하의-남자의 사랑에 더 깊은 관심을 보인다. 삼각관계는 그 변형이다. 연상의 여인

은 육체적 사랑보다는 정신적 사랑을 더 꿈꾼다. 어머니 같은 사랑, 편지 쓰기의 사랑……

  5. 이성적으로 보자면, 엘리자와의 결혼만이 소렐을 파멸에서 구할 수 있었을 터인데, 그런 일은 일어나지 않는다.

  6. 그것은 중세의 그로테스크 취향을 그대로 간직하고 있다(이탈리아 소설의 영향?): 소렐의 목을 안고 장례식에 가는 마틸드; 대리석 위의 그의 얼굴; 돈 뿌리기……『적과 흑』은 동 쥐앙 전설과도 연결되어 있는 것이 아닐까.

  7. 19세기 초엽에 연애소설의 전형으로 비쳐진 것은『마농 레스코』이다. 페르바크 부인의 그것에 대한 언급(2부 28장): "그런 패덕적이고 위험천만한 문학 중에서『마농 레스코』는 그래도 일류의 자리를 차지한다더군요. 남들 말로는 죄지은 인간이 당연히 갖는 약점과 고뇌가 여실히 묘사되어 있어 상당히 심각한 점도 있다나 봐요." 마틸드도 그 소설을 읽었다.

  8. 소설은 모든 사랑 이야기의 모체이다. 이것을 뚜렷하게 인식한 것이 스탕달의 한 특색이다. "A Paris, l'amour est le fils des romans."

1.25

한 편씩 읽을 때는 별 재미가 없어도, 한 권의 시집을 읽으면 재미가 있는 그런 시들이 있고 그 역도 있다. 황지우의『나는 너다』(풀빛, 1987)를 나는 새롭게 읽었다. 전같이 맥락 없이 흩어진 시들이 아니라, 속에 깊은 통일성이 있는 시들이다. 비평가에 대한 염오감이 좀

지나치게 표현되어 있기는 하지만[107], 그것은 삽화적이다. 그의 세계관은

   1. 이 세계는 사막이다
   2. 그 사막에 길을 만드는 것은 욕망이다
   3. 그 욕망은 물을 향한다
   4. 물을 향하는 욕망은 나, 너, 우리의, 여럿의 욕망이다

라는 전제와

   1. 길은 나로부터 시작한다
   2. 나는 목마르다
   3. 목마른 나는 헛것을 본다

라는 변형 과정, 그리고

    아픈 내부는 소리지른다

는 원리에 의한 소리 지르기로 이뤄져 있다. 특히

    징은 소리가 난다
    그 내부에 상한 의식이 있는 듯
    한 대 맞으면 길게 길게 운다
    상처가 깊다 [129]

와 같은 표현은 뛰어나다. 그 세계관을 뭐라 이름 붙일 수 있을까? 나는 우선 유마의 세상 살기라고 이름 붙이고 싶다. 세계의 고통이 바로 자기인, 너!

그의 시의 두 가지 특성:

1. 그의 시는 텍스트 관련성에 깊이 연관되어 있다. 몇 개의 예: "나는 너를 벼랑에서 떨어뜨리는구나 / 내 목숨의 칡넝쿨을 갉는 쥐새끼"(15)는 불경의 세계 인식을 이끌어 들이고 있다; "개그맨 김병조는 극우다. 맨날, 이 / 안에서만 놀아라 / 한다"(49)는 공리화된 세계의 텍스트화; "날개에 줄무늬 문신을 그려넣은 나비, 빠삐용"(58)은 영화의 텍스트화; "우리 모두 기립하여 푸른 숲을 이룬 / 이일송 저엉 푸우른 소오른"(63)은 노래의 텍스트화.

2. 그의 시는 감각의 순간성에 민감하다. 몇 개의 예: "물냄새를 맡은 낙타 / 울음 / 내가 더 목마르다"(8); "전갈은 독이 오를 때 / 가장 아름다운 색깔을 띤다 / 온몸에 번진 적의여"(13); "바람에서 네 구취난다"(15); "잎을 꼭 다물고 있는 나팔꽃"(16)……

그의 시에 관한 몇 가지 생각:

1. 나는 사막을 건너간다
　나는 이미 보아버렸으므로 (7)

그의 시는 이미 본 것을 처음 본 것처럼 제시하는 데서 생겨난 부조화 위에 세워져 있다. 그의 시에서의 놀라움도 이미 본 놀라움이다. "나는 자꾸 마음만 너무 간다"(11)의 세계이다.

2. 이곳은 먼저 다녀간 누군가가
　흰 석회 벽에 손톱으로 써놓았다
　날개, 날개가 있다면 (119)

날개가 없기 때문에, 그는 날고자 한다. 이곳이 사막이기 때문에 물을 찾고, 이곳이 진창이기에 낙원을 찾는다.

가자 내 아픈 식구들아!
이 진창 속에서, 진창 속의 낙원으로 〔128〕

그 진창 속의 낙원은 보들레르의 진창 속의 금과도 같다. 그것은 때로 마법이다〔111〕.

3. 욕망이 길을 만들어놓았구나 〔9〕

욕망은 길을 만들고, 바람은 길을 지운다("바람이 비단 같다, 길을 모두 지워놨으니"〔7〕). 인간은 만들고, 자연은 지운다. 그래서 그는 같이 가고자 한다. 그 허망성을 지우기 위해서. "살아서, 여럿이, 가자"〔10〕; "살아서 가자/살아서, 여럿이, 중심으로"〔132〕.

4. 사제 목에 걸린 철십자가에 못박힌 노동자
　나의 안락이 너를 못박았다
　이 짐승들아
　가슴을 친다고 그게 뽑혀지느냐 〔29〕

그렇다고 안 칠 수도 없는 일 아닌가. 가슴 치는 사람을 짐승이라고 부른다고 부끄러움이 없어지는 것은 아니다.

5. 갈증은 바다를 부른다. 그의 바다는 화엄의 바다다.

   넓은 세상 보고 싶어라. 화엄의 넓은 세상
   들어가도, 들어가도, 가지고 나올 게 없는
   액체의 나라
   나의 오물을 지우는, 마침내 나를 지우는 바다 〔61〕

그 바다는 중심 있는 징〔130~31〕과 대립되면서, 하나이다.

노향림의 『눈이 오지 않는 나라』(문학사상사, 1987)를 지탱하는 시적 원리는 절제이며, 그것은 간결성·단순성으로 표현된다. 그러나 그 절제 속에 응축된 감정이 없고, 절제를 위한 절제만이 있을 때, 절제는 속임수로 나아간다. 절제가 힘을 얻는 것은 진술한 감정이 응축되어 자신을 숨기고 있을 때이다. 그런 의미에서 시집에 실린 상당수의 시들은 『연습기를 띄우며』를 넘어서지 못하고 있다.

1.26

김윤식의 『염상섭 연구』(서울대출판부, 1987)는 945면의 대작이다. 그러나 그의 『이광수와 그의 시대』만 한 깊이도 정열도 보여주지 않는다. 서울 중산층 출신의 보수주의자의 문학적 행로 자체가 밋밋했다고 할 수 있겠지만, 그가 "원처럼 둥글고 완결된 것"〔896〕이라고 하는 삶과 문학을 직선적으로 그리고 통시적으로 뒤쫓고 있기 때문에 생긴 현상이라고 하는 것이 더 올바른 진술일 것이다. 평전은 심리저 깊이를 드러내야만 그 의미가 사는데, 작품 분석의 경우 장르적 특성에 지나치게 유의하고 있어, 작품 분석인지 평전의 자료 분석인지가 때로 불분명하다. 가령 염상섭의 소설에서 편지 쓰기가 중요한 역할을 맡고 있다면, 그의 편지 쓰기는 어떠했으며, 그것은 왜 생겨난 것인가가 밝혀져야 할 것인데, 그렇지가 못하다.

고수·암수…… 등의 게임 이론적 어휘들이 계속 출몰하고 있다. 대가의 거작이라는 것에 그 자신이 들린 것은 아닐까? 아깝다. 때로 그는 한 줄로 표현할 수 있는 것을 열 줄로 표현하고 있다: "『삼대』란 무엇인가. 조선일보(1931. 1. 1~9. 27)에 215회 연재된 연재소설이다"(511) 식의 늘리기는 이제 지양되어야 하지 않을까 한다. 그런 늘리기는 수수께끼의 묘미인 놀라움이 없기 때문에 진부하고 지겹다.

1.31

구멍의 공에 제일 깊게 사유한 최초의 인물은 노자이다. 그는 항아리에 있어서 중요한 부분은 항아리의 텅 빈 부분이라고 생각했다. 빈 곳이 있어야 채울 마음이 생겨난다. 공은 행위, 욕망의 행위의 밑바닥이다. 장자는 그것을 더 논리화해서, 구멍을 뚫으면 혼돈은 죽는다라고 말한다. 그것을 뒤집으면, 구멍이 있으면 혼돈은 없다. 그 구멍은 질서, 사회생활의 기본틀이다. 구멍이 없는 존재는 완전자—신·악마·자연……—뿐이다. 구멍이 있는 것은 모두 인간적이다. 인간은 구멍의 모음이다. 채워도 채워도 영원히 채워지지 않

는 구멍들······

　도스토옙스키의 『죽음의 집의 기록』(정음사, 1968)의 가장 끔찍한 전언은 맨 앞 대목에 숨겨져 있다: "······그러나 인간의 사는 힘은 강하다. 인간은 모든 것에 익숙해질 수 있는 동물이다. 나는 이것이야말로 인간에 대한 가장 훌륭한 정의라고 생각한다"(10). 모든 것에 익숙해질 수 있는 동물이라······ 그 동물은 체념에도 쉽게 익숙해진다. 불편하고 더러운 것, 비인간적인 것에 익숙해진 인간의 모습은 더러운 것인가, 안 더러운 것인가?

2.1

이인성과의 대화에서 암시받은 것:

　1. 황지우의 『나는 너다』의 시 제목들은 서울 시내버스의 번호들이 아닐까? 그 증거: "동대문 야구장을 한바퀴 돌고 오는 289 버스가 붉은 서울대라고 쓰인 종점을 향해 질주하고 있었다"(115)라는 구절이 있는 시의 제목은 「289」이다. 그 자신은 능청스럽게 "제목을 대신하는 숫자는 서로 변별되면서 이어지는 내 마음의 불규칙적인, 자연스러운 흐름 이외에 아무것도 아니다"(145)라고 말하고 있다.

　2. 화엄과 다스 카피탈을 포괄하는 세계관은 김지하가 노리는 것이며 그가 노리는 것이지만, 그는 보다 가족적으로 노린다. 그의 장형의 불교와 동생의 급진주의("나를 길러주신 나의 장형 우성 스님께/세상의 부채를 쥐고 지금도 땅 밑을 기는 나의 아우 광우에게"(2))사이에 낀 그는 필연적으로 그것을 향하지 않을 수가 없다.

3. 지금 유행하는 유행가들의 상당수는 일본에서 유행하는 유행가들의 시촌들이다. 끔찍한 문화적 시민주의!

수전노들이 돈을 은행에 맡기지 않고, 항아리나 궤에 숨겨두는 것도 구멍 체험의 한 변형이다. 빈 곳을 채운다는 것이, 늘어나는 숫자보다 그들의 마음에 더 든다. 한 예:『파데트』의 할머니.

2.2

도스토옙스키의 「영원한 남편」(『죽음의 집의 기록』, 정음사, 1968)을 『백치』와 『악령』 사이에 낀 평범한 중편소설이라고 말하는 것은 옳지 않다. 그것은 소심하고 비사교적인, 아내만을 사랑하는 한 남편과, 호방하고 사교적이며, 방탕한 한 오입쟁이 사이의 기묘한 심리적 대립을 걸출나게 묘사하고 있다. 아내를 새치기 당한 남편이 오히려 기가 죽고, 오입쟁이가 오히려 기가 살아나는 이 이상한 관계야말로 도스토옙스키적인 주제, 인간은 예측할 수 없는 동물성을 가진 동물이라는 주제를 뛰어나게 표현하고 있다. 삶은 엄청난 꾸밈[448]이라고 믿는 오입쟁이의 진실과 그럼에도 불구하고 아내를 사랑할 수밖에 없는 남편!

「영원한 남편」이라는 제목은 아내를 오입쟁이에게 빼앗기면서도 아내에게 충실한 남편을 뜻하며, 아내의 비밀이 드러나는 계기를 만들어주는 소도구는 19세기 연애소설의 토포스인 아내의 서랍에 들어 있는 편지이다. 19세기 소설에 있어, 편지는 의사소통의 도구이면서, 그것을 뛰어넘어, 인간의 진실한 내면을 드러내 보여주는 도구이다. 현대 소설의 연애가 삭막해진 것은 내면의 고통/즐거움이 전화라는 간편한 의사소통의 기구로 간소화되었기 때문은 아닐까? 목소리로 연애하는 것보다는 ─거기에는 녹음까지 포함된다─ 눈으로 연애하는 것이 훨씬 내면적이다. 편지는 전화보다 훨씬 더 내면적이다.

2.3

루카치Lukács의 『체험된 사유 말해진 기억Pensée vécue Mémoires parlées』(L'arche, 1986)은 루카치를 이해하는 데 아주 유용한 책이다. 1971년 죽기 얼마 전에 루카치는 자서전을 기획했으나, 개요만을 남기고 그것을 완성하지는 못했는데, 문학사가 베저Erzsébet Vezér와 비평가 에오르지István Eörsi가 그것에 기초하여 루카치와 대화를 나눔으로써 그것을 어느 정도 완결한다. 'Pensée vécue'는 그가 남긴 개요이고, 'Mémoires parlées'는 그와 한 대담이다.

  내 주의를 끈 몇 개의 문단:

  1. "『소설의 이론』은 방법상으로는 사상사라는 특성을 갖고 있다. 그러나 이런 유형의 책으로는 이것이 비-우익적인 유일한 것이라고 생각한다. 도덕적인 면에서는, 나는 우리 시대를 비판할 만한 것으로 생각하고 있고, 예술도 내 관점에서는 이 사태에 맞서야만 가치 있다. 바로 거기에서 러시아 리얼리즘이 개입하게 된다. 톨스토이와 도스토옙스키는 문학이 어떻게 전 체계를 싸잡아 비판할 수 있나를 가르쳐주었다. 그들에게선 자본주의는 이러이러한 결점이 있다는 생각보다는 체계 자체가 비인간적이라는 생각이 지배적

이다"(662). 데카당스/리얼리즘의 대립의 싹이 이미 그 책에서 싹트고 있다: "분명히 그것은 과도기적 가치만을 갖고 있다"(64).

2. "스탈린이 마르크시즘에 반대되는 엉터리만을 말했다고 생각하는 것은 편견입니다. 내가 여기에서 이 문제를 환기하는 것은, 내가 소련에 처음 머무를 때, 1930년에 일어난 철학 논쟁과 관계가 있기 때문이에요. 데보린과 그의 유파를 공격하여 이 싸움을 건 것은 스탈린이었지요. 물론 이 논쟁에서, 벌써 뒤에 스탈린주의라 불리던 것의 특성이 나타나지만, 그러나 이 논쟁에서 스탈린은 내 사상의 진전에 아주 긍정적인 역할을 하게 될 아주 중요한 관점을 옹호했어요. 스탈린은 그 당시 러시아에 아주 널리 퍼져 있던 소위 플레하노프의 정통성을 공격했어요. 〔……〕 스탈린이 플레하노프에 대해 한 비판을 나는 메링에 대해 하게 되지요. 플레하노프와 메링은 사실상 사회-경제적 문제 외의 다른 문제가 터져 나오면서부터 마르크스만으로는 부족하다고 믿었거든요. 아시다시피 그는 마르크스 이론에 칸트 미학을 끌어들였으며, 플레하노프는 본질적으로 실증주의적인 미학을 끌어들였지요. 나는 플레하노프의 정통성에 대한 스탈린의 싸움에서 마르크시즘은 다른 요소와 결합되어야 할 사회-경제 이론이 아니고, 보편적인 철학이라는 개념의 표현을 본 것이지요. 그러니 칸트나 다른 사람에게서 이끌어오지 않은 자율적인 마르크스 미학이 존재한다는 거지요. 〔……〕 바로 이 생각이 내 사상의 진화 밑바닥에 있어요"(118~19).

3. "그 시기에 발자크 문제에 관한 엥겔스의 편지가 발표되었고, 스탈린주의와 완전히 결별하여—이것은 중요한 결과를 이끌어냈지요—이데올로기가 미학적 가치의 척도는 아니며, 발자크의 왕당

파주의가 그러하듯 나쁜 이데올로기에도 불구하고 좋은 문학이 나올 수 있다는 생각을 제기했지요. 그러곤 그 생각의 두번째 형태로 좋은 이데올로기도 나쁜 문학을 낳을 수 있다는 생각을 제기했어요"(140).

4. "스탈린주의에서 철학적인 면에서 지배적인 것은 초합리주의 *hyperrationalisme*이에요. 당신이 비합리주의라 부르고 있는 것이 바로 초합리주의이지요"(145).

5. "제가 보기엔 스탈린주의의 실재적 본질은 이렇소. 노동 운동은 이론적 차원에서 마르크시즘의 실천적 성격을 계속 인정하지요. 하나 실천에서는 사물에 대한 깊은 이해가 그 행동을 이끌어가는 것이 아니지요. 반대로 행동의 전술 때문에 사물에 대한 깊은 이해가 재구성되는 거지요. 마르크스와 레닌에게서는, 사회 발전, 어떤 방향으로 가는 기본 노선이 제일 여건이었소. 어떤 시대에서나 어떤 전략적 문제는 이 기본 노선의 내부에서 제기되오. 전략적 선택에서 생겨나는 문제들도 이 기본 노선에서 생겨나오. 스탈린은 그것을 뒤집어버렸소. 그는 전술 문제에 기본적 중요성을 부여했고 거기에서 일반 이론을 읽어냈소. 그래서 스탈린은 스탈린-히틀러 조약 때 히틀러와 맞서 올바른 전술을 구사했으나 거기에서 일차 대전과 이차 대전은 비슷하다는 완전히 잘못된 이론적 결과를 이끌어냈지요"(145~46). 루카치가 스탈린을 비난하는 척하면서도 사실은 스탈린을 공적으로 비난하지는 못하는 것이 공포 때문인지, 신념 때문인지는 알 수 없다. 그러나 그가 스탈린주의를 어느 정도는 옹호하고 있는 것은 사실이며, 그것은 정치적 측면에서 특히 그러하다. 트로츠키에 대한 그의 지나치게 격렬한 반발은 이해하기 힘들다.

"나는 트로츠키를 싫어하며, 트로츠키스트도 그러한데 라살적인 면 때문이지요."

―트로츠키의 저술은요?

"그는 아주 지적이며 재치 있는 저술가요. 하나 나는 정치인으로서는, 정치 이론가로서는 존경하지 않아요."

―역사가로서는요? 1905, 1917년 혁명에 대한 역사적 저작에 대해서는요?

"그것들에 대해서는 뭐라 말할 수 없소"[151].

―언제부터 그를 싫어했나요?

"나는 철학 아카데미에서 일을 하고 있었소. 결정적으로 내 태도를 결정한 것은 러시아 철학이 히틀러와 맞서 만든 통일전선이오. 트로츠키스트들만이 거기에 적대적이었소. 그래서 나도 트로츠키스트들에 대해 적대적이 되었소."

―그들이 무엇에 적대적이었나요?

"반히틀러 통일전선이오."

―그거 재미있군요. 트로츠키도 개인적으로 적대적이었나요?

"모르겠소."

―제 기억이 맞다면, 트로츠키는 스탈린-히틀러 조약 전부터 스탈린을 심하게 비판해왔기 때문인데요"[153].

이것만으로 볼 때 루카치의 스탈린주의는 거의 명백하다고 할 수 있다. 그는 트로츠키에 대해 조금의 동정도 보여주지 않는다.

6. "마르크시즘의 가장 결정적인 부분으로 내가 생각하는 생각은 사회적 존재의 기본 범주는 역사적 범주라는 생각이며, 이것은 모든 존재 형태에 대해 진실이오. 〔……〕 마르크시즘에서는 사물의

범주 존재가 사물의 존재를 구성하지만 옛 철학에서는 범주 존재가 현실 범주가 발전되어가는 기본 범주요. 역사란 범주 체계 내부에서 이뤄지는 게 아니오. 역사란 반대로 범주 체계의 변환이오"(201).

재미있는 루카치의 비유 하나: "마르크시즘은 철학적 개념의 히말라야 산맥이지만, 히말라야에서 뛰어노는 꼬마 토끼가 계곡의 코끼리보다 더 크다고 믿어서는 안 된다"(159). 꼬마 토끼le petit lapin 라…… 자신을 계곡의 코끼리보다 더 크다고 믿는 꼬마 토끼가 이 나라엔 오죽이나 많은가!

2.9

『뉴욕 리뷰The New York Review』(1986. 10. 23)에 실린 프린스턴 대학 비교문학부 교수인 조지프 프랭크Joseph Frank의 「바흐친의 목소리들The Voices of Mikhail Bakhtin」을 부산으로 가는 기차 속에서 띄엄띄엄 읽었다. 전체적인 느낌은 요점식이라는 것이었으나 훌륭한 서평이었다.

관심을 끈 대목들:

1. 20년 전만 해도, 바흐친의 이름은 도스토옙스키의 전공자에게도 잘 알려지지 않은 이름이었으나, 이제는 러시아·유럽·미국에서 큰 영향력을 행사하는 이론가가 되었다. 그의 저술이 누리는 영예는 소비에트 당국에 대한 어떤 유형의 저항 때문에 생겨난 것이 아니고, "순수하게 그의 사유와 성찰이 주는 힘의 결과"이다.

2. 조부는 은행을 세웠고, 부친은 여러 분야의 지배인이었으며, 그는 높은 교육을 받았다. 세 명의 누이와 형이 있었는데, 니콜라이

Nicolai라는 이름의 형은 버밍엄 대학의 언어학과 과장을 했다. 니콜라이는 비트겐슈타인과 함께 30년대에 케임브리지에서 공부했는데, 그와의 대화가 비트겐슈타인의 방향 전환에 일정한 기여를 한 것으로 알려져 있다. 그것은 비트겐슈타인 연구의 대가인 옥스퍼드 대학의 맥기니스Brian McGuinness도 인정하고 있다.

3. 그는 아주 어려서부터 가정교사에게서 독일어를 배웠는데, 그녀는 그들 형제에게 고전 문화에 대한 존경심을 심어주었다. 15세에 그는 부버와 키에르케고르를 읽었는데, 키에르케고르에게 아주 반해 그를 번역하려고까지 했다. 부버에 대해서는 "내 생각으로는 그는 20세기의 가장 위대한 철학자이다. 나는 그에게 많은 것을 빚지고 있다. 특히 대화라는 생각에 대하여"라고 말한 바 있다(1969~71년 사이에).

4. 그는 상트페테르부르크 대학에서 공부했는데, 젤린스키를 거기서 만나게 된다. 세계적 평판을 얻고 있던 그는 "모든 문학 유형은 고대에 이미 있었다"는 주장을 폈으며, 바흐친은 도스토옙스키에서 시작되는 현대 소설은 BC 3세기경까지 거슬러 올라갈 수 있는 메니페언 풍자의 뒤늦은 이본이라고 주장하게 된다. 젤린스키에 있어 대화란 철학적 자유의 문학적 표현이었지만 바흐친에게서 그것은 더욱 중요한 개념이 되었다. 젤린스키는 또 고대 문화에 있어서의 민속적 요소에 대해 강조했는데, 그것도 바흐친에게 영향을 주었다.

5. 1979년에 발간된 바흐친의 1920년대 유고는 세계와 자아에 대한 바흐친의 중요한 성찰을 내포하고 있다. 그것은 한 개인성에 대한 사르트르나 하이데거의 이론과 유사점이 많으나, 그의 철학적 기여를 지나치게 강조하는 것은 올바르지 않다. 종교적 실존주의라 부

를 수 있는 바흐친의 철학적 사유의 기본은 그리스도의 패러다임이다. 그리스도는 신성을 포기하고 일반적인 인간 조건을 수락했으며, 인간의 자의식을 심화시켰다. 그는 차디찬 인간의 자의식이 아니라, 타자를 향해 열려 있는 자의식을 심화시켜, 이상적인 인간 조건의 전범이 되었다. 자아와 타자는 연결되어 있으며, 그 매개는 언어이다. 자아와 타자의 관계는 자아와 신의 관계를 반영한다.

6. 바흐친의 다성악적 소설 이론에서 설명이 불가능한 것은 소설 내의 인물의 절대적 자유가 어떻게 예술 작품의 통일성과 연결될 수 있는가 하는 것이다.

바흐친이 부버의 영향을 많이 받았다는 것은 흥미롭다. 대학 2학년 때 그의 『나와 너』를 읽었을 때의 그 충격!

2.10

사르트르에게 있어 인간을 움직이는 기본 동력은 욕망이다. 욕망은 인간을 관계 속에 집어넣으며, 그 관계의 의미들 속에 집어넣는다. 그 관계를 인간과 인간의 관계, 인간과 사물의 관계로 나눌 수가 있겠는데, 사르트르는 앞의 것을 실존적 정신분석이라고 부르고, 뒤의 것을 사물과 그것의 질의 정신분석이라고 부른다. 그 두 개의 정신분석은 서로 다른 것이 아니라, 하나의 정신분석의 안-밖을 이루는데, 인간과 인간의 관계가 인간과 사물의 관계와 따로 있을 수는 없기 때문이다. 그러나 실존적 정신분석은 선택이 자기기만인가 아닌가를 드러내는 것을 목표로 하게 되며, 사물의 정신분석은 사물의 존재 양태 — 끈끈함·미끈미끈함·메마름 따위 — 를 드러내는 것을 목표로 하게 되어, 한쪽은 윤리학에 기울고, 한쪽은 존재론으로 기운다. 물론 윤리학과 존재론은 붙어 있는 것이지만, 붙어 있지 않는 것으로 잘못 인식될 수도 있다.

2.11

우리가 문학 작품을 읽는 것은 무엇 때문일까? 내 생각으로는, 자기의 욕망이 무엇에 대한 욕망인지가 분명하지 않기 때문인 것 같다. 그것이 무엇에 대한 욕망인지가 분명하면, 그것을 얻으려고 노력하면 된다. 그러나 그것이 무엇인지 분명하지 않다면, 무엇을 왜 욕망하는지를 우선 알아야 한다. 그 앎에 대한 욕망은 남의 글을 읽게 만든다. 남의 이야기나 감정 토로는 하나의 전범으로 그에게 작용하여, 그는 거기에 저항하거나 순응하게 된다. 저항할 때 전범은 희화되어 패러디의 대상이 되며, 순응할 때 전범은 우상화되어 숭배의 대상이 된다. 나는 누구처럼 되겠다가 아니면, 내가 왜 그렇게 돼가 된다. 그 마음가짐은 그의 이름 붙이기 힘든 욕망을 달래고, 거기에 일시적인 이름을 붙이게 한다. 왜 일시적인가 하면, 전범은 수도 없이 많이 나타나기 때문이다. 세상에는 수없이 많은 이야기가 있는 것이다. 물론 그 구조는 그렇게 많지 않겠지만.

2.12

윤후명의 「무소의 뿔처럼 혼자」(『한국문학』, 1987년 2월호)를 읽고 나는 그의 소설이 왜 서정적으로 느껴지는가 하는 이유를 알아냈다. 그에게 있어, 현재의 체험은 거의 언제나 과거의 체험을 환기시키고 있다. 그것은 생활 속의 체험이면서 텍스트 속의 체험이다. 한 여자의 얼굴에서 과거에 만난 여인의 얼굴을 보면서, 그 소설의 주인공은 딴 사람에게서는 무소의 뿔을 본다. 그러나 그 환기가 언제나 행복한 것은 아니다.

신상성의 「누나와 함께 부른 노래」(『현대문학』, 1987년 2월호)는 분단과 근친상간을 결합시켜 충격을 노린 소설이다. 근친상간이 장용학에 의해 소설에 들어온 이래, 그것은 조정래의 『태백산맥』, 신상성의 소설에까지 그 여파를 미친다.

조정권의 『풀잎 속 푸른 힘』(고려원, 1986)은 시선집이다. 그의 시를 다시 천천히 읽는다. 그의 시가 그것을 요구한다. 그러나 읽고 나면, 무엇인가가 빠져 있다는 느낌이 든다. 김춘수의 무의미시를 동양적 무위로 번역한 느낌도 드는데, 그때의 무위는 자연의 움직임에 순응한다는 본래적 의미의 무위가 아니라, 무위임을 작위하는 무위에 가깝기 때문에 그런 것이나 아닌가 생각한다.

새벽에 마른 풀 위로 지나가는 몇 가닥 빗소리

누군가 나보다 먼저 깨어나 앉아 저 소리 듣고 있으리

같은 짧은 시에 있어서도 작위의 무위는 진하게 느껴진다. 마른 풀 위로 지나가는 —매우 가물었는지— 몇 가닥 빗소리— 성긴 빗소리—, 누군가 먼저 일어나—아침 일찍 일어난 모양이다. 아침 일찍 마른 풀을 느낄 수 있는 상상력은 특이한 상상력이다 ─저 소리 듣고 있으리─ 그래 무위라면, 남이 듣건 안 듣건 무슨 상관인가. 이 시처럼 무언가 있는 듯하면서도 없는 것이 이 시집의 특색이다. 젊은 나이에 지나치게 멋을 부리고 있다. 그 점에선 박제천과 비슷하다. 조로한 척하는 마음의 밑바닥에는

> 도대체 지금이 어떤 세상인데 이런 생활의 여유를 애써 누리고 산 단 말인가
> 나는 그런 여유마저도 거속해야 한다고 생각해왔던 것이다 [40]

라는 작위적 거속 ─이 무슨 말인가─ 이 자리 잡고 있다. 초속은 얻어진 결과이어야지, 바라는 목표이어서는 안 된다.

2.15

삶에 있어서 절실한 것, 절절한 것은 거의 대부분 환상처럼 보인다. 그것이 환상처럼 보이는 것은 그것이 삶의 밋밋함과 대립되어 보이기 때문이다. 절실한 것이 이뤄지는 순간은 너무나 짧고 아름답기 때문에 밋밋한 삶 속에서 지속되기 힘들다, 아니 지속되지 못한다. 그것은 순간적으로 사라지는 환상의 빛과도 같다. 도스토옙스키의 『도박사』의 주인공에게 있어 그 절실한 것은 도박에서의 성공인데, 그것은 언제나 짧다. 그래서 그 성공은 환상적으로 보이는데, 그는 그것을 오래 지속하려 한다. 사람들은 그런 그를 미치광이 도박꾼 취급을 한다. 그러나 그가 견딜 수 없는 것이 삶의 밋밋함이라는 것

을 아는 사람은 드물다. 절실하기 때문에, 도박할 때 육체는 떨리고 마음은 급해진다. 일상인들은 그 순간을 환상으로 돌리고 삶의 밋밋함으로 곧 되돌아온다. 그 돌아오는 속도가 빠르고 정확할수록 그는 잘 적응한 일상인이 된다. 된다니! 그는 잘 적응한, 성공한 일상인이다. 그는 일상 속에 되돌아와 중얼거린다: 저놈은 돌았어.

자기 아내가 자기 외의 딴 사람을 사랑했다는 증거를 어떻게 발견하느냐 하는 문제는 연애소설의 중요한 제재 중의 하나인데, 19세기 소설의 경우, 그것은 대개 여자가 간직하고 있는 편지에 의해 밝혀진다. 『여자의 일생』에서의 여주인공의 어머니의 비밀, 『보바리 부인』에서의 엠마의 비밀, 그리고 저 끔찍한 「영원한 남편」에서의 아내의 비밀은 다 편지에 씌어진 채 보관되고 있다가, 그녀들이 죽은 뒤에 드러난다. 그것을 읽는 사람은 갑자기 세상이 뒤집히는 듯한 느낌을 받는다. 단단한 지반이라고 생각된 것이 거짓 지반이라는 것이 밝혀지면, 세상의 검은 심연이 보이기 시작한다. 전화로 연애하는 요즈음 사람들은 어디에 비밀을 감춰두는 것일까? 요즈음엔 비밀 자체가 없는 것은 아닌지.

도스토옙스키의 재능 중의 하나는 인간이란 두껍고 끈적끈적하고 더러운 혼합물이라는 것을 유감없이 보여주는 데 있다. 그가 그리고 있는 인간은 단순하고 명료하지가 않다.

2.16

외상을 준 사건의 추억의 흔적이 없다면 성징은 없다. 더 나아가 언어란 언어에 덧붙여진 애매모호함의 전체 이외에 다름 아니다. 프로이트나 라캉의 언어 이해는 시 해석에 큰 도움을 줄 수 있다(Arrive, *Linguistique et psychanalyse*, p. 59 이하). 그것은 시인의 경험의 흔적들을 통해 그의 시적 세계에 쉽게 다다를 수 있게 해준다. 그 경험에는 물론 책읽기의 경험이 포함된다. 원초적 경험의 흔적은 책읽기의 흔적으로 전이되어, 해석을 모호하게 만든다. 그 개인적 흔적들을 완전히 지울 수 있다면 객관적인 책읽기가 가능하겠지만 그것은 거의 무망한 바람이다. 그것은 육체에서 삶을 지우는 것이 될 것이기 때문이다.

2.17

바르트Barthes의 『삽화들Incidents』(Seuil, 1987)은 그의 이전 책들과 마찬가지로 얇은 책이다. 거기에서 재미있게 읽은 것은 「쉬드-우에스트와 빛」과 「파리의 저녁」이다 앞의 것은 사람의 내부에는 유년 시절의 나라만이 있다는 바슐라르적 세계를 고전적 문체로 기록하고 있으며—흥미로운 것은 그것이 『위마니테』에 실렸다는 것이다—뒤의 것은 죽기 전의 일기인데, 그것을 읽으니, 그가 'mam'이라고 부르고 있는 어머니에 대한 깊은 사랑, 솔레르스에 대한 우정(?), 남색에 대한 고통스러운 느낌—그들이 나를 욕망하지 않으니, 내 욕망도 없어진다……—이 선명하게 다가온다. 책 전체를 관통하고 있는 것은, 유명한 사람의 혼자 있고 싶어 하는 욕망과 같이 있고 싶어 하는 욕망 사이의 갈등이며, 잘난 척 옆 사람을 관찰하고, 옆 사람의 이야기를 엿듣고 촌평을 하는—그것도 그들이 없는 자리에서, 빈 공책에!—글쟁이의 버릇이다. 여하튼 그는 문체 때문에 살아남을 비평가라는 생각을 다시 확인시켜줄 정도로 좋은 프랑스어로 쓰여진 수필집이다. 거기에서는 속어까지도 고전적이다.

그 수필집에서 머리에 남는 구절 하나:

유년 시절은 우리가 한 나라를 가장 잘 알게 되는 왕도이다. [마음] 깊숙이에는 유년 시절의 나라만이 있다. [20]

정말인가?

2.18

비록 일제의 검열 때문이었다고 하더라도, 이기영의 『고향』(기민사, 1987)은 식민지 시대의 농촌을 염상섭이 식민지 시대의 상층 자산 계층을 그려내듯 그렇게 잘 그려냈다고 할 수는 없다. 그것은 차라리 이광수의 자유 연애론의 여파가 어디까지 미쳤는가를 보여주는 한 예로 기억될 수 있지 않을까 한다. 농촌에서의 연애 걸기의 참모습을 그것보다 더 잘 그려낸 소설은 많지 않다. 이 점에 있어서, 방인근의 『새벽길』과의 비교가 꼭 필요하다. 그의 어휘력·묘사력은 그러나 뛰어나며, 그 뒤의 농촌소설에 일정한 영향을 행사한 것처럼 생각된다.

몇 개의 흥미 있는 대목들:

1. 문체론적인 측면: i) "그는 먼저 생각을 취소하고 싶었으나 그것은 마치 딱딱한 연필로 쓴 글씨를 고무로 지울 때처럼 잘 지워지지 않았다"(86). 일제 시대의 질 나쁜 고무를 써보지 않은 아이들은 잘 이해하지 못할 비유이지만, 그것을 써본 사람들에겐 수일한 비유이다. ii) "그는[경호는: 인용자] 서울 있는 자기 집에 기숙하고 있을 뿐 아니라 갑숙이는 언제든지 동생들과 함께 있기 때문에 — 아는 도끼에 발등 찍힌다고 이다음에 그가, 자기 딸과 경호와의 관계를 알았을 때 그때 얼마나 대경실색했던가!"(253). 한국어 문장에서 과거에서의 미래는 어떻게 표현되는가 하는 좋은 문체론적 문제 중의 하나이다. 위의 문단은 과거에서의 미래가 이다음에, 그때의 연결사에 의해 표현되어 있음을 보여준다. 이다음에의 주체의 시간적 위상은 과거이며, 그때의 그것은 과거에서의 미래이다. 이런 유의 예문들을 모아 동사의 시제에 관한 글을 하나 써봤으면 한다.

2. 자유 연애론의 관점: i) "'만일 그때 당신 집에서 풍파가 날 때는 어떻게 하렵니까?'/'네! 그런 때는 가장 옳은 일이라고 생각하는 앞길을 취할 수밖에 없지요?'/'옳은 길이요?'/'그렇지요. 나는 당신도 그때에는 옳은 길을 찾아서 새로운 생활과 싸우는 용사가 되기를 바랄 뿐이여요.'/갑숙이의 눈은 눈물이 반짝이었으나 그의 말 속에는 당당한 결심이 표현된 것 같다. 경호는 나직이 한숨을 짓는다./'그건 너무 관념적이 아닐까요?'/'아니지요. 우리는 이론과 실천이 합치돼야 할 시대를 타고났어요.'/갑숙의 말은 정중하고 그의 기색은 시퍼렇다"(307). 갑작스럽게 튀어나온 이론과 실천의 일치라는 멋있는 말을 보라! 연애에서의 이론과 실천은 "옳은 길을 찾아 새로운 생활과 싸우는" 것이다. 그런데 옳은 길은 어디에 있으

며, 새로운 생활은 무엇일까? ii) 애정은 개인적인 것이지만 실상은 사회적인 것이며, 감정적인 것 같지만 이지적인 것이라는 희준의 연설: "육체적 결합을 초월하고 결합되는 사랑! 동지적 사랑이라 할까! ─이런 사랑이야말로 육체적 결합을 전제로 하고 출발하는 연애라는 것보다 더 크고 힘 있고 영구적인 사랑인 줄로 나는 생각합니다"(693). 말은 그럴듯하지만, 실제로는 자기기만이 아닐까? 희준이가 기혼자가 아니고 총각이었다고 하더라도 자기가 좋아하는 갑숙-옥희 앞에서 그런 말을 천연덕스럽게 할 수 있을까?

2.22

『천일야화』나 불경은 현실은 환영이며 감각은 덧없는 것이라는 것을 한결같이 강조하고 있다. 거기에 비해 노장은 욕심을 줄이고 자연의 움직임에 맞춰 살라고 권한다. 그 자연의 움직임이 노장에서는 세계의 움직임임에 비해, 논어에서는 인간의 움직임으로 변형되어 있다. 거기에서 노장과 공자가 만나는 것이지만, 세계/인간의 대립은 갈수록 커져, 이/기의 대립을 거치고 난 뒤에는 이의 우위가 확립된다. 삶에 대한 합리적 이해는 삶의 합리화에 의해 대치되고, 자연은 인간의 삶의 도구로 전락, 아니 추락한다.

『천일야화』에서 빠트릴 수 없는 것이 날으는 양탄자와 표주박 속에 갇힌 마신이다. 말보다 더 빠른 교통수단에 대한 갈망이 날으는 양탄자를 낳았다면─날으는 양탄자를 만들어낼 만한 상상력을 갖지 못했던 중국인들은 하루에 천리를 달리는 피땀을 흘리는 말을 꿈꾸었었다 — 욕망의 거대함에 놀란 사람들의 무의식은 표주박에 갇힌 마신을 낳았다. 자기 속에 그토록 큰 욕망이 숨어 있다는 것을 알았을 때의 그 절망감과 환희. 그것이 영원히 달성되지 못하리라는 것을 알 때의 절망감과 자기 존재를 뛰어넘을 수 있을 만큼 욕망이 크다는 것을 알았을 때의 환희가 표주박 속에 갇힌 마신을 낳은 것이 아니었을까? 그 마신은 대개 세 가지의 소원만을 들어준다. 소원은 한없이 많은데 셋뿐이라니! 그러나 그 셋은 만물을 낳은 모태로서의 삶이다. 도는 일을 낳고, 일은 이를 낳고, 이는 만물을 낳는다. 다시 말해 삶을 낳는다.

2.28

바르트가 죽기 전에 샤토브리앙의 『나폴레옹』을 계속 읽고 있었다는 것은 그의 문체가 중성의 문체에서 점점 장려하고 화려한 낭만주의적 문체로 옮겨가고 있는 것과 일정한 관련을 맺고 있다. 형태의 제일 눈에 띄는 요소가 문체라면, 형태 중심의 그가 문체 중심으로 옮겨간 것은 당연한 것이고, 그 문체 중에서 그의 호기심·무의식을 가장 강력하게 끈 것이 화려체 — 왜냐면 그는 보여주기 위해 글을 쓴 사람이기 때문이다 — 이었으리라는 것은, 모순스럽지만, 이해는 할 수 있는 일이다. 화려체에는 부가어들이 많이 붙어 있지만, 그것들은 숨은 뜻을 갖고 있지는 않다. 그것들은 다 보여준다.

3.5

정명환의 학문의 본질은 합리주의이다. 그가 비합리주의적인 모든 것에 날카로운 비난을 퍼붓는 것은 그것 때문이다. 그러나, 아니, 그렇기 때문에 때로 그의 생활은 비합리주의적인 것으로 채색된다. 그의 폭음·폭설……은 그런 면외 표현이다. 인간은 무의식중에 균형을 유지하려는 성향을 보인다.

3.7

김정란의 「지옥에서」「우리의 패배주의」(『월간문학』, 1987년 3월호)는 읽을 만한 시다. 그녀의 시가 오랫동안의 프랑스에서의 공부에도 불구하고 그 탄력성을 잃지 않고 있음은 놀라운 일이다. 그녀의 시의 특색은 칼날 같은 자의식이 육체적 이상을 통해 병적으로 나타나는 데 있다. 그것이 그녀의 시에 초현실주의적 색채를 띠게 하며, 그것이 그녀의 시를 비-조소적으로 만든다. 이미지를 만들기에는 그녀의 자의식이 너무나 급하고 과격하다. 그 과격성은 그러나 때로 견딜 수 없는 아픔을 독자에게 준다.

>   난 감잡고 있지,
> 이 삶에 대해, 감잡고 있지,
> 뭔가 삐걱거리는 것을,
>
> 잘 안 맞아 돌아가는 것을……

그 뭔가의 무엇은 의식과 육체의 괴리일 수밖에 없겠는데, 왜냐하면 편안함을 바라는 육체와 그것을 보고 불편해하는 의식은 괴리를 일으킬 수밖에 없을 것이기 때문이다.

3.10

프로이트의 예술론 속에는 인간과 삶에 대한 깊이 있는, 그러나 때로는 너무 비극적으로 느껴지는 성찰이 담겨 있다. 프로이트를 되풀이해 읽으면, 인간은 불행하게 살아가게 운명 지어진 존재라는 느낌을 강하게 받는다. 자신의 의지와 관계없이 미리 자신의 운명을 자신이 ─ 여기가 역설이다 ─ 결정해버린 사람의 비극!

3.15

청계산은 부드러우나 거친 맛이 없고, 관악산은 거칠지만 부드러운 맛이 없다. 그 둘을 다 갖춘 산은 북한산이다. 그래서 북한산에 가면 마음이 편하다. 옛날에 쓴 시 한 구절:

저 붉은 해 속에도 산은 있으리
산이 있으니 오르는 사람도 있으리

3.19

지라르의 욕망 이론은 지식인들에겐 일정한 매력을 갖고 있다. 왜냐하면 지식인들이야말로 책에서 읽은 대로 살려고 무의식적이건 의식적이건 애를 쓰고 있으며, 자기가 전범으로 삼고 있는 사람이 경쟁자로 변하는 것을 거의 매일 눈앞에서 확인하기 때문이다. 책에서 읽은 대로 살기가 어렵다는 것을 느낄 때마다 중개의 집요함에 놀라시 않을 수 없으며, 스승이 어느 날 갑자기 경쟁자로 등장하는 날의 절망과 아픔을 느끼지 않을 수가 없다. 지식인으로서는 그 두 체험이 다 같이 고통스러운 체험이며, 피하고 싶은 체험이지만, 그것을 피할 수는 없다. 제자로서 나는 스승을 모방하지 않으려고 애를 쓰고—안 그러면 그에게 증오심을 느낄 테니까—스승으로서의 나는 제자들의 모방이 불가능한 곳에 가 있으려고 애를 쓴다—안 그러면 그에게 경쟁심을 느낄 테니까! 끔찍한 악순환이다. 그러나 그것이 지식 계층의 삶이다.

3.20

기초적 폭력은 복수를 낳고 그것은 또 폭력을 낳는다. 그 악순환은 합법적인 것과 비합법적인 것 사이의 차이를 지워버리며 그 상태는 문화의 종말을 부른다라는 지라르의 추론은 끔찍한 추론이다. 광주 사태 이후, 비합법적인 것과 합법적인 것 사이의 실제적인 차이가 자꾸만 없어져간다. 피고가 재판관을 꾸짖고, 재판관은 피고를 훈계한다. 서로가 서로를 훈계한다. 끔찍한 일이다.

3.22

루카치의 『역사와 계급 의식』(거름, 1987)을 정독했다. 번역이 좋아서였겠지만, 프랑스어판을 읽었을 때와는 다른 감정, 앎이라는 감정보다는, 삶에서의 싸움과 연관된 감정이 더 선명히 살아났다. 그는 67년도판의 서문에서, 이 책의 한계를 다른 책에서와 마찬가지로 지적하고 있는데, 그 반성은 레닌, 스탈린을 올리고 자신은 내리는 방법에 의거해 있어, 그의 오류 인정이 어느 면에서는 전략적인 것이 아닐까 하는 느낌이 들기도 한다. 이 책을 정독하고 확실히 느낀 것은 이 책이 역사적인 것이며, 역사적 문맥에서 혁명이라는 실천을 실현하려 한 지식인의 자기 규정이라는 것이다. 이 책을, 단순한 이론서로만 읽었던, 그래서 물화, 프롤레타리아의 계급 의식 — 골드만이 가능한 의식의 최대치라고 부른 것, 심리적인 의식이 아닌 것…… 등에만 관심이 쏠려 있었던 전과 다르게, 이 책은 무섭게 전투적인 것으로 나에게 비쳤다. 모든 용어들이 프롤레타리아 혁명, 독재를 옹호하기 위해 쓰어진 책이라는 점에서 이 책의 한계는 뚜렷하지만 — 프롤레타리아 독재가 이뤄진 곳의 합법적 폭력과 관료화를 이 책의 저자는 그때 예견 못 하고 있었다 — 그 선동성은 대단하다. 모든 인문/사회과학은 선동이라는 목표를 향하고, 그 선동은 의식 개혁을 전제로 삼는다. 마르크스의 목표를 달성하기 위해 마르크스마저 비판할 수 있어야 한다는 주장은 그 자신이 철회하게 되는 것이지만, 사실은 철회하지 않은 그의 태도이다. 그로서는 『소설의 이론』『영혼과 형식』을 버리지 않을 수 없었던 이유가 분명하다. 그 분명한 이유를 제쳐두고, 골드만은 그것을 그의 입지점으로 삼았다. 좌파가 쓴 유일한 양식사적인 작품이기 때문이리라 — 루카치 자신이 사실은 그 유일함을 강조하고 있다.

더 고찰해야 할 주장들:

1. "노동자가 자기 자신을 상품으로 인식하는 노동자의 자기 인식은 인식 자체로서 이미 실천적이다. 즉 이 인식은 인식의 객체에 대상적 구조적 변화를 완성한다"(262-63).

2. "베른슈타인으로부터 바르뷔스에 이르는 변절자 무리는 프롤레타리아 내부의 이데올로기적 위기를 나타내는 것임에는 틀림없으나, 그것은 동시에 부르주아지가 사적 유물론 앞에 항복했음을 의미하기도 한다"(319). 과연 그럴까?

이 책을 프랑스에서 읽었을 때는 비-선동적으로 느껴졌는데, 여기서 읽을 때는 선동적으로 느껴지는 이유에 대해 곰곰이 생각하다가, 나는 책읽기가 단순한 활자 읽기가 아니라 그 책이 던져져 있는 상황 읽기라는 생각에 도달하게 되었다. 책읽기 역시 전술적이다. 프랑스에서는 루카치의 주장들이 이미 극복이 된 정황 속에 놓여 있었고—그의 과격한 볼셰비키적 태도에 대한 비판은 사회당의 집권으로 현실화되어 나타났다—한국에서는 그것이 이제 심각하게 검토되는 정황 속에 놓여 있다. 그 정황의 차이가 그 책읽기의 차이를 부른 것이리라 생각한다.

3.27

윤재철의 『아메리카 들소』(청사, 1987)를 읽으니까, 그의 체험의 한계가 느껴진다. 그의 체험은 성실한 교사의 그것이며, 그것에는 그가 보는 텔레비전, 톱뉴스들(예를 들어 여의도 이산가족), 가난한 들풀들에 대한 그의 내적 체험 외에, 책읽기의 체험이 포함되어 있다. 그의 이미지들이 상당수가 70년대의 기본적 이미지들의 변형이며—예를 들어 그의 시에 자주 나오는 들풀·풀잎 이미지들—그것들은 대체적으로 책읽기의 내적 체험의 변주들이다. 그의 체험의 질이 내적 체험이기 때문에, 본질적으로 그는 회상·침잠 등의 서정적 세계에 속해 있으며, 그의 시의 상당 부분은 그것을 유감없이 보여준다.

　　살아간다는 것은 끝없는 거역 〔116〕

이지만, 그 거역은

　　키 작고 마른 풀잎들이 이룬 한 세상
　　기대어 설 바람벽 하나 없이
　　멈추어 서면 거기가 늘
　　거스려가는 삭막함의 한 끝인 것을 〔74〕

에서처럼 삭막함과 결부되어 있다. (거스려가는 삭막함은 약간 어색하다.) 그 삭막함을 지탱하고 있는 것이

　　그렇게 뿌리로 이어진
　　보이지 않는 감각의 역할 〔19〕

이다. 그의 감각의 깊이가 더욱 깊어져야 시인으로서 일가를 이룰

수 있지 않을까 생각한다. 다시 말해 감각이 책읽기의 회상에서 벗어나 상투적 삶의 역학이 아닌 깊이 있는 역학을 파악해야 되리라 생각한다.

장정일의 『햄버거에 대한 명상』(민음사, 1987)은 재미있는 시집이다. 미국 팝송에 사로잡힌 세대의 재치·유머가 극적 구성 속에서 넘쳐흐른다. 김병조 세대의 개그 코미디와 그의 시 사이에는 유사점이 있다. 그가 이인성·박인홍이 그것을 뛰어넘듯이, 그것을 뛰어넘어 역사와 삶의 깊이에 이를 수 있을까? 그의 세대를 뭐라 이름 붙일 수 있을까? 사이키델릭 세대? 그가 섹스 과잉으로 나아가지 않기를 바란다. 그는 아마 성공하는 순간에 무너지기 쉬울 것이다.

소포클레스의 『오이디푸스』에서 문제되고 있는 것이 살부라면, 에우리피데스의 『메데이아』『바카스 여사제들』에서 문제가 되고 있는 것은 아이 살해 *infanticide*이다. 살부와 영아 살해는 인류의 금기이지만, 그 금기의 방향은 다르다. 한국에서도 그 두 살해가 다 있었던 듯한데(고려장, 석종 전설), 아무래도 영아 살해 쪽에 금기의 무게가 더 가 있다. 그 둘이 다 나타나는 것이 도스토옙스키의 작품들이다. 에우리피데스의 『메데이아』에서, 메데이아는 아이를 죽인 뒤에

그리고 이 코린토스의 땅에는 이 끔찍스런 자식 죽인 죄의 더러움을 씻고자 이제부터 해마다 성스런 제사를 올리도록 할 것이오. (『희랍극전집 2』, 현암사, 1968〔65〕)

라고 밀함으로써 영아 실해도 성스러운 제의의 근원임을 암시히고 있다. 제의적 성 뒤에는 살인이 감춰져 있다는 지라르의 말은 이곳에서는 옳다. 그러나 펜테우스를 죽인 그의 어머니 아가우에는 끝내

> 다른 많은 사람들이 그를 숭배하는 바카스 신도들이 될지라도 나는 꿈에도 그를 숭배하지 않겠나이다 [350]

라고 말해 살해와 성을 결합시키지 않는다. 주목할 만한 차이이다.

3.28

미국 대중 영화에 나오는 짝패 혹은 가짜는 심리적 반응을 면밀하게 계산한 뒤에 만든 이야기의 장치이다. 그러니까 프랑스 영화 「팡토마」가 생각난다. 추리소설의 변장의 명수 역시 같은 범주에 든다. 그것은 우선 재미있게 느껴진다. 그다음에는 약간 거북해지고, 자기 정체성의 상실이 뚜렷하게 드러나면 드러날수록 쾌감이 고조되어, 진짜와 정반대의 행위를 하게 되면, 이래선 안 되는데라는 강한 저항감이 생겨난다. 분신·짝패, 가짜의 괴물스러움은 진짜의 정체성이 위기에 처해 있을 때 제일 고조된다. 정체성의 위기는 세계를 유지하는 질서의 위기이다. 성과 속, 선과 악, 고귀와 비천, 지혜와 무지…… 등의 대립적인 것들이 뒤섞이고, 하나가 되는 것을 보는 괴로움! 더 고찰해야 할 점: 처와 첩도 짝패인가. 형제간은? 그 정체

성의 위기를 벗어나는 사람은 카뮈가 말하듯 배우이다. 그는 여러 삶을 당당하게 산다.

4.10

『보바리 부인』에서 그녀는 로돌프와의 도피를 꿈꾸는 유명한 장면을 보여주는데, 그 장면에서 그녀는 바닷가에 도피의 집을 마련한다. 『여자의 일생』에서 잔느는 바다에 대한 이상한 욕망에 사로잡혀 있다. 바다가 여자들을 왜 그렇게 사로잡고 있을까? 왜 거의 모든 연애소설은 바다와 연결되어 있을까?

4.11

나태주의 『목숨의 비늘 하나』(영언출판사, 1987)와 『아버지를 찾습니다』(정음사, 1987)의 두 권의 시집을 한꺼번에 읽었다. 처음 인상으로는 그 두 권의 시집에 별다른 차이가 없어 보였고, 4행시가 그나마 나아 보였으나, 『대숲 아래서』(1973)의 맑은 서정을 뛰어넘지는 못하고, 생활의 자질구레한 파편들을 운문스럽게 모아놓은 것 같아 보였다. 차갑고 맑은 분위기는 거의 가시고, 자신의 조그마한 활동 공간에서 적당히 얼굴 세우고 살아가는 시인의 모습이 두드러진다. 『목숨의 비늘 하나』에 실린 첫번째 시만 하더라도, 옛 시의 서정성이 두드러지는 것 같지만, 집에 돌아가 편히 쉬고 싶다는 회귀 욕망이 절실하다기보다는 습관적으로 드러나 진부한 산문 같다. 그러니 시인 회의에 나가 기념품 안 준다고 마음 상하는 일이 일어난다(『아버지……』(110)). 나만 한 시인에게 그럴 수가 있는가라는 감정은 시적 감정이 아니다.

4.13

안수환의 『징조』(민음사, 1987)는 안수환의 관심이 어느 방향으로 확대되어가고 있는가를 분명하게 보여준다. 억압받고 있는 계층에 대한 관심의 증대와 하느님이 이런 세계를 주재하지는 않았으리라는 믿음이 교묘하게 어우러져 있으나, 그 세계가 폭력적으로 강력하고 폭발적인 외침의 세계로 진전되거나 신비로운 믿음의 세계로 변화되지는 않는다. 그의 관심은 관심의 확대이며, 확대는 무지의 추방이다. 그는 아직까지 인문주의자이며, 그런 의미에서 세련성을 높이 평가하는 시인이다. 그는 보고 이해한다. 그리고 동참하나, 그것이 그의 세계를 뒤흔들지는 않는다.

4.14

박제천의 『어둠보다 멀리』(오상, 1987)의 1부 '화병'을 재미있게 읽었다. 많이 바뀌었구나 생각하며, 그의 가짜 무위가 어느 정도까지 극복이 되었나를 흥미 있게 관찰하였으나, 그 결과는 부정적이었다. 나는 「편지」 「소리」와 같은 시의 송욱적인 활달함·무애에 마음이 끌렸으나,

  처음부터 취한 것이 없었기에

청산이 사라져버린다 해도 내 알 바는 아니다 〔19〕

라는 도저한 무애지경은 나에게 자꾸만 거짓으로 보인다. 무애지사에게 중요한 것은 모든 것에 초연한 척하는 마음가짐이 아니라, 자신의 감정에 충실하는, 기쁘면 뛰어놀고, 슬프면 울고, 가슴 아프면 아프다고 소리 지르는 활달함이 아닐까 한다. 그것을 거짓 초연함으로 억누를 때, 그래서

마음에 병을 새기니, 병이 곧 마음이어라
이만하면
내 병통도 자랑할 만한가 〔31〕

라는 유마거사의 흉내를 낼 때, 그의 시는 가짜 도사의 자기 자랑으로 보인다. 병이 곧 마음이라면, 아프다고 외쳐야지, 왜 그것을 자랑해! 할!

4.15

루카치의 『독일문학사』(반성환·임홍배 역, 심설당, 1987)는 두 개의 논문을 한 권에 모은 것인데, 문학사라기보다는 문학사 총론에 가깝다. 계몽주의 이후의 약 200년간의 문학의 흐름을 주로 정치적인 입장에서 되돌아보고 있는 그 논문은 시야의 넓음 때문에 문학사의 큰 흐름을 이해하는 데에는 좋으나, 작가들의 얽힘, 텍스트들의 얽힌 모습을 드러내는 데에는 나쁘다. "투쟁의 사회 역사적 의미는

모호하나 문학적으로는 높은 가치를 지닌다"(272)와 같은 구절은 루카치가 무의식적으로 정치적/문학석을 내립직으로 이해하고 있는 것은 아닌가 하는 반발을 자아내게 한다. 그가 높은 문학적 가치라 했을 때의 문학적이란 무슨 뜻일까?

아니, 나는 그의 빛나는 통찰 중의 하나는 빼놓고 적지 않았다. 토마스 만의 중편 「마리오와 마술사」의 정치적 해석은 뛰어난 해석이다: "이처럼 만은 단순한 부정, 단순한 수비는 자기방어를 위한 진정한 저항력마저 갖고 있지 못하며, 또 행동으로 구체화된 어둠과 악의 힘에 맞서기 위해서는 적극적 내용을 가진 선한 힘으로 대결할 때에만 방어에 성공할 전망이 있음을 보여준다"(276). 나에게 하는 충고 같다.

4.18

복거일의 『비명을 찾아서』(문지, 1987)를 여러 날에 걸쳐 정독을 했다. 역시 그의 재능은 시에 있는 것이 아니고 산문에 있다. 그의 시는 유럽적 의미에서의 묘사의 시다. 감정을 유무으로 표현한 것이 그의 시인데, 운문의 율격이 강하게 살아 있지 아니한 말이라 시의 울림이 덜하다. 그의 산문은 최인훈의 그것을 읽을 때처럼 단정하고 지적이고 간결하다. 군더더기가 없으면서도 서정적인 점도 최인훈과 닮았다. 그의 소설은 주네트가 곁다리 텍스트라고 부른 텍스트의 곁다리를 제대로 읽어야 완전히 이해될 수 있다.

4.20

지라르의 욕망 이론을 읽다가, 나는 그것과 헤겔의 욕망 이론과의 차이를 해명할 필요를 느끼게 되었고, 그래서 코제브의 『헤겔 철학 평설』을 다시 읽었는데, 거기서 나는 구멍의 이미지와 다시 만나게 되었다. 욕망의 이론도 하나의 구멍 이론이었던 것이다.

> 그런데 만일 욕망이 부재의 존재라면, 그것은 그러한 한 경험적 현실이 아니다. 그것은 자연적, 다시 말해 공간적 현재 속에 실증적 방식으로 존재하지 않는다. 그것은 반대로 공간 속의 하나의 빈틈, 하나의 구멍과도 같다. [368]

욕망이 부재의 현존이라는 것의 예를 코제브는 목마름으로 들고 있다. 물 마시고 싶다는 욕망은 물의 부재라는 것이다. 욕망은 공이며 무이다.

나이가 들어갈수록, 나는 내가 사유의 주체가 아니라 내 육체가 사유의 주체라는 생각에 더 깊이 사로잡힌다. 내가 추상적으로 그리고 합리적으로 사유한다고 믿고 있었을 때, 내 육체는 아무런 저항도 하지 않았다. 그러나 그 저항은 나이가 들수록 강해져 이제는 내가 추상적으로 그리고 합리적으로 사유했다는 것을 나 자신도 믿을 수가 없다. 내 사유의 주체는 내 육체이다. 내 육체의 슬픔과 괴로움, 즐거움과 환희를 이해해야 나는 내 사유를 이해할 수 있다. 나는 내 사유의 주체가 아니라 내 사유의 보지자이다.

4.27

한국일보 사보(1987년 봄호)가 갑자기 내 손에 들어왔다. 웬일로 한국일보가 그것을 보내줬나 모르겠다. 천천히 읽어나가다가, 김훈의 「문학기행 유감」을 읽게 되었다. 그의 글은, 기자의 글로서는 거의 파격적으로, 자신을 드러내고 있다. 그 드러냄 때문에 그의 글에 대한 찬반이나, 그의 남의 글에 대한 찬반은 매우 분명하고 확실하다. 그의 글을 보니까, 아버지에 대한 그의 애정/증오가 그의 글쓰기의 밑바닥에 있음을 알겠다. 그는 깊게 사랑하거나 짙게 미워한다. 새벽녘의 해장국 사러 가기, 박래부와 싸우기—박래부라는 이름에 대한 그의 해학적 분석!—가 그의 마음속에서는 같은 자리를 차지하고 있다. 그런 의미에서 그의 심성은 아니마가 절대적인 세계이다. 그는 싸우면서 쉬고 쉬면서 싸운다. 박래부가 일본에 가니, 이제는 그가 맡던 역까지를 맡아야 한다고 그가 말할 때, 그는 아름답다…… 그의 글은 거침이 없다. 생각나는 대로 쓰는 것 같으나, 그 생각난 대로 씌어진 것들은 훌륭하게 이음새 없이 붙어 있다.

4.29

윤소영의 『에티엔 발리바르의 정치경제(학)비판』(한울, 1987)을 천천히 읽는다. 논지가 분명하게 들어오지 않는다. 한 가지 이유는 내가 경제학에 무지하다는 것일 게고, 또 다른 이유는 프랑스어의 복수형을 전부 제~라고 옮기고 있어, 그 단어들에 눈이 멈춰버리는 것이다. 예를 들어, 개별 제자본의 제는 인간 제과학의 제와 마찬가지로 여간 어색하지 않다. 그런 것을 생각하다 보면 의미는 사라지고 제의문만 남는다. "모든 종류의 제곤란"(44)과 같은 표현은 동어반복이다.

프랑스어를 한국어로 옮기는 과정에서 생겨나는 혼란도 많다. 예를 들어 'appareil idéologique d'Etat(국가라는 이데올로기적 장치)'는 '국가의 이데올로기적 장치'로 옮겨지고(167), 'assujettissement(복종·예속)'은 '주체화'로 옮겨지며(167), 'raison d'Etat(국시)'는 '국가 이상'으로 옮겨지고 있다(125)…… 이런 수많은 예를 보면, 내가 멍청한지 필자가 너무 과감한지 잘 모르겠다.

4.30

며칠 전 만난 술좌석에서 — 아마 괴로워서였을 것이다. 그러나 그는 그의 괴로움에 대해 한마디도 하지 않았다 — 내가 전에 그의 중요한 심상 중의 하나로 지적한 "담쟁이가 가득 얽힌 축대에 어마어마한 달팽이가 보라색 껍질을 빛내며 달라붙어 있었다"라는 이미지가, 뒤에 자기 집을 가 확인해보니 보라색 라일락꽃이라고 말했다. 라일락꽃이 달팽이로 변형되는 과정을 이해하는 것은 그의 무의식을 이해하는 것이겠는데, 그것이 아직은 쉽지가 않다.

5.1

메이데이에 최승호의 『진흙소를 타고』(민음사, 1987)를 읽는다. 환하리만큼 밝던 날씨가 조금씩 우중충해진다. 내 마음의 풍경 같다. 나는 최승호의 시를 좋아하지 않았다. 그의 두 권의 시집을 읽으면서, 괜찮은 시인 같다고 생각했지만, 좋은 시인이라고 생각하지는 않았다. 그런데 『진흙소를 타고』를 읽고 나서 나는 그를 좋은 시인이라고 생각하게 되었다. 이 시집에서 그는 삶이란 수세식 변소의 똥 같은 것이라는 베케트적 주제와 인간은 결국은 죽게 마련이라는 실존주의적 주제를 뛰어난 솜씨로 직조하고 있다. 그것을 뭐라고 비판하든 그의 시의 울림까지를 무시할 수는 없다. 「무인칭의 죽음」 같은 시는 무섭기까지 하다. 그가 무인칭이라고 부르는 익명의 현대인들은 죽음에 이르는 고단한 무의미한 삶을 살 뿐이다. 그 도저한 인식은 실존주의자들의 전매특허였지만, 최승호처럼 절실한 표현을 얻은 것도 드물다.

> 나에게서 인간이란 이름이
> 떨어져나간 지 이미 오래
> 이제 나는 아무것도 아니다
> 흩어지면 여럿이고
> 뭉쳐져 있어 하나인 나는
> 이제 아무것도 아니다
> 왜 날 이렇게 만들어놨어
> 난 널 해치지 않았는데
> 왜 날 이렇게 똥덩이같이
> 만들어놨어, 그러고도 넌 모자라
> 자꾸 내 몸을 휘젓고 있지
> 조금씩 떠밀려가는 이 느낌
> 이제 나는 하찮고 더럽다

흩어지는 내 조각들 보면서
끈적하게 붙어 있으려 해도
이렇게 강제로 떠밀려가는
변기의 생, 이제 나는
내가 아니다 내가 아니다

끔찍하다. 하지만 너는 똥이 아닌가. 나도 똥이다.

5.2

김주연의 『문학을 넘어서』(문지, 1987)에는 눈에 띄게 몇 개의 단어가 나온다. 형용사로는 서늘하다, 뻑적지근하다가 나오고, 그것은 좋은 의미로 쓰이고 있다. 그것은 감동과 결부된 형용사들이어서 가치 판단적이다. 그 가치 판단의 근거를 이루는 말이 초월이다. 이 평론집에서 제일 자주 나타나는 말이 초월이라는 것은 그래서 별로 놀랍지 않다. 그 초월은 언제나 (하강) 초월이 아닌 (상승) 초월이며, 그 초월의 결과 얻어지는 것이 신성이다. 그에게 있어 신성이 없는 것은 나쁜 것이고, 신성이 있는 것은 좋은 것이다. 그래서 때로 그의 비평은 단순주의적이고 환원주의적인 모습을 보이고 있다. "서늘한 달이 붉은 이마에 젖어/아우의 얼굴은 슬픈 그림이다"와 같은 윤동주의 시구에서 "인상주의와 결부된 좌절의 음영"(232)만을 보는 것 따위가 그러하다. 그러나 그의 비평은 종교적인 것에 대한 관심을 제고시킨 공적을 갖고 있다. 종교적인 것이 인간의 삶과 아주 깊은 연관을 맺고 있는데도 그것 없이 문화적 삶이 이뤄질 수 있다고 믿는 것은 허위이다라는 것이 그의 중요한 전언 중의 하나이다. 그러나 그 종교가 기독교로 한정될 때가 그의 한계이다.

5.5

모든 요괴들은 인간의 분신들이다. 요괴라고 불리는 것들은 자기 정체성이 위기에 처할 때 나타난다. 그것은 이것과 저것의 차이를 지우고 이것과 저것의 경계를 지운다. 나는 남이 되고 남이 내가 된다. 내가 나인 줄 알고 있었는데, 내가 아닐 때, 나는 요괴다. 네가 너인 줄 알고 있었는데, 네가 아닐 때, 너는 요괴다. 우리가 우리인 줄 알고 있었는데—우리를 가두는 우리?—우리가 아닐 때, 우리는 요괴다.

밖은 따뜻한데, 안은 춥다. 그것도 요괴스런 일이다...... 왜냐하면 안은 따뜻하고 밖이 추운 게 보통이기 때문이다. 안은 보호받고 있기 때문에 따뜻하고, 밖은 보호받지 못하기 때문에 춥다. 그런데, 요즈음은 밖은 계속 따뜻한데 안은 춥다. 내 마음의 풍경 같다.

윤사순의 『한국 유학 사상론』(열음사, 1986)을 천천히 읽는다.
몇 가지 지적할 사항들:
1. 정몽주를 한국 유학의 시조로 보는 견해는 학문적인 것에 중점을 둔 것이 아니라, 그의 의리에 중점을 둔 견해이지만, 그것은 조선조 내내 지배적인 견해가 되었다. 그 견해에 의하면, 한국 성리학은 정몽주 → 길재 → 김숙자 → 김종직 → 김굉필 → 조광조[34]로 이어 내려온 전통을 갖고 있다. 그러나 그 견해는 학문적인 입장에

서 엄격하게 보자면 의리를 너무 강조한 견해이고, 그 견해를 벗어나게 되면, 정몽주보다는, 권근·정도전에 중점을 둬야 될 필요성도 생겨난다. 길재의 스승은 정몽주가 아니라 차라리 권근[43]이라고 해야 하며, 조선 성리학의 비조도 차라리 이색이나 이제현[44]이라 해야 한다.

2. "17세기는 확실히 예에 의지하지 않으면 아무리 사소한 행위라도 하지 못했을 것 같은 인상을 주는 시기이다. [……] 개인의 잡다한 일상생활로부터 한 나라의 통치술에 이르기까지 어느 한 가지 행위도 예에 어긋나고서 행해질 수 없었던 것 같은 느낌이 드는 시기이다"[71].

3. "[본성이라는 이성의 능력이 인간에게 있음을 지적하고 그 능력의 자발적 자율적인 발현을 위한 표현……] 퇴계의 주리적 성리설 같은 사상은 그 보수적 경향으로 말미암아 왕왕 일종의 정체론적 사상을 야기할 가능성이 있는 것으로 비난받는다. [……] 발전도 중요하지만 가치 있는 안정과 질서도 중요하다"[95].

5.8

한승원의 『미망하는 새』(정음사, 1987)를 읽고서 나는 그의 세계를 바로크적이라고 표현하는 게 어떨까 하는 생각을 하게 되었다. 그의 소설적 세계를 특징지어주고 있는, 과장된 인간관계, 부풀어오르는 감정의 격동, 괴이하게 비틀어진 신체적 특징, 그리고 이야기의 제멋대로임…… 등에도 불구하고, 그의 소설에는 사람을 끄는 마력적인 힘이 있다. 그 마력은 삶이란 논리정연한 것이 아니며, 과거의 이러저러한 흔적들이 얽혀서 괴물스러운 반응을 야기시키는 곳이라는 것 때문에 생겨나는 마력이다. 다시 말해 비논리적이며 비합리적이면서, 그 비합리-비논리의 근거로 한을 제시할 수 있다는 점에서 그의 소설 세계는 마력적이다. 그 뒤틀린 마력적 세계를 나는 바로크적 세계라 부르고 싶다. 그 바로크적 세계의 인물의 상징이…… 잘생긴 얼굴과 젖이 기형적인 아랫도리와 대비를 이루고 있는 여인이다. 그 그로테스크함이 마력의 다른 이름이다.

이제하의 『광화사 1, 2』(문학사상사, 1987)를 읽었다. 이제하적 끈끈함이 배어 있는 소설인데, 그가 장편을 견디어낸 게 훌륭하다. 과거의 그의 버릇이던 지나치게 많이 하던 생략이 많이 생략되어 있다. 그의 소설적 특색은:
 1. 감정 이입적 문체에 의해 소설이 진행되고 있다;
 2. 인물들의 거의 전부가 과거의 심리적 외상에 사로잡혀 있다;
 3. 그 심리적 외상의 뿌리는 분단이며, 이데올로기이며, 한국의 정치적 상황이다(허성준-나까마 준에게는 거물 정치인에게 애인을 빼앗긴 상처이며, 서익에게는 빨갱이의 자식이었다는 상처이며, 김성식-유트릴로, 최달호에겐 부르주아적 삶이 상처이며, 시골의 J화백에겐 6·25 때 죽은 부인이 상처이다);
 4. 그 외상이 인물들을 광태로 이끌고 간다;
 5. 그 광태로 비판되고 있는 것은 물론 분단이며, 이데올로기이며, 억압적 정황이다.
 그러나 그의 소설에는 아직도 일본식 문체라고 부를 수 있는 — 그것은 복거일에게서도 나타난다 — 문체가 깊숙이 각인되어 있다.

그 문체의 특징을 파헤쳐보는 것도 앞으로 해야 할 작업이다.

　김윤식의 해설 「예술가 소설 유형의 솟아오름」은 그리 좋은 글이 아니다. 결정적인 것은 『유자약전』이 이미 정치적 저항으로서의 예술 행위를 그리고 있음에도 불구하고 그것이 "예술 그 자체만으로 우리의 삶이 온통 이뤄"(261)지는 것을 묘사한 것처럼 제시되고 있다든가, 양가적 감정 처리라고 표현하고 그것의 예로 제시된 여러 것들이 왜 양가적인가 알 수 없다든가, A시각·B시각·C문체(C시각) 등의 억지 분류가 자의적으로 감행된다든가 하는 따위의 약점들이 지나치게 두드러진다. 하고 싶은 이야기는 많고, 그것을 서술하는 손길은 정열적이되, 비논리적이라고까지 말할 수는 없을지 모르나, 비조직적인 사유가 두드러진다.

　'에필로그'는 차라리 없는 것이 낫지 싶다.

5.12

김지하의 『애린 1, 2』를 다시 읽었다. 그에 대한 비평들은 때로 그의 시를 이해하는 데 오히려 장애를 이룰 정도로 사변적이다. 다시 말해 그의 지적 움직임을 쫓아가는 데 바쁘다. 그러나 시는 시로 읽어야 한다. 그의 시는 그의 시의 구체성 속에서 이해되어야지, 그것을 낳은 논리 속에서 이해돼서는 안 된다.

　1. 감옥을 나오면서 그는 자기가 감옥에 들어가던 때를 회상한다(20). 감옥에서 그는 통방 걸고(24, 25), 벽에 네 이름을 쓰고(네의 너는 애린으로서 시인의 그리움의 시적 환치물이다)(28), 동상 걸린 귓밥 만지고(30), 죽어 무로 돌아가고 싶어 하다가(32), 생명의 중요함

을 깨닫고〔34, 39〕, 생명의 상징으로 찬 것-모난 것-딱딱한 것-녹슨 것-삭는 것에 대립되는 둥근 것-부드러운 것-말랑말랑한 것이 가치를 깨닫는다〔42~43〕. 그리고 79년 10월의 소식〔54〕—— 그것은 "자네 언 똥구멍에 핀 매화"〔55〕처럼 반갑다.

그에게 있어 동그란 것은 공·풍선·비눗방울·능금·은행·귤·수국·함박·수박·참외·솜사탕·뭉게구름·고양이 허리·애기턱·아가씨들 엉덩이·하얀 옛 항아리…… 〔41〕 등이다. 그 희원의 상태를 만들어낸 것은

　　밖에서 소리없이
　　온종일을 누군가가 걷고 있는데
　　내 속에 걷고 있는데
　　내가 그 속에 걷고 있는데 〔36〕

라는 안과 밖이 연결되어 계속 그 연결된 통로를 따라 걷는 행위의 원형성이다. 뫼비우스의 띠 같은 원통형의 장소를 걷는 시인의 움직임이 원형에 대한 희원을 낳은 자리이다.

2. 감옥을 나와 원주로 돌아오는 시인의 시선을 끈 것은 애기파이며, 그 속에서 그는 애린을 본다〔61〕. 애기파—— 둥근, 여리고, 여린 파, 하얀 파. 붉고 검은 벽과 대립되는 하얀 애기파. 그가 돌아오던 때는 겨울, 눈 내리는 시간이며, 그는 그 하얀 풍경에 압도된다. 시인은 감옥이란 "추억에 너를 가두는 사람"〔72〕이라 생각하며, 그 추억에서마저 벗어나려 한다. 감옥은 버려야 할 추억이다.

3. 원주에 와서 시인은 6년 만에 대청을 올라선다〔79〕. 집에서도

그는 편안한 잠을 이루지 못한다. 감시받고 있다는 불안한 느낌(81), 악몽(87). 시인은 자기가 없는 사이에 부쩍 자란 아이들에 관심을 쏟는다. 자기처럼 큰애도 가위눌린다. 태교 때문일까 시인은 자문한다(83). 어린 시절 뛰놀던 곳에 가보니, 그곳은 교도소가 되어 있다. 교도소에서 교도소로 돌아온 그의 마음에 바람 분다(95). 81년 여름. 비 데리고 바람 오는 것을 창문 열고 바라보거나(97), 치악산을 시인은 어슬렁거린다(100). 다시 둥근 것에 대한 편향(101). 열심히 제 삶을 사는 사람들에 대한 묘사. 자기 일에 성실한 것이 "도통하는 일"이다(106). 그도 한 사람의 애비가 되어 아이들과 공받기를 한다(120). 그래도 나는 혼자라는 느낌 ─ 지울 수 없는 느낌(121) ─ 그것을 벗어나기 위한 술 마시기(121).

  4. 술 마시기의 체험은 육체적 체험이며, 비-논리적 체험이다. 토하기(128), 똥=흙=내 몸의 등식(130). 술 마시기는 "기도하듯 냉수 안주로 마시기"(134)이며 "좌선하듯 골똘히"(135) 마시기이다. 그는 의지가지없는 외톨 술꾼(135)이다. 그는 술 취해 운다(140).

  5. 그리고 선적 놀이. 소를 둘러싼 해탈 놀이.

  6. 그리고 그것의 허망성. 그는 계속 외롭다(2: 28).

    외롭다
    이 말 한마디
    하기도 퍽은 어렵더라만
    이제는 하마
    크게
    허공에 하마

외롭다 (2: 28)

그래서 그는 새벽 5시에 깨어나 늘 소주를 마신다(2: 30). 아내와 아이들까지 자기를 이해하지 못한다는 느낌. 그의 술 마시기는 큰 컵으로 소주 마시기이다(2: 32). 큰 컵 한 잔에 세계가 뒤집힌다.
 남들은 자기를 알코올중독자라고 말하지만 자기는 아니라고 생각한다. 몸은 나른하고 세상은 계속 적막하다. 나는 이런 사람이 아닌데 이렇다는 자기기만(2: 43). 그 자기기만에 대한 기막힌 성찰:

> 비참을 에누리없이
> 비참대로 바라보자 했었지
> 그게 언제였던가
> 그땐 행복했을 때
> 바라보아도 그리 험악하지 않았을 때 (2: 46)

문득 혼자 서다(2: 48). 그는 난초치고 홈파고 돌쌓고 똥치고 밥먹는다(2: 52~53). 아이들과 논다. 아이들이 귀엽다. 아직은 안 죽었으면 좋겠다, 아이들이 클 때까지(2: 57). 시든 나, 멍청한 내 얼굴. 무엇이 나를 건져줄까, 또 소주. 해남 타령. 계속되는 술 마시기.
 『애린』은 1971년 10월 이후부터 해남살이까지의 일기이다. 형태는 서정시이지만 각각의 시는 일기의 한 부분으로 읽혀야 한다. 그것은 그 시들이 자의적인 시간 끊음에 의해 생겨난 것이라는 것을 암시한다. 어느 날 쓰고······ 어느 날 안 쓴다. 그것이 그의 시적 원리이다. 일기이기 때문에 그것은 내적 성찰에 가깝다. 그가 산 하루를 다시 추억해야 그는 일기를 쓸 수 있다. 추억이라는 이름의 감옥에 그는 갇혀 있다. 그 마음의 감옥에서, 그는 혼자이며, 그 외로움을 이기기 위해 그는 술을 마신다. 술을 마시다 보면, 자아는 분열되어, 한쪽에선 주장하고 한쪽에선 가엾어한다. 술 마시는 자아는 주장하고 그 자아를 보는 자아는 그 자아를 가엾게 생각한다.

> 새까만 후배 앞에서
> 떠들수록 깊어지는 뉘우침 함께
> 튀기는 침방울 속에서
> 게거품 속에서
> 이상하게 갈라지는
> 샛된 목소리 속에서 (2: 32)

『애린』은 마음의 지옥이 얼마나 무서운지를 보여주는 일기이며, 그런 의미에서 그것은 『지하 생활자의 수기』의 시적 변안이다.

5.26

최수철의 『화두, 기록, 화석』(문지, 1987)은 어떤 면에서는 『공중누각』보다 나아가고 있고, 어떤 면에서는 뒤떨어지고 있다. 현실적인 것의 모습이, 그것이 비록 순간적인 증폭에 의한 것이라 해도, 그 윤곽을 뚜렷하게 드러내고 있다는 점에서는 나아가고 있으나, 그 증폭이, 꼼꼼한 묘사라고 하는 반-소설적인 수법, 그것도 초기 로브-그리예적 수법(예를 들어 되풀이되는 말들, 자세한 묘사)에 의거해서, 시선의 부딪침이라는 사르트르적인 주제(인간은 인간에 대해 늑대이다……)를 표현하기 위해 이뤄져, 현실 비판저 의미를 거의 상당량 상실하고 있다는 점에서는 뒤떨어져 있다. 또 그것은 『공중누각』보다 훨씬 선정적이다. 관능성은 꼼꼼한 묘사를 뒷받침하는 심리이다. 아마도 곧—왜냐하면 결혼했으니까—벗어나게 될 관능성이 아닐까 하는 생각이 드는데, 나는 그가 거대한 우화를 쓰기보다는—왜냐하면 그것은 이미 카프카가 쓴 것이니까—현실 비판적 정황 제시에 더 신경을 써야 하리라 생각한다. 현실 비판적 정황? 이야기 자체가 자세히 읽으면 반성이며, 비판인 글을 써야 한다는 뜻이지, 그것을 주장해야 한다는 뜻은 물론 아니다.

5.30

동작동을 갈 때마다 박정희 묘소의 위치를 묻는 노인들을 한둘 만난다. 대개 심한 사투리를 쓰는 시골 노인들이다. 그것과 비교하여 특이한 것은 이승만 묘소를 찾는 사람들은 거의 없다는 것이다. 그것이 무엇을 뜻하는 것일까? 묘소의 분위기 역시 완전히 다르지만, 박정희의 무엇인가가 국민들 속 깊숙한 곳에 남아 있다는 말인가. 유신 세대들의 적의에 찬 시선과 노인들의 그것은 서로 어울리기는커녕 오히려 적대적이다.

6.7

미국은 자유와 정의, 그리고 박해받는 사람 편이다라는 미국의 신화는 미국의 모든 오락물, 그중에서도 특히 서부극·액션 영화 등의 등록상표이다. 그것은 실제의 미국이 그렇지 않았으리라는 추측을 가능하게 하면서도 그것을 회의케도 한다. 미국의 보편주의는, 중국의 그것이 한때 그러하였으며, 프랑스 대혁명의 그것이 그러하였듯이, 그런 것들을 다 감싸고, 권선징악적 요소만을 전면에 내세운다. 권선징악이 오락물의 내용을 이룰 수 있는 나라는 행복한 나라이다. 그것으로 불행의 상당 부분은 승화될 수 있다. 그러나 권선징악이 오락물의 내용을 이룰 수 없는 나라들은 불행한 의식의 나라이다. 사실은 안 그렇다라는 게 그 불행한 의식이 내지르는 목소리의 전부이다. 미국의 의식은 허위 의식이지만, 힘 있는 의식이다. 힘 있는 보편적 의식은 몇 개의 문화적 정석을 만들어내며, 그것으로 국민들의 가능한 의식을 모은다. 그 모음이 성공하는 나라는 행복한 나라이다.

6.12

푸코를 읽다가, 니체를 읽지 않으면 안 되겠다는 생각이 들어, 그의 『도덕의 계보』(청하, 1982)를 읽었다. 주인/노예의 변증법, 원한 *ressentiment* 등의 개념은 음미할 만하였다……

이삭으로, 김지하에 대한 글을 쓸 때 인용할 수 있을 대목 하나:

내가 이름하여 위대한 원한이라 부르는 것이 있다. 위대한 것들은—하나의 작품, 하나의 행위 어느 것이든—그것이 성취되면 곧 그것을 성취한 자에게 보복을 한다. 위대한 것을 성취함으로써 그는 약해지는 것이다. 그는 더 이상 자기 행위를 견딜 수 없으며 그는 더 이상 그것을 바라볼 수 없다. 히고지 하는 외지가 있어도 허용되지 않는 것, 인간의 운명에 있어서 한 매듭이 맺어지는 어떤 것이 성취자의 배후에 놓이게 되는 것이다——그리하여 이제부터 그는 그 밑에서 일을 해야 한다. 그것을 그는 거의 부숴버린다——그것이 바로 위대한 원한이라는 것이다. (274~75)

6.22

아빠, 저번 토요일, 아빠하고 엄마하고 전주 간 날, 박남철이라는 사람이 사과 세 알을 들고 찾아왔더랬어요. 그냥 가려고 그러더니, 나가다가 다시 들어와, 너희들 먹지 말고 선생님 꼭 드시라고 해라라고 말하고 가데요…… 이청준의 「벌레 이야기」가 자기 이야기를 쓴 것이라며 그를 죽여버리겠다고 전화하던 박남철의 기행이, 문득 아이의 말로 희화화하여 들릴 때, 내 가슴은 이상하게 차분해지고, 그가 견딜 수 없이 안쓰러워진다. 가슴속 타는 불길로 자기와 세계를 파괴하기 직전에까지 이르른 파괴의 시를 쓰는 시인. 과격하고, 극단으로 가라고 자꾸 충동질하면서, 실제로 그곳으로 가고 있는 사람을 보면, 안쓰럽고 겁난다. 김현이, 이, 개새끼! 대갈통을 까부숴버릴까 보다…… 아니에요, 선생님, 저는 시를 계속 잘 쓰겠습니다…… 그래그래.

6.24

박재삼의 『사랑이여』(실천문학사, 1987)는 두 가지 점에서 흥미롭다. 하나는 도종환의 『접시꽃 당신』으로 상업적인 재미를 본 실천문학사가 내고 있는 계속적인 사랑 시집 중의 하나로 그 시집이 나왔다는 것이고, 또 하나는 그의 사랑 시집이

> 아, 할일 없는 것의
> 무진장한 허무를 당하다가
>
> 그러그러
> 세월은 흘러가는구나 (72)

의 허무 의식에서 자유롭지 못하다는 것이다. 사람이 하는 일에는 끝장이 있다고 하는 허무감(11)은 파도나 해/달이 영원함에서 망연한 마음의 움직임과 어울려, 일상적인 것들의 아름다움보다는 허무함에 시인의 상상력을 기울이게 한다. 나이 들어 아직도 그토록 깊은 허무감에 사로잡힐 수 있다는 것이 놀랍다. 김훈의 발문은 재미있고, 그의 시들은 그저 그렇다.

6.26

어제 낮에 황학주의 『사람』(청하, 1987)을 읽고, 뭔가 강력한 것이 내 속에 남아, 다시 읽으려고 제쳐두었다가, 오늘 아침, 찬찬히, 느릿느릿 다시 읽는다. 다시 읽어보니 그 뭔가 강력한 것은 찢긴 언어

들의 파편이 내지르는 불협화음 같은 것이었다. 그것이 의도된 것인지, 아니면 미숙힌 것인지 아직 평가히기긴 힘들지만, 지금의 내 느낌으로는 미숙한 것이라는 쪽으로 기운다. 첫머리의

연탄 한 궤짝이 열시 이후 남지 않았다 〔11〕

라는 말은 무슨 말일까? 그 뒤의 글도 글은 글이되 뜻은 통하지 않는다. 그 의사소통 불가능성이 바로 시일까? 전라도 말로, 광주 사태를 찜쪄먹고 달려들기는 드는데, 그 달려듦의 난폭함은 미숙하게 술 취한 사람의 난폭함 같다······

7.1

나 자신을 포함하여, 이 사회의 제법 잘났다는 지식인들의 병폐 중의 하나는, 모든 역사적 사실을 자질구레한 사실들의 모음으로 변형시켜버려, 그 의미를 희석시켜버리는 데 있다. 예를 들어 민주화만 하더라도, 누구는 뭐라더라, 뭐는 뭐라더라, 라는 식이고, 그것이 더 악화되면, 거짓 우스갯소리로 진전해나간다. 그것은 우리가 진지하고 성숙하게 역사적 사실의 의미를 숙고하는 버릇을 갖고 있지 못함을 입증하며, 그만큼 우리가 억압되어 있음을 나타낸다. 억압은 바로 사실을 사실로 직시하지 못하게 하는 마음의 움직임을 지칭한다.

7.7

황경자는 'instance de discours'를 '담화의 현실태'라고 옮기고, 그 이유를 그것이 'puissance(가능태)'에 대립되는 'acte(현실태)'의 철학적 개념이라는 것을 들고 있다. 가능한 번역 중의 하나로 생각되나, 'instance'의 범례적 특성이 약화되는 느낌이 있다(황경자, 「인칭 범주에 관한 언표 행위적 고찰」, 『불어불문학 연구』 22집, 1987).

7.17

토도로프의 『미국 정복』(1982)을 일주일에 걸쳐 천천히 읽었다. 1982년에 구해놓고 나중에 읽으려고 제쳐놨던 책인데, 미국을 알아보기 위해, 아니 토도로프가 미국을 어떻게 보고 있나 알아보기 위해 읽기 시작하였으나, 본래의 의도와는 관계없이 책 속에 빨려 들어갔다. 토도로프로서는 바흐친주의자가 되었다는 것을 널리 알리기 위해 쓴 것 같지만, 식민주의자로서의 서양인들의 잔인함이 얼마나 대단하였나를 보여주는 점에서 충격적이었다. 그것은 타자의 문제라는 부제를 달고 있다. 그의 의도는 두 문명의 만남을 통해 이타성—바흐친의 용어를 빌리면 주체로서 타자를 인정하기 *exotopie*—의 문제를 해결해보겠다는 것인데, 타자를 주체로 인정하지 않는 한, 이타성의 문제는 정복의 문제이지, 다시 말해 군사적 차원의 문제이지, 융화-사랑, 다시 말해 문화적인 문제는 아니라는 것이 그의 전언이다. 두 이타성을 다 같이 인정하는 중성의 사랑이 있을 수 있을까?(온 세계가 외국인 사람만이 완전한 사람이다라는 아우어바흐의 문장을 인용한 사람은 사이드였으며, 그는 사이드를 재인

용하고 있다. 그 셋은 다 고향을 떠나 외국에서 살고 있다(253])······ 후진국 사람으로서 온 세계를 외국으로 느끼는 것은, 그것 자체가 자기 나라를 버리고, 선진국을 선망하는 표지가 아닐까? 그것은 어려운 문제이다. 그러나 그의 글로는 제일 재미있게 읽은 글이다.

절대로 잊을 수 없는 학살의 증거: 16세기 초의 전 세계의 인구는 4억쯤 되었는데, 8천만이 미주에 살고 있었다. 16세기 중엽에는 그 8천만 중에서 천만이 살아남았다. 멕시코에 한정한다면, 2,500만 중에서 백만이 살아남았다! 어제 저녁 11시쯤 이 끔찍한 대목을 읽고 나니(p. 138 이하에는 살육의 방법이 10여 가지나 소개되어 있었다) 잠이 오지 않았다.

서정인의 『달궁』(민음사, 1987)은 묘한 소설이다. 짧은 단편들의 모음이지만, 이야기의 올은 복잡하고, 화자의 시점도 자주 바뀐다. 이야기가 복잡해진 것은 처음의 계산과 뒤의 진행이 달라진 데서 연유한 것처럼 보인다. 첫머리의 횟집, 오빠, 언니네 아이들과 여주인공의 관계 등이 뒤에서는 증발해버리는 것이 그 증거이다. 줄거리를 확실하게 하기 위해 몇 개의 정보 단위들을 모아보면:

1. 여주인공 인실은 육 남매 중 막내이다(39). 그중에서 셋만 살아남았다.

2. 인실은 일곱 살 때 실종되었다. 언니의 나이 열다섯 때이다. 그해는 한국 전쟁이 터진 해이다(45). 식당 같은 데서 일하다가 찾아보니 없어졌다. 그녀의 일가는 다섯 해를 거지처럼 헤매다가 휴전 후 귀향한다. 정착한 지 10년이 지난 뒤 아버지의 55세 생일 일주일 전에 나타난다(46). 결혼도 서너 번 하고(47), 「청산별곡」이 인실의 삶

의 이력서이다[45~47].

3. 인실의 마지막 남편은 안면도 횟집 주인이다. 그는 2년 전에 그녀를 만났다[52]. 그녀는 30대 후반이었다(그러니까, 1950년에 7세, 그때 37, 8세로 보면, 1980년경에 만난 셈이다). 그전에는 홍성의 조양문 옆에 있는 조양식당에서 일하고 있었다.

4. 그녀는 공부를 잘했다[56], 이뻤다[57]. 그녀의 삶은 혁명적이다[57](혁명적? 비일상적·비순응적이라는 뜻인가?).

5. 그녀는 덤프 트럭에 치어 죽는다[22].

6. 그녀는 양부모의 아들 — 나이는 한 살 위지만 같은 학년 — 과 결혼했다[63].

7. 그녀는 삼촌(고1 때 육군 소령[64])에게 정조를 잃는다[61].

8. 그녀는 생부의 53세 생일 전날을 역전의 한 여인숙에서 보냈다[72](어느 쪽이 맞는지? 53세 생일 전날? 55세 생일 일주일 전?).

9. 미용 학교를 다니다가 수료 한 달 전에 포기[103]한 그녀는 실로암 기도원에 갇힌다(인병덕 — 그녀의 첫 남편 이름이다[119]).

10. 그녀는 김 사장네를 떠나 윤 선생과 산다[214].

그러니까 소설에서 윤 선생네와 횟집 주인 사이의 삶이 사상되어 있다. 조양식당에서의 삶도 빠져 있다.

이 소설에서 주목할 것:

1. 이 소설은 마르트 로베르의 호래자식 유형에 속하는 소설이다: "나는 이미 피난지의 헐벗고 굶주린 가련한 기아도 미아도 아니고, 운명을 만나기 위해서 스스로 집을 뛰쳐나온 전설 속의 어린 왕자였다. 어린 용사였다"[58]. 혹은 이 소설은 중단된 악한 소설, 결핍된 통과 제의 소설로 읽힐 수 있다.

2. 이 소설에서는 자유간접화법이 빈번히 나온다: "그는 내가 한때 〔……〕 나는 공포에 사로잡혔다"(69. 1~3행); "새시가 〔……〕 색시는 다시는 부모와 떨어지지 않을 작정이었다"(79. 3~5행); 〔87~89〕; "그는 얼굴에 〔……〕 분했다"(202. 밑에서 6~2행).

3. 이 소설에서 "나는 ~"이라고 나오는 부분은 그리스 비극에서 코러스가 맡고 있는 역할을 맡고 있다.

7.27

밤새 내린 비로 서울이 온통 물난리이다. 온 집안이 눅눅하고, 삭신은 쑤신다. 자다 깨다 하면서, 4일째 읽고 있는 김주영의 『활빈도』(중앙일보사, 1987)를 마저 읽는다. 둘째 권의 청양 예향집에서 윤형열과 마학봉이 만나는 장면이 질려 — 한밤중에 척 얼굴을 알아보는 것이며, 서로가 서로의 생각을 다 알아차리고 있는 것이며, 이본 삼국지 같았다 — 던져버릴까 하다가, 첫째 권의 재미를 상기하고, 참고 계속 읽은 것은 잘한 짓이었다. 잘된 소설이고, 『객주』 『천둥소리』보다 나아 보인다. 일 권 첫머리와 삼 권 마지막의 산자니 상징이, 『장길산』을 연상시키지 않는 것은 아니나, 그 내포는 많이 다르다. 마학봉을 살리고, 다른 패들을 다 죽인 것은 잘한 일이다. 그와 의병대장과의 인연의 고리를 만들어준 것도 함축미가 있다. 의적 소설류로서 뛰어난 점은 마학봉이라는 겁 많고 꾀 많은 인물을 만들어낸 것이다. 그는 그러나 서림과 다르게 배신하지 않는다. 배신하는 인물이 안 나오는 것이 이 소설의 한 특색이지만, 박보필을 너무 빨리 사라지게 한 것은 그가 처음 차지한 역할의 무게를 생각하면 아쉽다. 예향·단금 등 여자들의 성격이 생생하다. 그의 여자 그리는 솜씨는 지나치게 낭만주의적이지만, 황당하지는 않다.

8.11

정효구의 『존재의 전환을 위하여』(청하, 1987)는 바슐라르와 기호학을 수용하여 주로 시분석을 하고 있는 비평집인데, 성실성이 눈에 띈다. 그러나 의미 개시적인 바슐라르와 의미 규정적인 기호학의 싸움을 싸움으로 받아들이지 않고, 평화 공존의 상태로 받아들이고 있는 것이 마음에 걸린다. 그 싸움을 이해하고 뛰어넘게 되어야 존재 전환이 이뤄지지 않을는지.

8.30

김민숙의 「봉숭아 꽃물」(『현대문학』, 1987년 9월호)은 좋은 소설이다. 그녀의 소설은 우열이 너무 심해서 어떤 것은 좋고 어떤 것은 안 좋은데, 이것은 좋은 것에 속한다. 이 소설은 6·25 때 자진 월북했다가 자원해서 남쪽으로 내려온 아버지의 회갑 잔치—잔치? 그는 20년이 넘게 감옥에 있다가 회갑날 특별 귀휴한 사람이다—에 참석한 그의 큰딸의 감정의 흐름을 적고 있다. 이데올로기의 중요성이나 통일의 중요성이 강조된 것은 아니고, 이 소설의 밑바닥에 그려져 있는 것은 전근대적 봉건적 가부장제이다. 아버지는 이북에 남아 있는 처자식—그의 처는 대학 교수이고 사내아이가 둘이다—때문에 전향을 못 하고 어머니는 아버지가 살아 있으니까 이혼을 못 한다. 그녀는 아버지 회갑 잔치니까 당연히 거기에 참석해야 한다…… 모든 것은 혈연의 끈적끈적한 끈에 의해 여결되어 있다. 그러나 이 소설의 재미는 딸의 관점에서 묘사되고 있음에도 불구하고 어머니의 아버지에 대한 애틋한 정을, 봉숭아 꽃물처럼 붉은 마음으로 묘사한 데 있다. 은은한 붉은 마음!

모든 진리는 자기 확장적이다. 어떤 관념이 자기를 진리라고 믿을 때, 그것은 맹렬하게 팽창한다. 주먹만 하게 줄어들었다가 크게 폭발한 우주처럼. 그러나 그 우주에도 끝은 있다.

8.31

나는 동물이다. 나는 내 욕망의 전략에 이끌리어 내가 선택하고 사유하는 양 모든 것을 선택하고 사유하는 척한다. 그러나 내 눈에 들어오는, 예를 들어, 이쁜 여자의 젖·궁둥이, 내 코에 들어오는, 최루탄 가스 냄새 ― 오, 이것은 생각하기도 싫다. 벌써 맵다 ― 물비린내, 내 입에 들어오는, 맛있는 과일, 단것들에 민감하게 반응하는 것은 내가 아니라, 내 욕망이다. 내 욕망은 그것을 욕망하는 것이 자신이 아니라 나라는 것을 인식시키기 위해, 그 나름의 필승의 전략을 짠다. 나는 백전백패다. 내 욕망은 나에게 억압하지 말라, 해방하라고 권유한다. 권유하는 것은 욕망이고, 나는 수락하고 선택한다. 끔찍하다.

9.5

『르 몽드』 의학란에 실린 근친상간에 대한 흥미 있는 기사 하나: 모리스 고들리에Maurice Godelier라는 인류학자(*La production des grands hommes*, Fayard, 1982; *L'idéal et le matériel*, Fayard, 1984)는 근친상간에 대해 레비-스트로스와 의견을 달리하고 있다.

―당신의 이론과 레비-스트로스의 이론 사이의 본질적 차이는 무언가요?

―이중의 차이가 있어요. 근친상간 금지는 생물학적이며 사회적인 원인과 관련이 있는데, 레비-스트로스는 후자에만 집착하고 있어요. 둘째로 가족 제도가 여성의 남성에 의한 교환을 내포하고 있다는 것을 입증하여 큰 진전을 보여준 것은 사실이지만, 레비-스트로스의 분석은 가족 제도에서 남성의 지배가 필요불가결한 것이라는 결론을 이끌어내는 경향이 있어요. 그런 결론에 도달하지 않을 수도 있는데요.

근친상간이 사회 유지에 반드시 필요한가, 그것은 허용될 수 없는가라는 문제에 대한 인류학자들의 논의가 갈수록 심도를 더해가나 보다.

9.17

현길언의 『닳아지는 세월』(문지, 1987)은 소설 쓰기에 있어 이청준적 체취를 짙게 풍기고 있으나, 그의 세계관은 이청준의 고향 찾기와는 분명히 다른 세계관이다. 그의 세계관은, 억누름은 그것에서의 해방을 기대하게 한다라는 혁명적 주제와 —그것은 장수 설화와 맥이 닿아 있다—개인의 삶은 이념에 훼손되어서는 안 된다라는 실존적 주제의 교묘한 혼합이다. 그에게 있어 중요한 것은 개인이며, 개인의 삶이며, 그것을 억누르는 것에 대한 저항은 선험적인 것에 속한다. 그것을 권오룡은 범개인주의적 세계관이라고 부르고 있는데, 의미 있는 명명 같아 보인다.

9.19

김인배의 『하늘궁전』(문지, 1987)은 읽을 만하다. 낭만적 소설이 현실에서 신비를 찾아내려는 모든 시도를 포괄하고 있는 소설이라 한다면, 그의 소설은 낭만적 소설이며, 그것은 김동인 이후, 이문열·이청준이 조금씩 건드린 분야이지만, 그처럼 깊게 뚫고 들어가지는 않은 분야이다. 그의 소설은 단순한 예술가 소설로 규명되지도 않으며, 성장소설로도 해명되지 않는다. 그의 소설은 분신의 주제—욕망은 자신을 이분하여 그중의 하나를 죽임으로써 자신을 죽이지 않고 살아가게 만든다—를 보여주는 소설이다. 주인공은 언제나 그의 그림자를 그의 내부에 갖고 있다. 그 그림자가 그의 분신이다(「방울뱀」의 나/강, 「극락선」의 송랑/충랑, 「하늘궁전」의 나/조, 「문신」의 김/문……). 그 그림자는 대개 내면적인 성격이 만들어내는 그림자이며, 그의 주인공들의 내면성은 억제된 욕망, 일그러진 현실…… 등에서 생겨난다. 그들이 완전성을 희구하는 것은 그것 때문이다. "완전한 믿음과 사랑"(250)은 일그러진 현실의 반대급부이다.

9.26

김주영의 소설을 읽으며 느낀 것: 우리 세대에 속하는 작가들에겐 굶주림과 고향과 어머니는 같은 이미지 부류에 속한다. 그것은 진정한 것, 삶의 체취가 배어 있는 것, 소외되지 않은 것의 원형이다. 홍성원·이청준·윤흥길·조해일·조선작·김주영·이문구·한승원·이동하·전상국·유재용·이제하 등이 다 그렇다. 그 이후 세대의 원 체험의 공간은 어떤 것일까?

10.3

김형영의 『다른 하늘이 열릴 때』(문지, 1987)는 인간은 죽을 수밖에 없는 존재라는, 죽음의 실존주의를 노래하고 있으나, 그 노래가 음울하고 처절하지 않고, 맑고 순정하다.

> 오늘 이 세상 떠난다 생각하니
> 뵈는 것 다 아름답구나 〔86〕

라는 진솔한 느낌이 그의 실존을 움직이는 심적 동력이다. 모든 것을 다 아름답게 보는, 죽음 앞에 선 실존은

> 참으로 좋은 것은
> 밖에 있지 않네
> 세상에서 제일 어둔 곳
> 내 마음에 있네 〔91〕

라고 노래한다. 마음이 아름다움을 만들어내는 자리이다. 그 마음이 때로 초월자를 향하고, 때로 시원의 자리(어머니·고향……)를 향하고, 때로 자연(산……)을 향한다. 그의 마음이 머무는 곳에 화평이 있을진저.

 김주영 문학선 『새를 찾아서』(나남, 1987)에 실린 김화영의 「겨울 하늘을 나는 새의 문학」은 잘 쓴 글이다. 특히 「도둑 견습」의 의미를 주로 마르트 로베르의 관점에 의거해서 분석하고 있는 대목은 설득력이 있다(453~57). 그의 글을 통해서 안 또 하나의 사실: 백정에 대한 김주영의 관심. 김화영은 김주영의 백정에 대한 관심을 형이상학적으로 "백정은 단순히 하나의 직업이기 이전에 어린 그가 엿본 충격적인 삶의 모습"(466)이라고 해석하고 있는데, 차라리, 도살·처형·성이 얽혀 있는 자리라고 보는 것이 더 낫지 않을는지. 아니면 의붓아버지의 거세 위협의 직접적인 표상인지도 모르겠다.

10.17

이승하의 『사랑의 탐구』(문지, 1987)는 재치 있고 역사 의식이 있는 시집이지만 깊이가 없다. 그것은 그의 재치와 역사 의식이 상투적이고 교과서적인 것이어서 — 학교에서 가르치는 것만이 교과서적인 것은 아니다. 익명의 권위가 집단화될 때 그것이 가르치는 것은 다 교과서적이다 — 그것에 맞는 소재를 찾는 노력 외에는 그가 별다른 노력을 하지 않는다는 것을 뜻한다. 해석의 틀은 준비되어 있으니까 소재만 있으면 된다. 그 소재들이 그의 육체성과 결부되어 있는 경우는 아주 드물다. 그의 육체는 일상적인 육체, 익명화되어 기화한 육체에 가깝다. 술 취해 시를 쓰는 그의 육체(52)는 시를 쓰겠다고 작정하고 일어서는 육체(57)와 다르지 않다. 그 육체가 사유하는 것은 "부숴지고 무너져내리는 것들이 피워내는/아름다움은 얼마나 눈물겨운지"(60)이다.

10.24

정호승의 『새벽 편지』(민음사, 1987)는 애절하게 아름답다. 피 묻은 별의 그리움이라고 요약할 수 있는 그의 시는 절제된 슬픔 때문에 애절하다. 피 묻은 별의 그리움이란 자유를 향한 그리움에는 피가 묻게 마련이다라는 정치적 상상력의 시적 치환이지만, 그 치환이 경직화되어 있지 아니한 것이 그의 시의 장점이다. 그러나 그 세계의 폭과 깊이는 좁고 얕다.

11.18

갑자기 떠오른 오규원의 말 한마디: 시인 지망생에게는, 이 시가 왜 좋은가보다는 이 시가 왜 나쁜가 말해줘야 한다. 그래서 선생은 감탄할 줄을 모르게 되나 보다!

11.29

조정래의 『태백산맥 4, 5』(한길사, 1987)는 재미있게 읽힌다. 김범우가 서울로 떠나가고, 염상진이 군당위원장을 떠남으로써, 앞으로 그가 소설을 어떻게 진전시켜나갈지 궁금하나, 김범우가 서울로 떠나기 직전까지의 묘사는 박진감 있다. 새 계엄사령관인 백남식의 성격이 살아 있는 것이 후반에 긴장을 유지시키는 한 요인이 되고 있다…… 그러나 김범우가 이학송·민기홍·심재모 등과 서울서 벌이는 일들은 지나치게 관념적이고 개괄적이다.

11.30

김남일의 『청년 일기』(풀빛, 1987)는 일종의 성장소설이다. 그것의 특이한 점은 주인공이 사회와 동화되는 것이 아니라 끝내 사회와 불화를 유지한다는 점이다. 그런 의미에서 그것은 차라리 혁명을 고취하는 목적 소설에 가깝다. 주인공이 회의적 낭만주의에서 실천적 저항주의로 옮겨가는 과정은 무리가 없이 형상화되어 있으며, 대부분의 운동권 소설들과 다르게 그것은 노동 운동·문화 운동의 여러 차원을 아우르고 있다. 끝마무리도 산뜻하다. 단점이 있다면, 주인공들의 가정 환경, 가족 상황이 깊이 있게 나타나지 않는다는 것이겠는데, 그래서 때로 주인공들이 부유하는 느낌을 준다.

설호정의 부탁으로 쓴 강운구 사진집 『경주 남산』의 서평:
1. 강운구 씨가 사진을 찍고, 김원룡 씨와 강우방 씨가 글을 쓴, '신라 정토의 불상'이라는 부제가 붙어 있는 『경주 남산』(열화당,

1987)이라는 책은 아름답다. 아름답다는 말은 그 책의 장정의 호화로움을 수식하는 말이 아니다. 그것은 차라리 형식과 내용이 서로 떼어낼 수 없게 붙어 있는 예술 작품을 볼 때에 그것을 보는 사람의 내부에서 자연스럽게 터져 나오는 말에 가깝다. 아니 바로 그 말이다. 그 책의 첫 면은, 천지개벽 때처럼, 어두운 남산 위의 구름 사이로 빛이 새어들어오는 광경을 보여준다. 그다음 면은, 수평적인 산과 구름에 대응하여 수직으로 늘어선 나무들 사이로, 사람의 모습은 보이지 않으나, 사람이 걸어다녀 생긴, 사람의 흔적이 있는 밝은 오솔길을 보여준다. 사람은 수직의 동물이며 빛의 아들이라는 듯이. 그다음에 그 책의 본문이 시작된다. 본문은 김원룡 씨의 「남산 불적의 미」와 강운구 씨의 도판, 그리고 강우방 씨의 「경주 남산론」, 도판 목록, 경주 남산 불적 배치도로 이뤄져 있다. 그 본문을 넘기면, 거의 먹에 가까운 수직의 나무들과 나무들 오른편에 붉은 보석처럼 빛나는 햇살이 나타난다. 경주 남산은 그 보석 같은 햇살 속에 압축되어 밝게, 뜨겁게 빛난다. 맨 마지막 면에서, 붉은 보석으로 변한 햇살은 이제 아무것도 보이지 않는 어둠 속에서 붉은 달이 되어 사라지고 있다. 경주 남산에, 새로운 하늘과 땅처럼 들어선 우리 저마다는, 가슴속에 붉은 보석을 담고 책을 덮게 된다. 그 순간에 나오는 말이 "아름답다!"라는 말이다. 그 아름답다는 말은, 붉은 보석의 붉은색처럼, 빨갛게 끓어올라, 가슴을 따뜻하게 채운다.

  2. 『경주 남산』이라는 책을 지탱하고 있는 원리는 두 가지이다. 하나는 새 땅과 하늘을 보여주듯이 남산을 새롭게 보여주겠다는 것이고, 또 하나는 그 새로움을 가슴의 불로 바꿔주겠다는 것이다.

우선 김원룡 씨의 글은 "완전한 불타의 정토, 염불, 수행의 도장"〔13〕인 남산을 조감한다 공간적으로뿐만 아니라 시간적으로도 그러한 김원룡 씨의 글은, 남방 미술과 북방 미술에 관해 지나치게 일반화하였다는 비난이 있을 수는 있으나, 아무튼, 남산의 조각이 인공 석굴 사원, 애기 부처를 거쳐 석굴암에 이르러 그 절정에 이르렀다가 마애불로 쇠퇴해가는 시간적 변모와 그곳 조각들의 "부처와 자연과의 신묘한 조화에서 오는 부드럽고 따뜻한 친밀감"〔18〕을 한꺼번에 아우르고 있다.

강운구 씨의 도판은 그 두 모습을 사진으로 보여주는 임무를 떠맡는다. 그는 그 작업을 탑곡사방불 여래 입상을 보여주는 것으로 시작하되, 동시에 "부드럽고 따뜻한 친밀감"을 불러일으키기 위해 어둠과 밝음의 대위법을 이용하여, 훌륭하게 수행하고 있다. 그의 사진은 원경에서 시작하여 점차로 부처의 모습을 확대해나가는데, 부처는 거개가 도판 1처럼 밝은 빛으로 처리되어, 주변의 어두움에 선명하게 대비된다. 그 밝은 부처가, 뒤에는, 붉은 보석 같은 햇살이나 붉은 달로 변형되는 것이겠지만, 어둠 속에서 부드럽고 따뜻하게 빛나는 부처들은, 그의 사진들 속에서 뒤로 갈수록 커져간다. 그의 사진은, 무의식적으로 아니 의식적으로, 부처와 바위와 나무와 폐허가 하나임을 교묘하게 설득시킨다. 도판 1의 부처는, 도판 62의 바위(대연화좌), 도판 85의 단풍, 그리고 도판 92의 폐허와 같은 이미지 무리에 속하는데, 왜냐하면 그것들은 어둠에 대립되는 밝음이며, 검푸른 색에 대립되는 밝은 갈색, 결국은 붉은색으로 변모될 색이기 때문이다. 그의 사진은 어둠 속의 밝음, 어머니 품 안의 어린애와 같은 밝음을 지나치게 강조하여, 대상의 내부는 붉다는 것을 인식시키는 데에는 큰 힘을 발휘하지만, 자연과의 친밀감을 불러일으키는 데에는 그리 큰 힘을 발휘하지 못한다. 그의 사진에서 자연은 원경이나 바위의 질감으로 축소되어 부처와 자연이 하나라는 느낌을 강하게 전해주지 않는다. 그런 의미에서, 폐허의 망가진 부처들이 자연과 화해롭게 자리하고 있는 도판들은 매우 흥미 있다. 그 도판에서야 잡초들이 생명력 있게 드러난다. 그러나 대상의 내부에 들어가면 따뜻하고 친밀한 것과 만날 수 있다는 강운구 씨의 미학은 부처의 얼굴 묘사에서 탁월한 효과를 발휘하고 있다. 저마다 얼굴이 다른 부처들은, 그 부처들의 내부에 깊숙이 들어간 뛰어난 예술가의 눈을 통해, 놀라워라, 한국인의 관념화된, 이상화된 모습들과 해후한다. 도판 31의 부처 얼굴은, 부처 얼굴이라기보다는, 숱한 역경 속에서도 끈기 있게 버티어온 할머니의 얼굴에 가깝고, 도판 40, 도판 42, 도판 57의 얼굴은, 어수룩하고, 아픈 듯, 찡그리는 듯, 웃는 듯하여, 거의 표정이 없는 표준 한국인, 아니 나이 든 한국인의 얼굴에 가깝다. 내가 가장 감동을 받은 것은 그런 얼굴들에서이다. 그 얼굴들은, 내 유년 시절에 내 고향에서 나날이 보고, 같이 말하고, 같이 느끼던 사람들의 얼굴들이다. 절망과 고뇌와 굶주림이, 잘 삭은 토하젓처럼, 잘 곰삭아 거의 무표정에 가깝게 사람의 얼굴을 일그러뜨린 그런 얼굴들이, 그가 경주 남산의 부처들에서 찾아낸 얼굴들이다. 그 얼굴을 간직하고 있는 부처의 얼굴들은, 풍화되어 일그러지기도 하고, 해체되어 부숴지기도 한다. 그 부처들을 연결시키고 있는 것이 나이 든 한국인들의 그 지친 듯한 얼굴들이다.

끝으로 강우방 씨의 글은, 경주 남산을 "법신이 우주에 충만해 있는 법계"(196)로 보고, 그 법계의 이모저모를 전문가답게 자세하게 기술하면서 그와 동시에 십몇 년을 거기서 산 체험인으로서 감동적으로 묘사하고 있다. 그의 남산은 보통의 남산보다 훨씬 더 넓으며("흔히 금오산과 고위산을 합쳐서 남산이라고 하나, 필자는 마석산의 서록, 곧 금오산 북록과 인접하여 있는 계곡의 불적들도 통틀어 남산 유적에 포함되어야 한다고 생각한다"(173)), 그 남산의 불적들과 그는 관념적으로가 아니라 육체적으로 해후한다("남산에서 가장 가파른 봉화곡을 숨가쁘게 오르노라면 그 정상 못미처에 느닷없이 부처들이 나타난다. 〔……〕 정상에서 조각품들을 이리저리 살피고 손으로 어루만져본 뒤 뒤돌아볼 때 저 아래 아득히 펼쳐진 속세는 그대로 아름답고 깨끗한 정토로 변신하여 더욱 희열을 느끼게 된다"(182)). 예술은 육체적으로 그것과 만나 즐거움을 느껴야 그 내면이 열리는 세계이다. 강우방 씨의 남산론은 육체적으로 그것과 만난 연구가의 불적 기술이다.

두 분의 글과 한 분의 사진을 통해, 경주 남산은 새롭게, 그 속에 붉은 불을 간직한, 그래서 따뜻하고 친밀한 대상으로 솟아오른다. 따뜻하고 친밀한 것들은 같이 있고 싶다는 욕망을 불러일으킨다. 그 욕망의 불길이 대상을 더욱 따뜻하고 친밀하게 만든다.

3. 도판 1의 부처는 타원형 속의 부처다. 그 부처는, 기독교의 삼위일체처럼, 세 부처이다. 그 밝은 세 부처는, 어두운 탑과 나무, 검푸른 하늘과 대비되어 더욱 밝게 보인다. 그 타원 속의 부처는 음(타원)과 양(부처)이 어우러진 형태를 취하고 있는데, 그 음양 일체는, 강운구 씨의 도판 속에서, 도판 62의 양(대연화좌)과 도판 70의 음(밝은 돌 속의 어둠)으로 분리되어 나타난다. 그 분리 과정은 무

의식적인 것이지만—왜냐하면, 그렇지 않다면, 앉을 자리를 양으로 제시하고, 사각형의 어둠을 음으로 제시하는 것은 거의 불가능했을 것이기 때문이다. 앉을 자리는 음이며, 사각형은 양이 아닌가!—그 분리의 과정을 통하지 않으면, 목 떨어진 부처나 폐허, 평면적인 마애불의 스산함을 이해시킬 수 없다고, 그는 직관적으로 이해한 것이다. 완전한 상태는 음양의 분리를 통해 쇠퇴의 길을 간다. 그 쇠퇴의 과정에서, 대상 속에 있던 따뜻한 불은 점점 사그라지고, 불은 기억과 추억, 기대와 바람의 대상으로만 존재한다. 책 맨 뒤의 붉은 달은 그런 대상으로서의 불을 감동적으로 보여준다. 그 붉은 달의 빛이 책 맨 앞의 구름 사이로 스며 나오고 있다. 다시 말해 이 책 자체가 하나의 타원이다. 나는 이 책을 하나의 타원형으로 만든 것이 강운구 씨 자신인지, 아니면 북 디자인을 한 정병규 씨인지 잘 알지 못한다. 그렇다고 해서 이 책의 아름다움이 감소되는 것은 아니다. 이 책은 대상의 내부로 깊게 내려가면 따뜻하고 밝은 불만이 있다는 것을 보여주는 희귀한 책이다. 그 불에 한 번이라도 스친 사람이라면, 이 책을 다신 잊지 못하리라고 나는 믿는다. 그 믿음도 불탄다, 따뜻하고 그리고 친밀하게.

12.4

임철우의 시선이 점점 완숙해지고 있다. 『달빛밟기』(문지, 1987)를 보면, 괴로운 기억-추억이 점점 현실 분석의 어려움으로 대치되고 있음을 알 수 있는데, 그래서 서정적 분위기는 소설적 분석으로 진전돼나가, 성숙함을 느끼게 한다. 그의 서정성은 세계가 이래서는 안 된다는 분노와 끔찍한 기억 이전의 상태에 대한 절절한 그리움—그 그리움은 유토피아적인 그리움이 아니라 낙원 회귀적 그리움이다—에서 연유하고 있으며, 그래서 원초적 감성에 매달려 있다. 그러나「볼록거울」에서 그는 학원 소요의 현장을 총체적으로 그려 보여주려 애를 씀으로써, 그 총체성의 중심이 조교라는 중간 인물임에도 불구하고, 성숙한 사회 인식을 보여준다. 서정성은 일그러지고, 추악한 현실이 있는 그대로 드러나는 그 소설 속에서, 우리는 알레고리나 원초적 감정 대신 객관적 표현을 본다.

임철우는 이청준·김원일의 언어망 속에 있다. 그 둘을 어떻게 뛰어넘는가가 그의 앞날을 결정할 것이다. 오월만으론 더 이상 크지 못한다. 그것은 더 큰 화폭을 준비하기 위한 데생이어야 한다.

12.11

임동확의『매장시편』(민음사, 1987)은 괜찮은 시집처럼 보인다. 이성복을 비롯한 젊은 시인들의 영향이 없는 것은 아니나, 첼란과 같은 독일 시인들의 맥을 잇는 것 같아 보이기도 한다. 광주 사태를 다룬 것으로는 압권이다. 죽음의 기억은 전 존재를 떨게 하는 고압선이다.

12.20

이영유의 부탁 때문에 쓰게 된 87년의 문학(시) 개관:

1. 87년의 한국시에서 제일 두드러진 사회적 현상은 10만 부가 넘

게 팔린 시집들이 생겨났다는 사실이다. 이해인의 여러 시집들의 뒤를 이은 도종환의 『접시꽃당신』(실천문학사), 서정윤의 『홀로서기』(청하)의 기록적인 판매는 출판이라는 측면에서 시집이 소설집이나 수필집에 맞서거나 그것을 뛰어넘을 수도 있다는 것을 예증하고 있으며, 문학의 측면에서는 시인의 이름이 시보다 중요하게 여겨지지 않는 시대가 올지도 모른다는 가능성을 암시하고 있다. 80년대에 들어와 폭발적으로 팽창한 시 제작자와 시 수용자의 인구는 시집의 판매가 대가의 이름에 의존하고 있던 기존의 판매 회로를 거의 파괴해버린 것처럼 보인다. 시 제작자들도 대가들의 눈치를 보지 않는 경향이 늘고 있으며 시 수용자들 역시 그러하다. 그러나 많이 팔린 시집들의 시적 경향이 외로움·쓸쓸함·그리움…… 등의 보편적 정서에 치우치고 있다는 사실은 대다수의 시 수용자들이 의식화된 전투적 시보다는 순수 정서를 보여주는 시에 굶주리고 있는 것이 아닌가 하는 의문을 일으킨다. 그것은 김소월·서정주·박목월 등의 시적 교육을 거친 사람들의 당연한 반응이 아닐까 하는 의문에서부터 전투시·형태 파괴시 들이 폐쇄 회로 속에서 자기 증식만을 계속하고 있는 것은 아닌가라는 질문에 이르기까지 여러 형태의 질문과 연관되어 있다.

   2. 87년의 한국시 이론에서 주목할 만한 것은 익명시를 주장하는 집단이 생겨났다는 사실과 제5세대를 표방하는 세대가 생겨났다는 사실이다. 익명시는 『80년대 동인지』에서 제시되고 있는데, 그것은 전투적 민중시의 당연한 이론적 결과처럼 보인다. 그것은 "문학 생산의 사적 수취 관계를 벗어남으로써 자기 현시적 자의적 요소를 제거하고, 그 자리에 공동체적 표현을 대치함으로써 일하는 인간에

공헌하는 문학"이 되고자 하는 시이다. 이 시 이론은 익명성을 주장하는 시가 갇혀 있는 사적 수취 관계를 어떻게 벗어나야 하는가라는 문제와 익명시와 프로파간다 전단과의 관계는 어떻게 되어야 하는가라는 문제들과의 싸움으로 계속되어야 그 의미가 보다 뚜렷이 드러날 것이다. 제5세대는 아마도 4·19세대를 제3세대라고 부른 관행을 그대로 받아들여 유신 세대를 뒤이은 광주 세대를 지칭하는 의미로 제5세대라는 용어를 쓰고 있는 것으로 보이는데 그 제5세대의 첫 시집인 『그리움이 터져 아픔이 터져』를 보면 거기에 참여한 시인들이 거의 20대라는 것과 "각 지역의 개별성·특수성을 전제로 한 보편성의 획득"이라는 지역과 지역의 상호 열림에 그들이 관심을 쏟고 있다는 것이 눈에 띈다. 그러나 그 두 동인지에는 첨단적인 시 이론의 멋있음에 대응할 만한 시인들이 눈에 띄지 않는다. 시보다는 시 이론에 더 치우치고 있기 때문에 생겨난 현상처럼 보이는데, 여하튼 나로서는 제5세대 중 유강희를 주목하고 있다. 그의 「기억의 꽃」은 읽을 만하다.

3. 좋은 시들과 시집들이 많이 나오고 있으나 엄청난 시와 시집들의 물량 때문에 그것이 쉽게 파묻히고 잊혀지고 있다. 그것 역시 대량 생산·대량 소비 사회의 한 징후라고 봐야 할지 시의 이상 비대 현상으로 봐야 할지 나로서는 아직은 잘 모르겠다. 고은·김지하·박재삼·황동규·오규원·황지우·최승호·이성복 등의 활약은 그러나 주목에 값한다. 『만인보』 세 권을 펴내 독자들을 압도한 고은은 『백두산』(창작사) 두 권으로 다시 독자를 놀라게 한다. 그의 왕성한 창작열은 그가 글쓰기 광이 아닌가 하는 의문을 자아내게 하지만 그 왕성함에 견주어 작품의 질이 크게 떨어지지 않는 데 그의

특이성이 있다. 그의 『백두산』은 그러나 언어 표현의 치열함에 비해 말들의 긴장 관계가 느슨하다. 김지하는 대설 『남南』을 계속 쓰면서 불안한 자아의 분열, 그 분열 상태를 치유하기 위한 원초적 감정들로의 회귀라는 중요한 주제를 담은 서정시들을 보여주고 있는데, 「해남에서」(『창작과비평』)와 같은 시는 그 한 절정을 이루고 있다. 그의 불안한 자아가 "다 죽어/시들어 없어져버린 줄 알았던/샛맑은 그리움 한 자락"에 포근하게 감싸이기를 기대한다. 박재삼의 『사랑이여』(실천문학사)는 사랑 시집이되 사랑의 즐거움보다는 허무 의식에 더 깊게 빠져들고 있는 시집이다. 사람의 하는 일은 유한하다는 자각은 파도나 해·달과 같은 자연의 영원함 앞에서 망연자실해하는 마음과 어울려 일상적인 것들의 아름다움보다는 허무함에 시인의 마음이 더 끌리고 있다. 김훈의 발문도 재미있다. 황동규의 「다산초당」(『우리 시대의 문학』 6집)은 여행에 미친 시인의 일상성에서의 벗어남이 반성적 사유와 어울려 "날오이처럼 싱싱한" 곳으로 독자들을 초대한다. 그의 특기라고 할 수 있는 말뒤집기, 충격주기가 유감없이 발휘되어 있는 그 시는 그의 시적 여행의 종착역이 과연 어디쯤일까라는 궁금증을 안겨준다. 오규원의 『가끔은 주목받는 생이고 싶다』(문지)는 획일화된 익명성을 부패라는 이미지로 바꿔놓고, 유사 산업 사회의 여러 증상을 신체적 징후로 파악하고 있는 희귀한 시집이다. 가을의 누런 낙엽에서 대지의 고름을 보고, 그 고름에서 남북통일을 보는 그의 놀라운 시선은 좋은 예이다. 황지우의 『나는 너다』(풀빛)는 "아픈 세상으로 가서 아프자"라는 유마의 세상살이라고 부르고 싶은 세계관의 표현이다. 나는 세계의 고통이며, 너 역시 그러하다. 그러니 나는 너다! 최승호의 『진흙소를 타고』(민음사)는 삶이란 줄만 당기면 쓸려나갈 수세식 변기 속의 똥과 같다는 베케트적인 주제와 인간은 결국 죽어갈 존재라는 실존의 범주로써의 죽음의 주제를 뛰어난 솜씨로 짜내고 있으며, 이성복은 「벽」(『문예중앙』, 1987년 여름호)과 같은 시들에서 짧은 산문시 실험을 계속하고 있는데, 그 실험이 난해한 것은 물론 아니고 차라리 절규 같아 보인다.

  4. 그 외에 내 관심을 끈 시집들은 다음과 같다. 박현서『자갈치 시편』(문학세계사), 윤재철『아메리카 들소』(청사), 송수권『우리나라 풀이름 외기』(문학사상사), 안수환『징조』(민음사), 박제천『어둠보다 멀리』(오상), 문정희『우리는 왜 흐르는가』(문학사상사), 감태준『마음이 불어가는 쪽』(현대문학사), 나기철『변방의 자연과 삶』(신아문화사), 윤성근『우리 사는 세상』(고려원), 양성우『그대의 하늘길』(창작사), 김형영『다른 하늘이 열릴 때』(문지), 장영수『나비 같은, 아니아니 빛 같은』(문지), 최석하『물구나무서기』(문지), 장석주『새들은 황혼 속에 집을 짓는다』(나남), 권혁진『프리지아꽃을 들고』(문지), 고정희『지리산의 봄』(문지), 정호승『새벽편지』(민음사). 그리고 신인으로 최영철·이승하·황인숙·장정일의 시를 재미있게 읽었음을 덧붙인다.

12.26

감각의 깊이 ─ 전혀 한 번도 느껴본 적이 없는 것 같은 감각의 깊이. 그 속에 빠져 헤매다가, 어느 순간 다시 튀어오르는 공처럼 현실 속으로 튀어나올 때, 감각의 공터, 아니 패인 곳은 어디에 있는 것일까!

12.28

나는 내 욕망의 총화이다…… 그러나 내 마음의 욕망은 누가 만든 것일까. 나인가, 세계인가, 섭리인가…… 아니면 이 모든 것이 다 혼용인가. 애초에 무슨 뿌리가 있어, 내가 있었단 말인가.

1988

사회의 모습을 드러 내면서 그것을 화해시키는 (반성을 통해서) 작업이라고 한다면은 것이 그들의 주제인 듯 싶다. 좀 더 열심히 읽으면 어느 정도는 이해할수 있을것 같다. 우리가 고민하고 있는 테마 — 그것을 문학은 무 엇을 할수 있을 것인가 가 여기에서도 계속 문제되고 있다. 64년에 그쪽 을 주제로 회합이 열린 모양인데, 그곳에서 Sartre 가 대우한 공격 을 받은 모양이다. ① 그의 engagement 이론은 본질적이 사회의 윤리 학의 변형이라는 것이고 ② 그의 <시의 모르는 산문이고, 산문의 의미는 와이스기라는 명제는 잘못이라는 것이다. 그런 것의 이론적 근거를 주최 측에서 제시해주고 있다는 것은 재미있는 일이다. 같은 작으로 추락하지 않게도 그 일역을 담당하고 있다. 특히 Adorno의 「꽃들은 대모한 피해」는 받고 있다. 즐 번역되어 출간이 될 모양인데, 개론을 한 해 본에 의하면 너와 나의 중간쯤에 와있지 않나 생각된다. 다시 말 하면 ③ 예술로 어떤 경우에도 그 사회의 모순을 (혹은 전망을) 획득한다는 것이고 ④ 혹카하우의 대로/형성의 구별로 프로파간다에 흐르려 행태적 예술을 주의 못하게 하도록 것이 그렇다. 현실하게 사고해나 가면 결국 최후에는 목욕가 맏은 팩을 나는 다시 한번 확인 했다. 문학소를 혐저하게 열린 사도를 생각도 그래서 그들가 추사 회의 선진측 증산소에서 개발 도상국의 지식인은 어떤 포즈를 잡 을수 있는 가를 관찰하는 죽이 더 옳겠다는 생각으로 바뀌고 있다. 병익아, 다시 한번 확인하는 것이지만, 문제는 서열성이 지, 깊로가 아닌 것이다.

비가 내리고 있다. 이곳에 와서 해를 본 것은 그, 가을 속에 되

김현이 김병익에게 보낸 편지 (1974. 11. 10)

1988.1.7

내 존재의 밑바닥을 이루고 있는 것은 잊음*oubli*이다. 나는 잊기 때문에 사는 것이 아니라, 내 삶이 잊음이다. 내 활력은 잊음에서 나온다. 모든 존재가 들어가 웅크리고 있는 알집과 같은, 거푸집과 같은 구멍으로서의 잊음.

1.10

마르트 로베르가 카프카의 소설을 해학적이다라고 말했을 때, 그리고 그의 파테틱한 면을 실존주의자들이 과장한 것이라고 단언했을 때, 독일어의 울림에 민감하지 않은 나로서는 어리둥절할 수밖에 없었다. 그러다가 며칠 전 『르 몽드』에서 펠리니Fellini가 「인터뷰Intervista」라는 그의 신작을 설명하면서, 다시 카프카 소설의 해학적인 면을 말하는 것을 보고, 과연 그런가 하는 의심이 들었는데……

오늘, 그리고 어제, 서정인의 「사촌들」(MBC), 「원무」(KBS)를 보고서 그 생각이 그럴듯하다는 것을 깨닫게 되었다. 카프카처럼, 서정인의 소설도 파테틱한, 부조리한, 비정한 면을 두드러지게 내보이지만, 그 소설의 인물들을 영상화해보면, 그의 소설의 해학적인 측면이 두드러진다. 특히 이연헌이 기획하고, 박복만이 찍었다는 「사촌들」은 대단한 수작이다. 주인공 역을 맡은 배우의 이름은 모르겠으나, 연기도 뛰어나다. 오랜만에 좋은 한국 영화를 보았다. 그 정도의 수준이라면!

1.18

몇 년 만에 쓴 시 월평 1:

좋은 소설이 때로 지루한 대목을 간직하고 있듯이 좋은 시는 때로 깜짝 놀랄 만큼 신선한 대목을 간직하고 있다. 시인의 감각이 대상의 내면에 다다라 대상의 새로운 면을 순간적으로 포착하는 데서 연유하는 새로움은, 그것만으로 한 편의 시를 짜기에는 너무 귀한 것들이지만 그것 없이는 시는 진부하고 상투적인 감정의 나열이 되기 쉽다. 그 새로움을 간직하고 있는 새 시인 중의 하나가 「뿌리 깊은 별들을 위하여」를 비롯하여 9편의 시를 발표한 윤제림(『문예중앙』, 1987년 겨울호)이다. 그의 시는 6·25라는 상처의 깊이와 통일이라는 꿈의 크기, 비 내리는 국토의 헐벗음을 뒤에 깔고 있으면서도 그것만을 드러내지는 않고 시인 자신의 역사 체험·가족 체험 그리고 신체 체험까지를 어울러 껴안아 신인으로서는 보기 드문 조화로운 세계를 이룩하고 있다. 그 세계를 이룩하고 있는 세계관은 "피도 한 백년 마르면 / 다시 흐른"(「竹物박물관에서」)다는 시구에 간명하게 요약되어 있듯 오래 고통받으면 보상이 있을 것이라는 세계관이다. 그 세계관은 비교적 낙관적인 세계관이어서 그가 매우 비극적으로 분단 조국의 운명을 인식하고 있음에도 불구하고 그의 시세계는 어둡기보다는 차라리 밝아 보인다. 그 밝음은 해학적인 어조로 채색되어 있는데 그의 해학은 판소리의 격렬한 해학보다는 훨씬 가볍고 경쾌하다. 통일이 되면 이북 곳곳에 어떤 버스가 다닐까를 상상하다가, 아니 "가다가 그냥 내려서／김밥이나 먹으면 어때"(「버스」)라고 말문, 아니 상상의 문을 닫아버리거나 봄이 되면 겨우내 참아온 똥이나 양지쪽에서 푸짐하게 누고 싶다고 말할 때, 그 어조는 해학적이다. 그 해학은 사태가 자기가 바라는 대로 진전되지 않으리라는 것을 알고 있으면서도 그렇게 되기를 바라는 맑은 세계관을 가진 사람의 어조다. 그것이 풍자와 다른 것은 그의 어조에 악의가 없다는 점이다. 그러나 그 악의가 없다는 것 때문에 하나의 우려가 남는다. 밝은 선의의 사람들이, 적의 있는 세계가 지나치게 억압적일 때 흔히 그렇듯이, 입 다묾의 세계 속에 그가 빨리 빠져들지나 않을까 하는 우려가 그것이다. 그럼에도 불구하고 좋은 시인을 만났다는 즐거움이 내 가슴을 가득 채운다. 우선은 그 즐거움을 즐거움으로 받아들이기로 하자.

시집 중에서는 이재무의 『섣달그믐』(청사, 1987)을 재미있게 읽었다. 그의 시는 우열이 심해서 어떤 것들은 그 전언의 진지성에도 불구하고 진부하고 상투적이어서 다른 시인의 이름을 그 시 앞에 붙여놓아도 되겠다는 느낌이 들 정도이지만 어떤 것들은 아주 뛰어나다. 그의 시 중에서 읽을 만한 것은 소년 시절의 체험과 관련된 것들인데 「옻나무」 「팽나무」 같은 시들은 그 대표적인 것들이다. 개인적 체험만으로 시가 되는 것은 아니지만 그 체험이 깊어지고 넓어져야 좋은 시가 나오는 것은 확실하다.

1.20

한승원의 『갯비나리』(문학사상사, 1988)는 『그 바다 끓며 넘치며』의 전편에 해당할 만한 이야기이다. 일제 시대의 어촌을 무대로 하고 있으나, 일제 시대라는 시대적 무게가 거의 느껴지지 않고, 토속적 인간들의 약육강식의 세계만이 두드러진다. 거기에 동방적 요소와 무교적 요소가 끼어들고 있으나, 그리 큰 효과를 발휘하고 있지는 않다. 효과를 크게 발휘하고 있는 것은 성적 인간들의 고뇌라고나 할까, 일정한 애인들을 두고 거기에 반응하는 남자들의 행태이다.

『갯비나리』를 읽고 난 뒤 보러 간 부어맨의 「애정의 숲」(원제: Emerald Forest)은 아마존의 비경을 배경으로 하고 있는 아름다운 영화였다. 화면의 아름다움은 놀랄 만했으나 이야기의 전개는 동화 같았다.

1.23

전화기 속에서 갑자기 스멀스멀 기어나온 고무질의 유들유들한 목소리……에 사로잡혀……

1.24

최하림의 『겨울 깊은 물소리』(열음사, 1988)를 공들여 읽었으나, 깊은 감동을 받지는 못했다. 리듬하고 별 관계없어 보이는 전라도 사투리며, 라이보리 같은 외래어도 눈에 설었다. 시·말·새·바다 등의 어휘들이 자주 나오는 것을 보면 그의 사유가 어디에 가 있나 짐작이 가지만, 그렇다고 좋다는 느낌은 들지 않았다. 차라리 그의 산문 「말과 현실」이 더 절실하게 느껴졌다. 그는 결국 초기 시의 세계로 되돌아왔는데, 초기 시의 가난은 없어지고, 그렇다고 그다음의 정열도 없어져, 기교만 남은 느낌이다. 김종삼에 대한 그의 경도는 그 보상인 것같이 보인다. 「그대는 눈이 밝아」는 그러나 읽을 만한 시이다. 가슴을 찌르는 아픔이 있다.

1.25

유럽의 미래에 대한 뷔토르의 성찰 중에서 재미있는 삽화 두 개:

1. "언젠가 아내가 퐁피두가 죽었다고 말했을 때 나는 그곳 신문이, 매우 두툼했는데도 그 문제에 대한 기사를 읽지 못해서 놀랐지요. 조심스럽게 찾아보니 둘째 권 5페이지에 'French Premier is dead'라고 세 줄 기사가 있더군요. 참 많은 게 생각나더군요." ─ 유럽 중심주의의 파리를 말하면서도, 거기에 젖어 있는 유럽 중심주의자의 놀람!

2. "미국말을 피하는 유일한 길은 언어의 다양성, 그 다양성의 긍정적 가치를 주장하는 거지요…… 영어를 안 쓰는 유일한 방법은 파리 사람들이 생각하듯 불어를 쓰는 게 아니라, 여러 나라 말을 하는 거예요"(『르 몽드』, 1988. 1. 13). ─ 중요한 지적!

시에 있어서, 감각의 깊이란 결국 삶의 구체성에 대한 실감이 아니면 무엇일까?

1.31

채만식의『인형의 집을 나와서』(채만식 전집 1)는 읽을 만하다. 여성을 주인공으로, 여성이, 가부장제·자본주의·식민지 치하에서 얼마나 착취당하고 있는가를 그려낸 작품인데, 그 출구는『태평천하』가 그러하듯 사회주의이다. 그러나『태평천하』가 역설적인 데 비해,『인형의 집을 나와서』는 직설적이다. 그만큼 소설적 흥미는 적지만, 억압의 현실은 더욱 뚜렷하다. 다만 임보라/김병택(사회주의 독립운동가)의 대립이 너무 관념적이라는 것이 걸리는데, 그 반면 임노라/현석중(변호사)의 대립은 매우 실감 있다. 채만식 소설의 결미에 대해서 한번 생각해볼 것.

2.1

이세기의『ㄱ다음은 침묵』(햇빛출판사, 1988)의 어조는, 첫 창작집의 허무주의와는 약간 다른, 그러나 결국 그 뿌리는 쇄말주의의 그것이다. 허무주의나 쇄말주의나, 나처럼 교양 있는 사람은 그렇게 취급해서는 안 돼라는 자존심을 밑에 깔고 있는 사람들의 우월감 섞인 문화주의의 좋지 않은 표현이다. 교양이란, 이때 서구식의 풍속을 뜻하는데, 그 서구식의 풍속 자체가 소부르주아지의 그것이라는 반성에는 못 이르고 있다. 이세기는 소설의 김영태에 가깝다. 취미도, 사유도…… 역겹다기보다는 안쓰럽다.

2.2

김정환의 『세상 속으로 1, 2』(동광출판사, 1988)를 꼼꼼히 읽었다. 1부에서는 문청의 객기가 느껴지지만, 2부에서는 논객의 정열이 느껴진다. 다시 말해 나로서는 2부가 훨씬 재미있다. 소설 자체의 관점에서 보자면, 소설이라기보다는 그냥 목소리, 추억/회상의 목소리의 집합이라는 특이한 기술이다. 이것은 글쓰기에 가깝다. 그 글쓰기는 노동자·농민이 주인이 되는 세상이 와야 한다; 그러기 위해서는 반미가 우선적이다; 지금의 단계는 집단 창작보다는 저마다 해방의 필요성을 홍보해야 할 단계이다…… 등의 전언을 담고 있다. 그의 글쓰기의 어조는 전체주의적이고, 집단적이고 독재적이다. 우리를 중요시한다는 점에서 집단적이며, 반성이 없다는 점에서 전체주의적이며, 혼자 말한다는 점에서 독재적이다(독재란 혼자 말하기이다. 'dictator'의 원뜻이 독단적으로 말하는 사람이다). 그러나 이 글쓰기는, 거기에 찬성하건 찬성하지 않건, 민중 운동의 실상을 이해하기 위해서는 읽어야 할 글쓰기이다.

몇 개의 주장:

1. "노동 민중이 현 단계 인간 해방 운동의 주체라는 것은 단지 물질적인 차원에서 옳을 뿐만 아니라, 정신적 차원에서 옳다"(2: 16). 못 가진 자는 가진 자의 문화를 본능적으로 비판하면서, 맹목적으로 추수한다. 그 이중성에 대한 성찰이 필요하다.

2. 물질성(2: 66) ─ 객관적으로 존재하는 물건이 갖는 성질인데, 차라리 사물성이 낫지 않을까. 물질성은 소외성이지, 현실성에 가깝지 않다.

3. "1980년 5월은 무엇보다도 지식인의 환상을 여지없이 깼다.

[······] 그때였다, 우리가 괴로운 희망에 온몸을 내던지기로 결심한 것은. 갈 길 멀어도 가리라. 가다가 죽더라도, 죽음으로 가리라"(2: 161).

4. "그대의 양키 고 홈 구호에서 느낌표를 떼라. 느낌표의 봉건성을 자기 투쟁으로 혁파하라"(2: 267). "느낌표가 붙어 있다는 것은 언제나 시작임을 알리는 동시에, 아직 완성되지 않았다는 것을 표현한다"(2: 279). 재미있는 지적이다.

2.3

어제 저녁에는 최인훈 댁엘 갔다. 김치수·김주연·정현종과 동행이었다. 전에도 그렇기는 하였으나, 친척과 친구가 곁에 없다는 데서 생기는 고독함이 집안을 가득 채우고 있었다. 그로서는 독서로써 그것에서 피해갈 수 있겠지만, 그의 가족들은? 그는 여전히 사변적이었고—그의 그 뛰어난 명석성! —, 그래서 논리적이었으며, 아니 논리 집착적이었으며, 동시에 자기방어적이었다. 자신의 행복, 우리가 행복이라고 부르고 있는, 자신의 육체와 정신을 파괴하려는 힘에서 자유스러운 상태를 유지하면서, 그 힘을 때려부술 수 있는 방법이 없는가를, 논리적으로 에피메니데스의 역설이라고 흔히 이르는 것을 그는 열심히 추구하고 있었다. 정치적으로 좌파이면서, 문학적으로 우파적인 태도를 견디어내는 것이 그의 목표였다. 위대한 작가와 위대한 투사가 범주를 달리하면서 존재하는 인물이 되기를 그는 바라고 있었다. 자신의 과거의 업적을 그대로 간직하면서, 역사적 상황 속에서 자유로울 수 있을까? 그는 있다고 믿고 있는 것 같았다.
　―나이 들면 집을 빌 수도 있어야 하지 않을까요?
　―젊은 패들은 나이 많은 분들이 싸워주길 바라고, 나이 많은 분들은 팔팔한 패들이 싸워주길 바라는 거지요.
　―여하튼, 작품은 누가 쓰나요? 구호를 작품이라고 생각할 수는 없지 않나요?
　―구호야말로 작품이라고 생각하는 패들이 있지요.
　―광주 세대지요. 살육과 절망뿐인 세대일 거거든요. 유신 세대만 해도 여유가 있어요. 문학주의를 버릴 수도 없고, 운동주의를 버릴 수도 없다는 데서 생겨나는 갈등이 있는데요, 광주 세대에겐 문학주의란 무조건 타기해야 될 거지요. 그들 입장에선 최 선생이나 정현종이, 백낙청이나 신경림·고은과 마찬가지로 비칠 거요. 약간의 편차는 있겠지만, 문학주의라는 점에서는요.
　―6·25 세대(월남 세대), 4·19 세대, 6·3 세대, 유신 세대, 광주 세대…… 이런 식으로 나뉠 수가 있겠군요. 제일 세속적인 면에서 득을 본 건 4·19 세대지요. 4·19 세대에 비하면 6·3 세대는 계속 음지지요.
　―유신 세대의 발상은, 방향은 서로 반대이지만 권위주의적이고 독재적이라는 점에서, 박정희적이지요.
　―광주 세대 다음엔 뭐가 올까요?
　―6·29 세대가 생겨날까요? 서구나 일본처럼, 감각적이고 충동적이고, 정치엔 무관심한 세대 말이지요.
　―정치에 무관심해지면 문학에도 무관심해지지 않을까요.
　―아니, 아니, 각 세대는 서로의 상처 속에 기생하면서, 커나가

니까요. 자기들이 기생충이며, 숙주이니까, 단순히 그렇게만 되지는 않겠지요.

그리고…… 이호철·고은에 대한 양가적 반응. 쓸쓸함. 화남. 바깥으로 나오니, 바람이 살갗을 에는 듯하였다.

—오랜만에 최인훈 씰 보니 60년대 초 같네.

—쓸쓸하고, 기분 좋고 그런 감정들이 얽혀 있지?

—그래.

2.5

고원정의 『거인의 잠』(현암사, 1988)은 조해일과 최인호의 합작품 같다. 메마르고 남성적이고 속도감 있다는 점에서는 조해일적이고, 악의를 강조하고, 선의를 부인하려는 점에서는 최인호적이다. 그러나 그의 경우는, 조해일보다 훨씬 정치적이고 최인호보다 훨씬 이성적이다. 그의 세계관은 i) 인간은 악의적이다; ii) 권력은 그 악의의 극단적 예이다라는 세계관이다. 논리적으로 그는 한비자의 길을 갈 수밖에 없겠는데, 법률적 정치가 제일 중요한 탐구의 대상이 되어야 할 것이다. 계속 깊어지고 넓어지면, 독특한 작가가 될 수 있겠다.

2.6

채만식의 『아름다운 새벽』(채만식 전집 4)은 이광수의 『무정』이래 공식이 된 신식 남자/구식 여자/신식 여자의 삼각관계를 다룬 미완의 소설이다. 서 씨나 오나미의 묘사는 김내성의 『청춘극장』을 방불케 한다. 하긴 그 삼각관계에서 작가의 무의식 역시 자유롭지는 못했으리라. 이광수의 영향은 그만큼 지대하고, 신여성의 대두는 그만큼 압도적이다. 또 한 가지: 몰락해가는 계층은 언제나 그렇듯이 아름답다.

2.19

박영한의 『왕릉 일가』(민음사, 1988)는 재미있는 소설이다. 해학과 씁쓸함이 교묘하게 배합되어 있는 소설인데, 특히 아버지와 큰딸의 성격 묘사가 탁월하다. 오랜만에 재미있는 소설을 읽은 느낌이다.

2.20

사람은 두 번 죽는다. 한 번은 육체적으로, 또 한 번은 타인의 기억 속에서 사라짐으로써 정신적으로 죽는다. 그 죽음관은 프루스트가 정석화했고, 바르트가 그의 사진론에서 다시 환기시킨 죽음관인데, 그것을 그르니에의 에세를 읽다가 다시 읽게 되었다. 그의 글을 왜 좋아하는 척하는 것일까? 깊이도 고통도 없는 글들을.

2.21

『문예중앙』의 좌담회에 나가는 길에, 호암 갤러리에서 열리고 있는 권진규 회고전을 보았다. 말의 두상이나, 추상적 조형은 외국의 것을 본뜬 것 같다는 느낌을 주었으나, 인물들은 고귀한 기품을 가진,

서구적 입체감과 동양적 정밀감을 동시에 지닌 특이한 모습들이었다. 어려운 시기에 삶을 영위해나갔음에도 불구하고 고통에 대한 표현(절규……)이 전혀 보이지 않는 것이 특이했다. 거기에 비하면 이중섭은 얼마나 엄살꾼 같아 보이는지.『계간 미술』의 이달희 씨의 말: i) "13년 만에 작업실을 뜯었는데요, 많이 상하긴 했어도 보존 상태는 괜찮은 편이에요. 목매달아 죽은 사슴도 그대로 있던데요"; ii) "지금의 작가들은 와서 보고 놀라요. 자신은 자신이 있었던 모양이에요"; iii) "많이 없어졌지만, 그래도 작품들이 많이 남아 있는 셈이지요." 목각 부처와 화강암(?) 조각 같은 것은 볼만하였다.

2.24

시 월평 2:

짧은 시들이 늘어나고 있다. 짧은 시들이 늘어나고 있다는 사실 자체는 바람직한 것도 아니고, 타기할 만한 것도 아니다. 그것은 의미 있는 한 문학적 현상일 따름이다. 그 현상의 의미를 지금 뚜렷하게 찾아내기는 쉽지 않지만 그것이 긴 시에 대한 반발 중의 하나라는 것은 분명하다. 한국에서의 긴 시는 대개 세 갈래로 나뉠 수가 있다. 하나는 신동엽·김지하·고은·신경림 등이 즐겨 쓰는 긴 이야기시이며, 그 둘은 김춘수·황동규·이성부·조태일 등이 그 본을 보인 연작시이며, 그 셋은 최하림·이성부에게서 그 절정에 다다른 바 있는 신춘문예용 긴 시다. 그 세 갈래의 긴 시들은 독자적으로, 혹은 서로 삼투하면서 오래 기억될 만한 좋은 시들을 낳았지만 동시에 너무 상투화되어 읽기에 지겨운 시들도 많이 낳았다.

최근에 발표되고 있는 짧은 시들은 우선 그 긴 시들의 상투성에 저항하여 새로운 시적 공간을 만드는 데 몰두하고 있는 듯이 보인다. 그 짧은 시들의 양은 놀랄 만큼 많은데 평자의 관심을 끈 것은 김용택·이성복·정호승(『문학사상』, 2월호), 권혁진(『현대문학』, 2월호) 등의 시들이다. 짧은 시들의 특색은 김용택·권혁진의 그것처럼 압축된 묘사일 수도 있으며, 이성복·정호승의 그것처럼 절제된 감정일 수도 있다. 그것을 가능케 하는 시적 원리는 감춤이다. 감정을 있는 그대로 쏟아놓기보다 가능한 한 절제하여 숨겨보겠다는 것이 그 시들을 지배하고 있는 원리다. 그 원리는 고전주의로 가는 지름길의 원리이기도 한데 그렇다면 80년대를 특징지은 낭만주의적 감정 토로가 이제는 끝나가는 것은 아닌가 하는 질문을 안 던질 수 없다. 그 물음이 물어볼 만한 질문이라는 것은 김용택의 「흉년」, 이성복의 「편지」, 정호승의 「꽃으로 태어나서」, 권혁진의 「진주」를 읽어보면 알 수 있다.

시집으로 평자의 관심을 끈 것은 최하림의 『겨울 깊은 물소리』(열음사), 천양희의 『사람 그리운 도시』(나남)다. 최하림은 그 시집의 말미에 실린 시론에서 시가 "나와 당신을, 고향을 맑고 따뜻한 감정으로 비추고 감싸줄 수 있는 것은" 사랑으로서의 말 때문이라고 말함으로써 그의 진보적 역사 속에 사랑이라는 정념을 끼워 넣어 증오와 폭력을 감싸려 하고 있다. 그 변모의 결과가 어떠한지를 그 시집은 되묻고 있다. 천양희의 시집은 과거라는 따뜻한 공간의 상실이 야기하는 심적 고통을 잔인할 만큼 가학적으로 드러내고 있다. 과거를 상실한 시인에게는 미래도 따뜻하게 열리지 않는다. 있는 것은 고통스러운 현실뿐이며, 거기에서의 탈출은 불가능하다.

2.27

김병익 군이 읽어보라고 준 고리키의 『어린 시절』『세상 속으로』 『나의 편력』(이론과실천, 1988)을 읽었다. 완만하고 지루하고 재미 있다. 완만하다는 것은 이야기의 흐름이 느리다는 뜻이고―도시에 서의 삶은 얼마나 바쁜 삶인지―, 지루하다는 것은 기발한 삽화들 이 드물다는 뜻이고, 재미있다는 것은 그럼에도 감동적이다는 뜻이 다. 19, 20세기의 대가들의 대부분 작품들이 그러하듯, 이 소설들 역시 도시 생활자의 바쁨이 거의 없는 느린 삶들을 묘사하고 있다. 그러나 그 느린 삶 속에 각성이 있다. 그래서 제일 재미있는 부분은 역시 3부이다. 나 같은 책상물림은, 언제나, 누가 무엇을 어떻게 읽 었나에 관심이 쏠린다. 그는 스코트를 좋아하고, 발자크를 올바른 작가로 판정했으나, 플로베르를 좋아하지 않았거나 이해하지 못하 였다……

러시아의 옛말 하나: "생각이란 벼룩새끼들 같아서 헤아릴 수가 없다"[2: 266].

2.28

데이비드 호이의 『해석학과 문학비평』(문지, 1988)은 좋은 책이다. 호이는 가다머의 입장을 비판적으로 수용함으로써, 역사성(수용·영향)의 중요성을 강조하고 있다. 텍스트의 의미가 단일하고 확실한 것이라는 실증주의의 제안에 대한 비판으로서, 그의 이론은 깊이 있게 음미될 가치가 있다. 바르트와 데리다에 대한 해설은, 가다머와 하이데거의 그것에 비해 개괄적이고, 깊이가 없다. 프랑스 문화에 대한 이해가 독일 문화에 대한 그것보다 얇기 때문일 것이다. 리쾨르에 대한 설명도 논문 한 편으로 시종하고 있는데, 그것도 같은 맥락에서 이해해야 할 성질의 것이다. 번역은 잘된 번역인데, 오역이 몇 개 있다. 예: 'un objet écrit'를 '쓰기의 대상'으로 옮긴 것 → '글로 씌어진 대상'이 옳은 번역이다[121].

3.3

서정성의 큰 특색 중의 하나: 역사적·현실적 외피 밑에서 본질적이고 보편적인 인간적 정감을 발견할 수 있다고 믿고, 아니 차라리 인간적 정감을 직관적으로 '느끼는' 모든 행위는 서정적이다.

3.5

『정지용 전집 1, 2』(민음사, 1988)를 띄엄띄엄 읽다. 역시 뛰어난 시인이라는 느낌이 안 드는 것은 아니나, 풍습과 정조가 다른 곳에서 생활한 시인이라는 느낌을 지울 수가 없다. 겨우 50년 가까운 거리밖에 갖고 있지 않은 그의 시들이 어떤 때는 낡았다는 느낌을 주는 것은, 백석의 시가 현대적이라는 느낌을 주는 것과는 달리 이상스럽다. 감각도 낡게 마련이다. 사라진 정조는 낡은 감각보다 훨씬 더 감정에 호소한다. 시에 대한 정지용의 생각은 그의 「시선 후」에 잘 나타나 있다: i) "시의 태반은 아무리 생각하여도 쾌활보다는 비애인 것 같다"[2: 283]. 시인은 비애의 장인이다. "등을 서로 대고 돌아앉아 눈물 없이 울고 싶은 리리스트"[2: 282] 같은 어구들; ii) "문학인이 추구할 바는 정신이 된 사상성에 있다"(2: 282). 지향하고 수련하는 바가 순수하고 열렬하면, 몸짓까지도 표일하게 된다, 글을 보면 사람까지 보고 싶어진다 따위의 어구들; iii) "민요에 떨어지기 쉬울 시가 시의 지위에서 전락되지 않았다"(2: 284)는 목월 시에 대한 지적은 시란 민요보다 콤퍼지션—구성이라고 옮길 수 있을까?—이 필요하다는 지적이다. 시는 민요적 수사에서 벗어나야 한다(2: 290)는 지적. 산문으로 재미있는 것은 그의 여행기다. 여유 있고 방일하고 자존의 극치이다. 그때는 기생들과 그렇게 놀았구나, 하는 느낌이 드는 대목들.

끝까지 머리에 남는 말 둘: i) "나는 원래 모진 소리를 잘하는 사람이니까"(2: 295)—정말 모질다; ii) "비뚤어진 것은 비뚤어진 대로 그저 있지 않고 소동한다"(2: 246)—그가 느낌표를 뺀 것이 아쉽다. 아니 그답다.

3.8

정지영이 번역한 뒤가르의 『티보가의 사람들』 2부 「감화원」을 읽다가 푸코의 전방위 관찰과 잘 맞아떨어지는 한 장면을 보게 되었다. 뒤가르가 묘사한 그 대목은 감금—감시의 한 원형 같다. 감시하는 대신 감시받는 기묘한 위치:

> 삼층은 기숙사였다. 기숙사는 두 종류였다. 대부분의 방에는 십여 개의 침대가 한 줄로 놓여 있었고, 회색 이불이 덮여 있었다. 방 한가운데에 가는 철책이 둘러쳐진 '쇠로 된 새장 같은 것'만 없었다면, 침

대마다 정리용 나무 상자가 달려 있는 모습하며가 군 병영과 비슷했을 것이다.

"저기다 아이들을 가둡니까?" 앙트완〔자크의 형: 인용자〕이 물어보았다.

펨므〔원장: 인용자〕 씨는 놀랍고 어이없다는 듯이 두 팔을 들고는 웃음을 터뜨렸다.

"천만에요. 저기에서는 감시원이 잔답니다. 보세요, 사방 거리가 똑같은 '가운데' 지점에 침대를 놓지요. 그러면 모든 걸 다 볼 수 있고 들을 수 있지만 위험은 없거든요." 〔1: 132〕

뒤가르의 상상력이나, 푸코의 복원력이나 놀랍기는 놀랍다. 가운데서 "모든 걸 다 보고 들을 수" 있게 감시소를 무의식중에 만드는 감시자들…… 그 감시자들은 그러나 새장에 갇혀 있다. 과연 누가 누구를 감시하는 것일까!

3.12

어제는 이인성이 재미있게 꾸며졌다고 해서 정명교·성민엽·홍정선·최수철 등과 함께 황지우의 시들을 연극으로 만든 「새들도 세상을 뜨는구나」(연우무대: 88. 2. 9~)를 보러 갔다. 혜화동 로터리에서 삼선교 쪽으로 조금 올라가는 길에 연우무대가 있었다. 무대는 재미있었으나, 지나치게 삽화적이어서, 깊은 감동을 주진 않았다. 실컷 웃고 온 셈이다. 배우들은 젊고 아마추어 같았으며 신선한 맛은 있었다. 김춘수/김지하를 대립시킨 듯한 삽화, 광주 사태를 암시하는 삽화, 변소 삽화 같은 것은 재미있었다. 나오면서 보니 「버라이어티 쇼: 새들도 세상을 뜨는구나」라고 되어 있다. 그것이 훨씬 올바른 것 같았다. 그것은 쇼지 극은 아니다. 주인석의 대본은 황지우의 시를 자기식으로——현실 비판시로 이해한 뒤에 씌어진 것이어서 그 나름으로는 수긍할 만했으나, 황지우의 서정성·절망보다는 경쾌한 풍자가 지나치게 앞으로 나온 해석이었다. 김석만의 연출은 뛰어난 연출이다. 검은 옷, 간략한 무대, 빠른 전환…… 다 사줄 만했다. 끝난 뒤에 그들과 맥주 10병을 마셨다.

——극판은 공식 무대에선 외국 번역물이 판을 치고 소극장에선 반체제 쪽이 판을 치는 이중 구조이지요.

——시연을 할 때, 이인성·황지우가 있었는데, 황지우는 기운이 쑥 빠진다고 하더군요.

——여기는 초토입니다를 낮게 낭송하니까 살더라고 그러던데요. 끝머디가 금 비신한 섯 산아요. 헌게청의 대시도 좋고 그렇시만 그 장면만으로 극이 끝나는 것이 확실치 않거든요. 그 앞에 짧은 삽화를 하나 더 넣고 끝이라는 것을 암시해주면 좋을 텐데.

——관객평들을 받는대요, 현실 개조 쪽으로 나가지 않는다고 하는 비평이 많아요.

——데모하는 것과 데모라는 것을 보여주는 것이 다 의미가 있는 것일 텐데요(이런 짓을 왜 해!라는 자각 위에 세워져 있지 않은 행위는 동물적인 것이지 인간적인 것은 아니지요).

——보도본부 삽화에 쓰인 촌극들은 학교에서 얻은 것들이죠(운동권 문화가 한국 문화에 끼친 두 가지 영향: 하나는 금기를 깨나가는 것이 문화 활동이라는 것, 또 하나는 배부르게 사는 것과 다른 삶이 있

다는 것을 보여준 것이라는 이동렬과의 대화가 생각난다).

성민엽 편의 『사상 해방 운동』(실천문학사, 1988)은 매우 흥미 있는 책이다. 80년대의 중국 대륙에서의 사상(문학) 논쟁을 다루고 있는 책인데, 논쟁문들이 그대로 실려 있어 중국에서의 문학 연구의 수준을 짐작할 수 있다. 그 책에 의하면, 논쟁의 주제는 소외이다. 몽롱시—현대 난해시 논의나 모더니즘 논의도 그것의 변주라 할 수 있다. 사회주의 국가에도 소외가 있다는 현실 분석적·체제 비판적 태도의 대립을, 새로운 것에 대한 취향, 외국 사조에 대한 반응을 일정하게 규정하고 있다. 흥미로운 것은, 모든 논의의 근거와 판단은 마르크스-엥겔스 저작에서 나온다는 데 있다. 중세의 교회만큼이나 공산당은 권위가 있다. 그다음, 의외로 서구의 문학적 흐름에 중국 문학인들이 민감하다는 점이다. 롤랑 바르트, 골드만의 이름까지 나올 정도이면, 알 것은 아는데, 체제의 압력 때문에 모르는 척할 뿐이라는 추측이 가능하다. 그 역의 정황이 한국의 정황이 아닐까, 하는 생각이 든다.

3.13

오랜만에 만난 주섭일의 말: "극좌의 존재는, 재산 보호에 혈안이 된 중산층의 위기의식을 자극하여, 중산층을 파시즘으로 몰고 가는 중요한 요인이에요." 12·16에서의 중산층의 반란은, 주식이라는 재산을 지키기 위한 중산층의 위기의식일까? 중산층의 위기의식을 자극한 것은 무엇일까? 김대중의 온건한 급진주의? 아아, 무서운 중산층!

3.14

『문학과 실천』 창간호(글방)에 실린 염무웅의 강연 초록 「민중문학의 과도기와 전망」은 그가 4·19 세대임을 여실히 보여준다. 그는 i) 80년대의 이론은 요란하나 거기에 상응하는 작품은 없다; ii) 80년대 비평은 선험적 비평 — 흔히 재단 비평이라고 부르는 것을 지칭하리라 — 에 가까워, 작품을 정확하게 읽고, 그 작품에 대한 정밀한 분석과 애정 어린 비판(18)이 없다; iii) 지나치게 사회과학적이다; iv) 전문적인 작가의 자리와 몫은 충분히 인정되어야 한다; v) "우리 시대에 있어서 최고의 진실, 최고의 진실을 담을 만한 최고의 세계관"은 민중 속에서 나올 것이라고 주장하고 있는데, 비평/작품의 관계, 지나친 사회과학 용어에 대한 본능적 저항, 전문 작가에 대한 애정은 4·19 세대의 문학관의 요체이기도 하다. 그가 그를 비판한 비평가들의 논지와 똑같은 논리틀로 후배들을 비판하고 있는 것은 흥미 있는 해석적 원(!)이다.

3.18

똑같은 현상의 아주 다른 표현들: 여당 내의 진통·난산은 미묘한 역학 관계로 표현되고, 야당 내의 싸움은 분열·홍작·상호 비방…… 등으로 표현된다. 하나는 없는 싸움으로, 또 하나는 과열된 싸움으로 이해된다. 오, 말의 양날이여!

이시영의 『길은 멀다 친구여』(실천문학사, 1988)는 그 이전에 나온 시집에서 보여준 세계의 노숙한 재현이다. 불우하였으나 돌이켜 보면 그리운 과거(고통스러운 과거도 회상하면 그립다는 주제는 "막상 나오고 보면 저는 저 안이 '그리워'져요"라는 「구치소 앞에서」(110)에 명확히 드러나 있다)와 독재에 대한 증오와 통일에 대한 희망이 버무려 있는 싸움터에서의 우정, 그리고 불행한 사람들의 이야기…… 등으로 새 시집 역시 가득 차 있다. 시인 자신은 긴장과 변화를 주려고 애를 쓰고 있으나, 여전히, 그의 좋은 시들은, 과거를 그립게 보는 회상시들과 불행한 사람들을 연민 어린 시선으로 바라보고 있는 연민시, 다시 말해 이야기가 있는 시들이다. 그의 단시들은 그의 상상력의 상투성이랄까 도식성을 지나치게 드러내고 있다. 차가운 겨울, 매서운 의지, 아이들에 대한 희망…… 그것이 그의 단시의 도식이다. 그 단시들의 "강한 힘줄의 산이 아기처럼 풀린"(16) 시들이 그의 이야기 시들이다. 나이 든 사람의 달관과 너그러움과 남을 깨우쳐주려는 따뜻함이 거기에는 있다.

　우선, 차가움((8); '쓰라린' 갈매기(9); 눈보라 칼바람——더욱 큰 시련의 계절——두꺼웠던 얼음(12); 시린 등(13); '스산한' 어느 여름날 저녁(16, 17, 18, 20, 28); '참혹한' 싸움의 자리(40); '시린' 마음(48, 51); '으스스' 몸을 떠는 새(56); '아득한' 밤하늘(66); '얼어붙은' 형제(62); '쭈그러진' 등(91); '캄캄한' 마을(117)): 차가움은 쓰라림·시림·스산함·참혹함·으스스함·아득함·얼어붙음·쭈그러짐·캄캄함과 동가이다.

　다음, 아이들('젊은' 섬(10); 뜨거움/아침, 태어나지 않은 아이들(11); 봄, 새벽 아기의 건강한 울음소리(28); 어린 새순(31); 아기의 산

〔32〕; 한반도의 아기〔36〕; 젊은 산 — 은빛으로 빛나는 산〔40〕; 발그레한 새 얼굴들〔91, 119, 120〕; 밝은 달, 애기 돌부처〔126, 130, 131〕): 아이들은 밝은 달, 은빛 산, 아침 등의 이미지들과 연결되어 따스함·밝음의 가치를 갖고 있다. 아이들이 태양과 연계되지 않는 것이 그의 시의 특색이다.

다음, 매서운 의지(얼음장 같은 날개〔14〕; 솟아오르는 험산〔16〕; 우리의 새빛〔17〕; 엄연한 나무〔20〕; 활시위〔22〕; 고난의 꽃〔29〕; 뜨겁고 진지한 발자국〔47〕; 매서운 새〔57〕; 날선 칼〔80〕; '맑은 물무늬의 칼날 같은 파닥임'〔85〕): 매서운 의지는 여러 이미지들과 연결되어 있지만 제일 강렬하며 제일 도식적인 것이 "칼날 같은 파닥임"이다.

한 가지 흥미 있는 지적: 그가 고은을 그의 스승이라고 공공연히 지칭하고 있다. 이 시집에는 고은에 대한 시가 3편 나오는데(「안성 2백리」「답일 초선사혜음」「갈」이 그것이며, 「법」도 그의 영향 아래 있는 시이다), 그 경사가 급하고 깊다. 그를 직접 스승이라고 부르고 있는 시는 「갈」인데, 스승을 때려눕히려는 선적 일탈보다는 스승의 선적 일탈에 감동하는 마음이 더 진하다. 그의 고은 경사는, 아마도 김지하를 지칭하는 것으로 보이는 「남쪽 시인의 시」에서 김지하를 친구로 부르고 있는 것과 비교할 때 놀랄 만하다. 김지하와 나이 차 때문일까, 김지하의 생명 중시 사상이 선적 일탈보다 덜 충격적이기 때문일까.

여하튼…… 이시영의 새 시집이 큰 변화를 보여주지 않는다는 사실이 우선 주목할 만하다. 갈수록 그 속의 회한·추억이 그를 사로잡아 그를 감싸리라, 누에처럼.

황지우의 시를 희극화한 연우무대는 뭔가 껄끄러운 것을 남겨주었었는데, 그것이 뭔가 생각하나가 바흐진의 라블레론을 보고 거기에 대한 해답을 찾았다: 거기에는 웃는 자, 그것을 만들고 웃는 자에 대한 풍자가 결여되어 있다. 다시 말해 풍자하는 자는 면책이 되어 있다. 그러나 이 타락한 세계에서 면책 특권이 있는 자가 어디 있을까!

3.23

마누라에게 쫓겨나 갈 곳이 마땅찮아 임권택의 「아다다」(다모아 극장)를 보러 갔다. 화면은 아름다웠으나, 영화는 생각보다 좋지 않았다. 임권택이 지쳐 있다는 느낌이 들었고, 손끝 재주 하나로 영화를 만들고 있는 것이나 아닌가 하는 의심이 들었다. 「만다라」의 절제도 없고, 「짝코」의 절규도 없다. 있는 것은 아름다운 화면—서방이 집 나가는 날 밤/새벽의 눈발은 얼마나 인공적인지! 그 화면만은 지워버리고 싶다—과 외국 사람들의 눈요기용의 민속(결혼식·옷벗기기·점치기……), 그리고 모든 사람들의 눈요기인 정사 장면(정사 장면을 찍는 그의 솜씨는 과연 프로답다. 하나 무엇 때문에 필요한 정사인지!) 말이다. 너무 많은 영화를 만드는 것이 아닌가 하는 느낌이 든다. 몇 년에 한 편 정도 만드는 정성이어야 하는데, 그는 너무 바쁘다. 영화 찍는 데 바쁜 것이 아니라, 돈 버는 데 바쁜 것 같다.

　사족: 그의 영화에는 가족에게 버림받아 방황하는 인물에 대한 편향이 은연중에 배어나온다. 왜?

3.27

'숨은 벽'에서 만난 한 노인과 김치수와의 대화:

— 그쪽엔 길이 없는데요. 이쪽으로 가셔야 해요.

— 아, 예. 그 길은 25년 전에 내가 낸 길이에요.

— !

노인도 지긴 싫은가 보다. 기어이 한마디 하고 길 없는 쪽으로 내려간다. 노인이 내려간 뒤에, 치수를 보고 낄낄댔더니, 대번에 졌지, 뭐 하는 그의 대범함이 항상 나를 놀라게 한다.

3.29

어제 술을 마셨더니 온몸이 이상하게 부은 느낌이다. 손이 버석버석하고 붉은 반점이 배꼽 왼편에 돋았다. 가렵다. 침이 마른다. 잠을 잔다. 깨난다. 나는 황석영의 『무기의 그늘(하)』(형성사, 1988)을 천천히 읽기 시작한다. 상권의 충격이 아직까지 남아 있었지만, 하권은 그리 재미있어 보이지 않는다. 미국의 암시장 조작이 상권만큼 강렬하게 드러나 있지 않아서인 것이다. 그러나 하권에는 황석영의 중요한 전언이 하나 나와 있다. 그것은

> 이제 와서 생각해보면, 사랑과 혁명은 같은 길입니다. 〔162〕

라는 전언이다. 그 전언의 진정한 뜻은

> 마음속 깊이 축복해주시오. 그러면 됩니다. 그 뒤에는 그들에게서

태어날 아기들에게 자랑스러운 조국을 물려주겠다고 다짐하고 작전에 나가는 거요. 이것이 바로 내가 전에 말했던 사랑과 혁명이 같은 길이라는 뜻입니다. (280)

에 설명되어 있다. 다시 설명하자면 "그들을 축복하고 그들이 낳을 아기에게 훌륭한 조국을 준비해주는 것"(281)이 사랑과 혁명의 하나됨을 보여주는 길이다. 그러나 진짜 하나됨은 "소안에게 내 뜻을 올바로 전하고 나와 같은 길을 가도록 만들어야"(281) 되는 게 아니었을까?

기형도의 「죽은 구름」 「추억에 대한 경멸」(『문예중앙』, 1988년 봄호)은 읽을 만하다. 그의 시의 특색은 바흐친이 그로테스크한 리얼리즘이라고 부른 수법에 있는 것처럼 보인다. 혼자서 일상적 행복과 절연된 채, 구름처럼, 혹은 고양이와 함께 사는 나이 든 사내의 지친 모습을 냉정하게, 사진 설명하듯 묘사하고 있는 시인의 시선은 그로테스크하다. 그 시선은 이 세계는 빈집이며, 사람은 그 빈집의 창에 머무르는 구름 같은 것이며 나는 내 속의 추억 덩어리에 지나지 않는다는 보들레르적 인식에 침윤되어 있다. 이하석과 닮아 있지만, 이하석이 보여주는 중산층의 거짓 행복마저 그의 시에는 없다. 그래서 더 절망적으로 보인다.

3.30

르네 샤르가 죽었다. 이제 대가들의 시대는 막을 내리는가 보다.

『르 몽드』 2월 21~22일자가 르네 샤르의 특집호를 내고 있는데, 언제 죽었는지 날짜가 안 밝혀져 있다. 한 일주일 전에, 그의 장례식에 너무 많은 사람이 몰려 간소한 식을 올리려는 가족들과 마찰이 있었다는 기사를 읽은 적이 있는데, 특집 기사를 보니 그의 기념관 개관 2년간에도 말썽이 그치지 않았나 보다. 사람이 괴팍했는지.

『르 몽드』에 실린 그의 아포리즘 중에서 기억에 남는 것 두 개:

  i. Le fruit est aveugle, c'est l'arbre qui voit (과일은 맹목이다. 보는 것은 나무이다).

  ii. Le poème est l'amour realisé du desir demeuré desir (시는 욕망으로 남아 있는 욕망의 실현된 사랑이다).

3.31

시 월평 3:

고은의 「귀국」(『문학과사회』 창간호), 「먼데」(『한국문학』 3월호), 신경림의 「홍천강」(『창작과비평』 59호), 황동규의 「브롱스 가는 길」(『현대문학』 3월호), 오규원의 「공룡」(『문학과사회』 창간호)은 이 네 시인이 자신들의 시적 방법을 확실하게 정립하였음을 웅변적으로 보여준다. 그들의 방법론이 어느 정도 확실한가 하면 그들이 이제는 자기 모방을 하고 있는 것이나 아닌지 의심이 들 정도다. 고은은 초월주의를 내적 정서로 간직한 채 현실주의자의 역할을 계속 떠맡고 있으며, 신경림은 풍속, 정경 묘사를 통해 분단 한국의 준식민지적 상황을 회의 없이 드러내고 있다. 황동규는 여행, 책읽기, 세상 읽기, 자기 읽기를 지적인 언어로 하나의 그물 안에 모으려 애를 쓰고 있고, 오규원은 삽짓 조작을 통해 한국 사회의 정치·경제적 정황을 비판적으로 야유하고 있다. 그러나 그들의 시가 근거하고 있는 것이 개인주의적 정서라는 것을 이해하기는 쉽지 않다. 물론 그 개인주의적 정서는 시적 약점도 아니며 시적 장점도 아니다. 다만 성찰의 대상일 따름이다. 나는 그들의 정서에 긍정적이다.

그들의 시들 외에 재미있게 읽은 시는 윤중호의 「수산시장에서」(『문학과사회』 창간호), 황인숙의 「죽음 위의 산책」(『문학과비평』 봄호)이다. 오랜 행상 때문에 신경통이 팔다리에 밴 어머니에게 굴비나 사드리려고 수산시장에 간 시인은 굴비 두름에서 굴비보다 싸게 엮여 들어간 친구를 떠올리고, 굴비장수의 "살 것인가, 안 살 것인가"는 질문에 "살아야 한다"고 대답한다. 상거래에서 쓰이는 '사다'라는 말은 삶의 차원으로 비약하여 '산다'라는 말이 되는데, 그 비약에는 전혀 무리가 없다. 그 물음을 묻는 아주머니의 삶과도 그것은 연계되어 있으며, 시인의 어머니와도 연결되어 있기 때문이다. 황인숙은 초겨울에 이파리 하나 남지 않은 은행나무 아래에서 죽은 고양이를 본다. 바람은 불어오고, 발은 얼어와, 바라다본 시간은 길지 않으나, 고양이의 죽음이 환기시킨 유한성의 경험은 그녀를 깜짝 놀라게 한다. 그녀는 죽음에서 도피하여 초월을 꿈꾸는 대신 죽음이란 그냥 난처한 것일 따름이라고 생각한다. 죽음처럼 확실한 실존 범주도 없으면서 그처럼 피상적으로 느끼는 범주도 없다. 그녀의 산책이 절망적인 둔주로 바뀔 수 있을까?

4.3

『장자』를 다시 읽다가 전에 못 본 구절을 찾아냈다: "석자 십일병출 만물개조〔옛날 열 개의 태양이 한꺼번에 나타나 만물을 죄다 비쳐줬습니다〕"(『장자』, 「제물편」, 국역 1(113)). 주석을 보니 요 임금 때 열 개의 태양이 떴으므로 요 임금은 활의 명수인 예를 시켜 아홉 개의 태양을 떨어뜨렸다 한다. 이 대목은 제주도 신화와의 유사성이 돋보인다. 왜 아홉 개를 쐈을까?

4.8

김원우의 『세 자매 이야기』(문지, 1988)는 읽을 만하다. 그의 너스레가 적당한 힘을 발휘한다. 특히 「세 자매 이야기」는 채만식의 『인형의 집을 나와서』와 함께 여성 문제의 본질을 엿보게 하는 중요한 작품이다.

복거일의 『높은 땅 낮은 이야기』(문지, 1988)의 장점은 역시 절제다. 내용도 형식도 단아하게 절제되어 있는 이 소설은 그런 만큼 비현실적으로 여겨지기도 하지만, 60년대의 휴전선 묘사로는 한 수준을 이루고 있다. 오생근의 해설이 거의 모든 것을 설명하고 있는 것 같다.

복거일의 자신의 원천 중의 하나: 영어를 잘한다는 것. 『비명을 찾아서』나 『높은 땅 낮은 이야기』에서 주인공이 제일 환희를 느끼는 것은 어려운 영어책이나 영어 편지를 잘 읽고 쓸 때이다.

4.9

하근찬의 『화가 남궁 씨의 수염』(책세상, 1988)은 하근찬이 소설집답게 담담하고 단정하다. 격렬한 감정이나 경련적인 지적 체조, 과장된 사건 전개가 없고, 삽화들의 무난한 연결이, 줄거리에 필연성이 있는가 없는가를 문제 삼을 겨를이 없이, 독자들을 이끌어간다. 나이 든 사람의 담담함의 세계라 할까, 그런 것이지만, 그 나이 든 사람은 유교적 교양이 은은히 배어 있는 사람이다. 예술·문화의 의미를 알고, 예의의 좋은 점도 안다. 하기는 그런 사람들이 점점 줄어가고 있는 시대에 이 소설은 그런 사람들에 대해 말한다.

4.11

장자의 무용지용에 대한 퉁명스러운 반론: "그래 그렇게 오래 살아 뭐하자는 게요, 제기랄."

4.16

김만옥의 『계단과 날개』(책세상, 1988)는 신문에 알려진 대로 4·19 소설로 읽어야 될 소설이 아니라, 송자/송희 자매의 갈등의 이야기로 읽어야 할 소설이다. 4·19는 배경이지, 이 소설을 움직이고 있는 힘이 아니다. 주워온-아이/제대로-키운-아이의 대립은, 소설을-쓰고-싶은-아이/그냥-사는-아이의 대립이지만, 실제로 그냥 사는 아이는 자기를 삼인칭으로 감춘 소설을 쓴 김만옥의 변형이다. 위에서 뛰어내리는 송자의 이미지는 『구토』의 안니의 이미지와 비숫하다. 이 소설은 밋밋하게 재미없지만 송자라는 인간형은 아주 재미있다. 송자/송희의 대립에 대해서는 더 생각해볼 것.

재미있는 대목:

1. 송자의 말: "그날 그렇게 격렬히 몸부림치고 났더니 어떻게 되었건 마음은 후련했어요"(182). 아마도 4·19에 참여한 대부분의 대학생들의 심정이 그러했으리라.

2. "그는 그의 장래가 그의 과거와는 완연히 달라지기를 바랐고 그러기 위해서는 그의 동반자도 미지의 인물이기를 은연중 바라고 있었던 것이다. 특히 고시 합격자들이 금력이나 권력 있는 집안의 딸을 아내로 삼으려 하는 풍조와 같은 맥락은 아니었다. 그의 구질스러운 과거를 아는 사람이 그의 미래의 동반자가 되는 것을 은근히 거부하는 마음 때문이었다"(186). 그런 병준의 마음은 송희의 그것과 같다. 고생스러운 과거를 갖고 있는 자들은 다 그렇지 않을까?……

그리고 제목을 왜 '계단과 날개'라고 했는지 짐작이 안 간다.

4.17

태고사 쪽으로 내려가는 길은 처음 가보는 길이었지만, 흔한 시골길 그대로였고—진도의 이모집 너머의 산등성이길 같았다, 내 기억 속에서는—백운대를 새롭게 볼 수 있어 좋았다. 백운대·노적봉도 태고사 쪽에서 보니, 도봉산같이 뾰족뾰족하였고, 둔탁하기는커녕 날카로운 병사바위 같았다.

대남문 밑으로 오다가 만난 땅딸막한 부부의 대화 한 토막:

"여보 힘들지?"

"네, 이 벽 곧 무너지겠어요, 빨리 내려가요!"

다리가 후들거리면 산이 무너지는 것 같나 보다.

4.20

『장자』「대종사」에 나오는 "약부장천하어천하 이부득소둔 시항물지대정야〔만일 온 세상을 온 세상에 감춘다면 가져갈 데란 없게 된다. 이것이 바로 만물의 진리이다〕"라는 구절, 특히 천하를 천하에 숨긴다는 구절이야말로, 지인의 경지이며, 선가가 끝까지 추구하게 되는 이성을 드러내고 있는 것이 아닐까. 천하를 천하에 감춘다는 것이야말로 일상선의 요체이다.

4.25

시 월평 4:

이성복·황지우·김정환 등의 신인들이 활발하게 시를 발표하고, 거기에 상응하여 주목할 만한 문학적 활동을 펼쳐 시에 대한 관심을 불러일으키던 80년대 초에 비해, 요즈음에는 그만한 수준의 신인들이 나오고 있지 않는 것 같은 느낌을 준다. 그런 느낌은 상대적으로 소설 쪽이 활발하게 움직이고 있다는 현실에서 얻어지는 것일 수도 있고, 상당수의 신인들의 시적 수준이 일정하게 느껴지는 데서 얻어지는 것일 수도 있다. 그런 신인들 중에서 기형도의 「죽은 구름」(『문예중앙』, 1988년 봄호)은 돋보인다. 그의 시의 원리는 그로테스크 리얼리즘이라고 부를 수 있을, 실존의 덧없음을 그것을 표상해줄 수 있을 주변 묘사로 보여주는 것이다. 그것이 왜 리얼리즘인가 하면, 이 세계 밖의 어떤 것도 그가 상정하고 있지 않기 때문이며, 그것이 왜 그로테스크한가 하면 그가 묘사하는 것에 따르면 삶 자체가 죽음이기 때문이다. 그의 현실주의는 이하석의 그것과 혈연관계에 있지만, 이하석이 중산층의 성적 부패에 집착하는 것과 다르게, 기형도는 주검의 육체적 부패에 더 집착하고 있다. 그래서 이하석의 현실주의보다 그의 그것은 훨씬 더 절망적이고 기괴하다. 인간은 더러운 창을 스쳐 지나가는 미치광이 구름과도 같다. 그의 동반자는 고양이나 늙은 개뿐이다. 그의 그 전언은 끔찍스러운 전언이다. 하재봉의 「푸른 비」(『국시』 13호)도 읽을 만하지만, 그의 애매모호함 혹은 몽롱함에 대한 취향은 여전해, 매우 꼼꼼히 읽어야 그 재미를 느낄 수 있다. 그의 세계관은 한 번도 본 적이 없는 삶을 찾아다니는 낭만주의적 세계관인데, 그 낭만주의에는 세계를 바꿔보겠다는 열정이 사상되어 있어 병적이라 할 만하다.

 좋은 시집들이 많이 나오고 있다. 내가 재미있게 읽은 것은, 김영현 『겨울바다』(풀빛), 이시영 『길은 멀다 친구여』(실천문학사), 고은 『네 눈동자』(창비), 이윤택 『우리는 지금 제네바로 간다』(문학사상사), 김수복 『새를 기다리며』(민음사), 이문재 『내 젖은 구두 벗어 해에게 보여줄 때』(민음사), 박덕규 『꿈꾸는 보초』(흐케레) 등이다. 그 시집 중에서도, 눈물 어린 추억의 세계와 우리에 갇힌 짐승의 세계를 갈등으로써가 아니라 긴장으로써 조화시키려고 애를 쓴 김영현의 시들과, 시에 만화라는 새 요소를 도입하려 한 박덕규의 시들은 주목할 만하다. 이시영·고은·이윤택 등이 자기 세계를 더 세련되게 보여주려고 애를 쓰고 있는 동안, 김영현은 짐승들의 세계가 가날픔을 받아들일 수 있는가 없는가를 검증하고 있고, 박덕규는 진지하고 순수한 시의 세계에 웃음이라는 비순수의 요소를 끌어넣으려고 애를 쓰고 있다. 나는 시와 만화가 결합될 수도 있으리라고 믿고 있지만, 그 경우에, 그 누구의 시가 그 누구의 만화와 다 결합될 수 있다고는 믿지 않는다. 다른 매체를 사용하되, 같이 사유하는 사람들끼리만이 잘 만날 수 있다.

4.30

김지하의 시적 성취의 여러 면모들:

1. 고난의 시학: "동강 나고 도막 나고 부러지고 갈라지고 찢어지고 해어지고 찌그러지고 비틀어지고 꼬부라지고 일그러진 이 민족, 이 땅, 이 민중, 이 자연 중생으로부터/그것도 남쪽 땅 바로 이곳에서부터/만국활계 만민태평 만생대동의 참생명이 나오신다 했으니……"(『남 1』〔14~15〕), "그중에도 동아시아는 가장 고통이 심한데도 오래되고, 크고 넓고 깊고 우렁차고 살아 있는 넋을 가져 도운이 잔뜩 무르익었는데 〔……〕 장차 큰 해탈, 큰 개벽이 이루어질 조짐이 터지게 무르익는 땅이 하나 있어 눈을 몇 번 비비고서 다시 한번 자세히 보니 그곳이 다름 아닌 한반도요 반도 중에 남조선이다"(『남 1』〔150〕). 억압이 있는 곳에, 도운이 깃들인다.

― "죽을 용기 있거든/그 용기로 아예 살지 뭘!"(『애린 1』〔126〕)

― 고난을 수락하면, 그것은 이미 고난이 아니다!

2. 살림의 시학: 죽임/살림의 대위법은 인위/자연의 대위법이다.

3. 까발림의 시학: 모든 인위적 죽임을 "까발린다": 정치적 문화적 까발림, 그리고 실존적 까발림. 자신이 주정뱅이 술꾼이 아닌가 하는 까발림(『애린 2』(30/31/32/35……]): 까발림은 풍자, 민중적 정서의 선택적 계승에 의해 성취될 수 있다. "시인이 민중과 만나는 길은 풍자와 민요 정신 계승의 길이다"(『타는 목마름으로』(155]). "무엇보다도 중요시해야 할 것은 〔……〕 그 열렬한 조국애와 그 날카로운 현실 의식과 그 피끓는 자유에의 열정에서 자기 자신의 혈통을 발견하는 일이며 〔……〕 투박한 민요 속에 흘러넘치는 고통받는 민중의 그 서러운 한과 역동적인 정서를 곧 자기 정서로 일치시키는 일이다"(『타는 목마름으로』(165]).

그 시학을 움직이는 기본 원리는 '활동하는 무'이며 그 무의 생명력이다. 활동하는 무란 실존주의적 용어로 인식될 가능성이 있는데, 그 실존주의적 인식 자체가 기반한 노장—선의 공 사상을 잘 성찰하면, 그것이 보다 더 근원적인 동양 정신의 소산이라는 것을 알 수 있다. 그것은 활동하는 허, 공이다. 그 허나 공이 인위 속에서는 무섭게 반발하고 저항한다. 자연스러운 상태가 되기 위해서이다.

내 육체가 처음 겪는 기이한 체험: 늙는다는 체험. 육체가 거기에 길들기까지는 얼마나 많은 시간이 걸릴 것인지.

5.4

김지하의 '살림'은 "중심적 전체로서 활동하는 무," "한울로서의 생명 활동"(193]을 강조하고 있다. 그의 생명 사상은 기 중심 사상이며, 기는 무 혹은 생명 그 자체이다. "커다랗고 텅 빈 기"는 "활동하는 무"이며 "중심적 진체"(109)이다. 활동히는 무는 '옮김'을 싫어하며, 옮겨질 경우 죽는다. 옮김(물)은 움직임이 아니라 분리에 가깝다(117). 분리는 가를 수 없는 것을 가른다는 점에서 '죽임'이다. 그러니까 옮김은 삶의 상태에서 죽음의 상태로의 옮김인데, 그것은 결과론적인 현상이고, 과정상으로는 나눔·찢김에 가까운 개념이다. 움직이는 무는 나뉘고 찢기면 죽는다, 그 생명력을 잃는다라고 읽어야 김지하의 생명 사상은 살아난다(이 점과 관련하여 장자의 혼돈 설화를 상기할 필요가 있다. 혼돈에 구멍이 뚫리자 그는 죽는다).

5.6

문지 시선에 자꾸 옥석이 뒤섞인다. 나이가 들어갈수록 더 꼬장꼬장해지는 것이 아니라 쉽게 양보하고 포기한다 — 고쳐야 할 관습이다.

문충성은 너무 많이 쓴다. 일정한 수준을 유지하고 있어 추한 느낌은 들지 않으나, 놀람을 주지도 않는다. 『낙법으로 보는 세상』(문학사상사, 1988)보다는 『떠나도 떠날 곳 없는 시대에』(문지)가 더 나아 보인다. 다시 말해 더 긴장되어 있다.

복거일의 『오장원의 가을』(문지)에 대해서는 "감상적 제스처와 다소 통속적인 지혜"가 주조를 이루고 있다는 성민엽의 지적은 지나치게 날카로운 것 같지만, 넉넉하게 한계를 지적하고 있다.

황인숙의 『새들은……』(문지)은 재미있다. 싱싱하다. 그 시적 원리는

> 내게 깨끗하게 날이 선 손도끼가 있다면
> (가혹하지만, 정말!)
> 내 목 바로 밑을
> 가볍게 찍어보고 싶어요 딱
> 한 번만 〔98〕

이라는 시구에 나와 있듯, 깊이 절망하거나 환희를 느끼지 못한 시적 자아가 세계를 고양이 다루듯 다루면서 날렵하고 가볍게 살아나가는, 그러면서 그 날렵함을 가혹함으로 느끼는 예민함이다. 그것을 뭐라 명명할 수 있을까? 정현종의 시에 비하면 덜 철학적이고, 황동규의 시에 비하면 덜 투명하다. 오규원에 가깝게 가 있지만, 그보다는 훨씬 직설적이고 분명하다…… 자기가 춤추면 모두 출 거라고 믿는 요정들의 세계랄까, 뭐랄까, 아직은 자세히 모르겠다.

　김초혜의 『어머니』(한국문학사, 1988)는 판매용이고, 김춘수의 『라틴 점묘 기타』(문학과비평사, 1988)는 그의 손솜씨의 넉넉함에도 불구하고 역겹다. 너무 잘난 척하고 있다〔51……〕. 그는 아는 것이 많고, 언제나 그가 옳다! 한 번쯤 틀릴 수 없나.

5.10

황인숙 시집의 어떤 면이 나를 충격했는지를 알기 위해서, 다시 그녀의 시집을 읽는다. 다시 읽고 확인한 것들:
　1. 그녀의 시의 리듬은 자연스럽다. 그 자연스러움은 그녀가 즐겨

듣는 듯한 미국 팝송의—격렬한 헤비메탈이 아니라 「졸업」의 주제가와 같은 부드러운 팝송의 자연스러운 하모니에서 온다.

2. 미국 팝송의 리듬이 그녀의 시에서 자연스럽게 살아나는 것은 그녀의 시가 독백의 구어체로 씌어질 때이다. 그때 말의 흐름은 자연스럽고, 순정하다. 자기의 욕망을 격렬하지 않게 드러낸다—그녀의 욕망은 "둥근, 가는 나뭇가지에 / 발가락을 걸고 매달리고 싶다"는 식의 욕망이다. 가볍지만, 관습—도덕의 무게나 허위 의식의 가면이 없다.

3. "[나는] 어두운 벌판에 홀로 남겠지"—"나는 꿈을 꾸리라 / 놓친 참새를 찾아 / 밝은 들판을 내닫는 일을"[15].

4. "난 분홍새를 보았고 / 그저 보았다고 말하는 거야 / 그저 그것뿐이야"[19].

5. 조금씩 하늘이 열리고 이 세상 것이 아닌 것들이 스며들어올 때 빠져나가야 한다. 이 세상 것이 아닌 마을은 이슬방울처럼 터진다[24].

6. "새로 태어나기 위해 / 우리가 하는 짓 / 별짓하는 동안만은 / 세상은 살 만한 곳?"[39].

7. 햇살이 노릇노릇 졸고 있는 산중턱 무덤가에는 무덤의 주인들이 깨어나 가늘게 가늘게 눈을 뜬다. 웬 새가 날아간다[47].

8. 나는 항구에서보다는 바다 한가운데서만 평화롭다[71].

9. 죽어서도 글을 쓰겠다[125].

그러니…… 꿈[3], 하늘로 빠져나가기[5], 새로 태어나기—별짓하기[6], 쉬지 않기[8], 글쓰기[9]는 홀로 있기, 권태[25], 죽음…… 에서 벗어나는 방도이다. 그녀의 별짓의 대표적인 것은 거꾸로 매달리기, 젖은 그림자 말리기[112], 사랑하기 등이다. "아아아아 너무 재미있어, 너무 재미있어"[36].

비역사적·비기원적·비자학적·비감각적·비생활적이지만, 그녀의 시는 재미있다. 말들이 풍요하고 싱싱하기 때문이다. 그녀의 별짓은 팅팅 튄다.

5.13

김혜순의 『어느 별의 지옥』(청하, 1988)은 죽음에 대한 강한 집착을 엿보게 한다. 그러나 그녀의 죽음을 보는 눈은 절실하거나 절망적인 것이 아니라, 해학적이고 기교적인 것에 가깝다. 그런 의미에서 이 시집에서 흥미 있는 것은 아이에 대한 사랑이 우회적으로 드러나 있는 "하늘 아래 새로운 것 없다더니"[67], "오후만 있던 일요일"[75] 같은 시들이다. 딸에 대한 사랑이, 삶을 윤회로 보고, 죽음을 받아들이게 하는 원리가 되고 있다고까지 말한다면 좀 지나친 말일까.

5.14

현길언의 『우리 시대의 열전』(문학과비평사, 1988)을 재미있게 읽었다. 현길언의 작품집으로서는 거의 처음이라고 할 수 있을 정도로 많은 생각을 하면서 읽었다. 소재상으로 보자면, 제주도에서의 삶이 대부분의 소설을 채우고 있으며, 4·3 사태의 흔적이 어떤 식으로든지 거기에 관여되어 있다. 이념적으로 보자면, 우익 희생자들에 대한 관심이 크며, 이념이 개혁 의지의 필연성에 인위적인 왜곡을 부가하였다고 보는 숭산층석 시각을 유시하고 있는데, 이 짐에 대해서는 성민엽의 해설이 돋보인다. 형식적으로 '전'에 대한 그의 해설도 타당해 보인다. 작품 자체로 보면 「무혼굿」이 제일 감동적이며, 현길언의 세계를 가장 명료하게 보여주고 있는 것 같다. 그의 세계관은

"사람들은 그 나름으로 운명이라는 것을 가지고 한스럽게도 그것을 이기려 애쓰며 살아가는 거지."(202)

라는 말 속에 압축되어 있다. 삶은 운명이지만, 그것을 극복하려 애를 쓰다 좌절한다라는 그 세계관을 뭐라 이름 붙일 수 있을지는 아직 잘 모르겠다. 그것이 무속과 관계된 것임은 분명하다. 그의 한 주인공에 의하면 그 좌절 때문에 한이 생기는 것이고, 이야기는 그 한풀이의 심오한 한 방법인데, 한이 많은 사람이 이야기를 해야 한풀이가 잘된다: "그 한을 푸는 일을 심방이 한다구. 그게 굿의 전부는 아니지만, 난 종종 그런 생각을 해. 그러기 위해서는 심방 자신이 한을, 정말 지울 수 없는 한을 지니고 있어야 하거든. 큰 심방일수록, 굿을 잘하는 심방일수록 더 크고 풀 수 없는 한을 갖고 있어야 하는 걸세"(204). 그러니까 예술가로서의 현길언의 세계관은

1. 삶은 운명이다;
2. 그것을 극복하려고 애쓰지만 좌절한다;
3. 좌절하는 이야기를 하면 한이 안 된다;
4. 이야기를 하는 사람이 큰 한이 있어야, 이야기가 잘된다

라는 것이 될 수 있겠다. 그것은 그가 한승원과 공유하고 있는 세계관이다. 그 세계관을 가진 예술가가 그리는 인물은 '깊이' 좌절하였으되 그것을 이기려 애를 쓰는 사람들이다. 그의 세계관을 단순히 중산층의 휴머니즘이라 부를 수 없겠고, 예술가의 해한 욕망이라고나 부를 수 있겠는데⋯⋯ 그러니 거기에서 그는 이청준과 만난다.

5.15

김치수를 만나면 항상 배운다. 오늘 배운 두 가지 것:

— 『소지』에 대한 서평 썼어?

— 못 썼어. 운동권 학생들의 글만 보다 보니까 글에 실감이 없어져서. 글이 아니라, 소리지 뭐. 그러니 글이 써지나.

— 안 될 때, 자는 거지 뭐.

— 더구나 소리만 큰 글들을 보면 야단을 치고 싶거든. 반동이라는 게 별거겠어. 그런 게 반동이지. 그건 안 좋은 거야. 그럴 땐 쉬어야지. (너무 큰 소리만 듣다 보면, 모든 게 소음 같아진다. 아름다운 글이나, 음악까지도! 섬세한 것은 없어지고, 아니 타기되고 버려진다.)

— 또 있어. 운동권 아이들 글 때문에, 사이비 일본말이 막 들어와. 뫼어지다, 일정 정도(— 어느 정도) 따위의 말들이 막 쓰이는 거야. 엉터리 번역 투 일본말은 앞으로 우리말에 아주 악영향을 끼칠 거야(일제 시대에 생긴 말들의 후유증도 아직 치유 못 한 판에⋯⋯).

5.19

김원일의 「깊은 골 큰 산」(『자가정신』, 1988)은 그리 재미있는 소설이 아니다. 정몽주의 죽음을 전면에 깔고, 차덕저의 삶을 뒤에 깐 그 소설은, 한국 역사소설의 상투적 모습을 '거의' 그대로 보여준다. 『풍도』와 같은 활달함도 없다. 담담하게 춘추필법으로 차라리 기록하든가, 아니면 현대 소설식으로 쓰든가 해야 할 소설이 역사 소설이 되어버렸다. 그 당시의 사상적 갈등이나, 경제사회적 갈등도 선명하게 드러나 있지 않다. 안타깝다.

5.25

시 월평 5:

발표되는 시들의 양은 엄청나게 많지만 씹어 먹을수록 구수한 잘 굳은 찹쌀떡 같은 시들은 많지 않다. 그것은 시집의 경우에도 마찬가지인데 그 이유에 대해서는 더 깊은 성찰이 필요할 것 같다. 유승우의 「폭포」(『진단시』 11집)와 김학응의 「바람에 묻는다 9, 10」(『한국문학』, 5월호)은 그러나 읽을 만하다. "젊은 죽음은 아름답다"는 유승우의 전언 자체는 단순하지만 아래로 떨어지는 물과 젊음과 주변 사물들의 젖음을 연결하는 방식은 단순하지만은 않다. 김학응은 오래된 토속어들에 새 힘을 부여하며 시적 대상을 능숙하게 재현하는데, 그렇게 해서 재현된 대상들은 대개 슬픔을 그 내적 움직임의 원리로 간직하고 있다. 그는 특이한 서정 시인이다.

시집으로 재미있게 읽은 것은 황인숙의 『새들은 하늘을 자유롭게 풀어놓고』(문지)와 김지하의 『이 가문날에 비구름』(동광)이다.

황인숙의 시는 가볍지만 싱싱하고 비장식적이지만 풍요롭다. 그녀의 시적 감각은 팝송 세대의 그것으로서, 흥얼거리듯 세계를 인지한다. 그녀가 처해 있는 정황은 어두운 들판에 혼자 있는 정황이며, 거기에서 벗어나는 길은 유별난 짓을 하는 것뿐이다. 그 유별난 짓들은 그녀에게도, 그리고 읽는 사람에게도 재미있으나 그 재미는 순간적이다. 그녀의 시는 정현종과 오규원의 영향 아래 이수익의 노래하는 시와 '자유시 동인들의 낭만적 도피의 시'의 좋은 점들을 융합, 새 길을 뚫고 있다. 김지하의 시는 대설 『남南』의 시적 조사를 이용하여 최제우의 일대기를 이야기-노래하고 있다. 그 방식은 김지하답게 호방하고 유장하다. 그의 최제우 일대기를 관통하고 있는 사상적 원리는 '살아 있는 무無'의 활동이다. 그 무는 '살아 있는 한울, 살아 있는 생명'이다. 그가 보기에 이곳은 인위적으로 죽여진 고난의 땅이지만 그 고난의 땅에는 살아 있는 무가 움직여 죽임을 살림으로 바꾼다. 그 무를 그는 "중심적 전체로서 활동하는 무"라고 부르고 있는데 그것이 고난의 땅의 모든 것-곳에서 움직이고 있다는 점에서 삶의 원리라고 할 수 있다. 그 무는 노장의 허虛, 선禪의 공空, 유학의 기氣에 가까운 개념이다. 그것은 허무가 아니다. 그 무는 옮김을 싫어한다. 그것을 옮기면 장자에 나오는 구멍이 뚫려 죽은 혼돈처럼 찢어지고 분리되어 죽는다. 무는 체험하는 것이지만, 그것을 말로 옮기면 죽는다. 죽이지 않고 그 무를 말로 표현해낼 수 있을까? 말이 끝나는 곳에 무가 있는 것이 아닐까? 움직이는 무로 살림의 윤리학을 정초하려는 김지하에게 주어지는 문학적 질문은 그것이다. 그 자신은 그 질문에 일종의 문체 혁명이라고 부를 수 있는 것, 가능한 한 끝없이 계속되는 복합적인 문장으로 대답하고 있다.

5.30

이휘영 선생의 친형인 이휘창에 대해 오천오 선생과 나눈 대화의 토막들:

―6·25 때는 내려와서 통역 일을 맡아 했어요.

―무슨 통역인가요?

―불어 통역이지.

―그분도 불어를 배웠나요? 어디서 배웠나요?

―아마 일본의 아테네 프랑세에서 배우지 않았을까? 대학 교육은 받은 것 같질 않고.

―그 뒤는 어찌 됐나요? 풍문으로는 올라갔다는 소문도 있던데요.

―두 가지 설이 있어요. 하나는 올라갔을 거라는 설이고, 또 하나는 미국에서 빼내갔으리라는 설이에요. 그 당시만 해도 다시 올라가는 게 그리 쉽진 않았어요. 미국 아이들이 무엇엔가 쓸모가 있어 데려갔을 가능성도 무시할 수 없었어요. 우리는 그쪽이 더 맞으리라고 보는데.

시간이 나면 그가 얼마만 한 분량의 소설을 썼는지 조사해보고 싶다. 그의 이름은 납북 문인 명단에도 나타나지 않는다. 그가 『단층』에만 소설을 발표한 것일까?

6.3

한창기 씨가 어느 날 갑자기 물었다. 건망증이 심하다를 옛날에는 어떻게 썼는지 아십니까? 옛날이래 봤자 일제 시대 얘기겠다. 모르겠는데요. 잊음이 많다예요. 동명사형을 그때는 지금보다 훨씬 많이 썼나 보다. 『이태준 전집』(깊은샘, 1988)을 쉬엄쉬엄 읽다 보니, 그 동명사형이 심심찮게 눈에 띈다.

    그 언제 보든지 술이 만취된 얼굴처럼 정력적인 사장이 들어와서 남순이가 있되 잠든 듯 조용한 그의 방으로 들어가는 것을 볼 때는 남순의 침실로나 '들어감'을 보듯 가슴이 철렁 내려앉았고 〔3: 82〕

와 같은 형태가 드물지 않다. 일제 시대 때는 많이 쓰인 동명사가 언제 사라졌다가 다시 요즘 문자에 나타나기 시작하는 것일까? 찾아보아야 할 사항.
    이태준 소설을 읽다 보면 어느 틈엔지 전설의 나라 속에 들어가 있는 느낌에 사로잡힌다. 그만큼 풍속이 달라졌다는 뜻이다.

6.18

최창학의 『긴 꿈속의 불』(한겨레, 1988)을 읽었지만, 깊은 감동을 받지 못했다. 끔찍스럽다는 느낌은 여전히 전해 받았는데도, 감동적이다라는 느낌은 들지 않는다. 왜 그런가 생각을 해보니, 광기란 어떤 사건의 결과이어야 소설적으로 그 의미가 깊게 드러나지, 어떤 것의 발단이면 그렇지 못한 것이 아닌가 하는 느낌이 든다. 광기는 그렇지 않으면 더 상징적이 되어, 「뻐꾸기 둥지 위로 날아가다」와 같은 세계가 되어야 하지 않을까? 그가 광기라는 말을 쓰지 않고…… 광기를 그려주기를 바라는 수밖에 없다.

6.25

시 월평 6:

　계간지들이 복간되면서 좋은 시들을 많이 읽을 수 있게 되었다. 일반 잡지에서 잘 다루지 않는 시인들의 시들이 한꺼번에 발표되고 있기 때문이기도 하지만, 잡지 편집인들의 비판적 시선을 의식하고 시를 쓰는 시인들이 많아졌기 때문이기도 하다. 좋은 잡지란 거기에 글을 쓰는 필자들로 하여금 잡지 편집인의 시선을 강렬하게 느끼게 하는 잡지다. 그 시선이 하나의 잡지를 '의사소통의 도구'로 만든다.

　계간지들에 실린 시들을 읽으면서 나는 시란 '외침'과 '이야기' 사이에 있는 장르라는 생각을 하게 되었다. 개인적인 감정의 외침이 한 극단이라면, 그 감정을 객관화시키기 위해 그 감정을 낳은 정황을 이야기하는 것이 또 다른 극단이다. 예를 들어 김지하의 「겨울 거울」(『창작과비평』)이 한 극단에 서 있고, 최두석의 「동두천 민들레」(『문학과사회』)가 한 극단에 서 있으며, 그 사이에 김정란의 「화장」(『문학과사회』), 정현종의 「자장가」(『외국문학』), 마종기의 「외로운 아들」(『문학과사회』), 이재무의 「괴잡기」(『외국문학』), 송기원의 「살붙이」 「숫처녀」(『창작과비평』) 같은 시들이 자리 잡고 있다. 그 시들 중의 어느 것만이 방법론적으로 옳고, 정감적으로 납득할 만하다고 주장할 수는 없고 그 시들은 다 저마다 제 값어치를 갖고 있다. 특이한 것은 김지하의 경우인데 그는 때로는 외침에, 때로는 이야기에 달라붙어, 그 두 극단을 동시에 실험하고 있다. 이야기를 하다 보면 감정이 북받쳐 외침을 향하고, 외치다 보면 주관성이 지나치게 강해져 감정에 의미를 주기 위해 이야기를 향한다. 그의 시인

됨은 그 어느 한 극단을 포기하거나, 그 두 극단의 중용을 자의적으로 만들어내지 않는 데 있다. 최두석·정현종·마종기의 세계는 그 이전의 세계와 크게 다르지 않다. 그들은 그들의 세계를 더 깊이 파고 있다. 김정란은 자의식의 과잉을 시적 주제로 삼고 있는데, 그 시들이 살아 있는 것은 "나는 화장하는 두부다"라든지 "나는 밥풀딱지같이 세계라는 밥그릇의 가두리에 붙어 있다"라는 이미지들 때문이다. 이재무는 유년 시절의 배고픔이라는 주제로 서너 편의 산문시를 발표하고 있는데, 그것이 백석의 영향 때문인지, 그의 시의 필연적 흐름 때문인지는 잘 알 수 없다. 송기원의 시는 창녀의 다 닳아빠진 삶 속에 서정적 새로움이 감춰져 있다는 놀라운 인식 위에 씌어진 것들인데, 늙은 창녀의 사설이 천하지 않고 구수하다. 그런 창녀를 만나면 하룻밤쯤 이야기로 지새워도 괜찮겠다. 닳아빠진 삶이란 얼마나 지쳐 나자빠진 삶인데, 거기서 서정성을 보다니!

7.8

욕망은 벗, 꽃처럼 타
오른다 아니다 욕망은
더러운 폐수처럼 끓어
오른다 부글거린다……

    *

욕망은 홍수에도 떠밀려가지 않는다
그것은 붙어 있다 아니다 그것은 그것이다
욕망은 사물이다 자연이다 날씨다

7.12

'폭력에서의 도피'라는 제목으로 쓰고 싶은 글: 아주 심한 폭력은, 육체의 자기방어 본능 때문에, 그 폭력과 관계된 상황에 대한 기억 상실증을 유발하기도 한다. 예: 김국태의 어떤 소설(6·25 때 강간당한 어머니에 대한 아이들의 기억상실증. 그 제목이 뭐더라?), 임철우의 「사산하는 여름」, 최윤의 데뷔작. 조금 더 작품을 모아볼 것.

7.17

타자의 철학: 공포는 동일자가 갑자기 타자가 되는 데서 생겨난다. 타자가 동일자가 될 때 사랑이 싹튼다. 타자의 변모는 경이이며 공포다. 타자가 언제나 타자일 때, 그것은 돌이나 풀과 같다.

7.24

11시 45분:

  왜 갑자기 함석헌의 문체 생각이 났을까? 벌떡 일어나 몇 자 적는다. 함석헌 문체의 특징은 폭포처럼 떨어지는 단문들의 속도감에 있다. 그의 단문들은 접속사에 의해 연결되지 않으며, 주어 역시 되풀이되지 않는다. 되풀이된다면 술어들이다(이 대목은 다시 확인할 것). 그의 단문은 그러나 최인훈의 그것과 다르다. 그의 단문들은 쏟아지고 압도한다. 성찰의 여지를 남기지 않는다. 몰고 가고 채찍질한다. 최인훈의 단문들은 느릿느릿 간다. 반성적이며, 지성적이다. 되풀이가 드물기 때문이다…… 함석헌의 어휘들은 초기의 기독교적인 어휘들의 양에 비해 후기에는 노장의 색채를 깊이 띤다. 그러면서도 쏟아져내린다. 반허!

7.29

2시 40분경에 정현종과 함께 성민엽이 누워 있다는 65동 610호실에 갔다. 무슨 놈의 병원이 아파트처럼 65동, 66동…… 따위로 동을 정했나 했는데, 65동의 6은 6층이라는 뜻이었고 5는 구역 5의 뜻이었다(제기랄!). 성민엽은 다리에 깁스를 하고 왼쪽 이마엔 반창고를 붙이고 누워 있었다. 그 상황에선 최선의 결과라고 해요…… 채광석 형에 대한 글을 써야 했는데, 아마 그게 액땜인지요. 책 생각부터 나던데요, 옆에서 별 미친놈 다 봤다고 그래요, 얼마나 어렵게 구한 것들인데요…… 마누라 볼 때하고, 친구들 볼 땐 눈물이 나던데요. 산다는 게 참, 날카로운 젊은 비평가의 나지막한 외침이랄까, 아직도 삶에 기대할 게 많은 사람의 밝은 애소랄까.

7.30

윤승천의 『탱자나무 울타리』(나남, 1988)는 읽을 만하다. 두 번을 정독했는데, 빈농 출신의 대학 졸업자의 비애가 과장 없이 잘 그려져 있다. 소시민의 내면 일기들은 별 재미없으나, 그의 가난한 가족들의 이야기들은 재미있다.

뙤약볕 내리쬐는 농가의 한여름을

나는 '울면서' 시를 쓴다 (27)

이 구절의 요체는 운다라는 행위에 있다. 시를 써도 가난은 구제되지 않는다. 그러나 그는 시를 포기할 수 없다. 그러니 울 수밖에 없다(이 점에 대해서 박남희와 비교하면 재미있는 결과를 얻을 수 있을 것 같다. '욺과 야유'?). 울면서 그가 부모·형에 대해 시 쓸 때, 그 시들은 아름답다. 한어동 연작 중에서, 추상성에서 벗어나 그가 구체성을 획득한 것은 가족들에 대해 울며 쓸 때이다. 그 결과로 나온 것이 그의 한어동 시편들이지만, 그 시편들의 찬란함은 괴로움과 고통의 소산이다. 그는 그런 그를 예수에 빗대 이렇게 노래한다:

> 내가 죽어
> 당신의 이마에 못이 되어
> 박힐까요
> 누가 당신의 생활을
> 금빛 찬란하게 합니까 (25)

8.2

복거일의 「보수주의론」(『문예중앙』, 1988년 여름호)은 앎의 주체가 사회 변혁의 주체이며 이어야 한다는 전제하에 씌어진 글이다. 자기가 알고 있는 것에 따라 사회가 변혁되어야 한다는 생각은, 사회가 자신의 의지와 관계없이 변혁의 방향을 틀 수 있다는 것을 견디지 못한다. 왜냐하면 그것은 무서운, 다시 말해 반-이성적인 폭력이기 때문이다. 그의 보수주의는, 자기가 알고 있는 것의 한도 내에서라는 의미에서 보수주의이며, 사회 개혁의 가능성을 믿는다는 점에서 비순응적인 보수주의이다. 그것은 일반적으로 자유주의라고 알려져온 것과 같다.

　박정희가 권력을 잡은 이후부터, 단 하나의 담론이 모든 것의 우위에 있었다: 우리는 잘살아야 하고, 잘살 수 있다. 그러나 거기에는 전제가 붙는다. 물질적으로 잘산다는 것을, 그는, 그냥 잘산다고 표현한 것이다. 그러나 물질적으로 조금 부유해졌다고, 과연 잘사는 것일까? 그는 물질을 올리고, 정신·신앙·문화를 낮춘다. 정신적인 가치는 물질적 가치에 종속된다. 언제까지? 다 피폐해져서, 물질적 쾌락만 남을 때까지? 그는 상징적인 히로뽕 판매자였다!

8.8

데리다를 따라가면, 해체주의는 이런 것이다라고 정의를 내리는 순간에, 해체주의는 해체가 더 이상 불가능한 어떤 시원이 되어버린다. 다시 말해 비해체주의가 된다. 해체주의는 그러므로 대상을 해체하고, 그 대상을 해체하는 논리적인 어휘들을 다시 해체하여, 해체되는 것과 해체하는 것을 이중으로 해체해야 한다. 어려운 작업이다. 왜냐하면 그 이중의 해체는 때로 애매모호한 상태, 논리화되지 못하는 상태에 갇히기, 아니 그런 상태로 열리기 때문이다. 해체주의자의 입장에서는 그 상태가 바로 진정한 삶의 상태라고 주장할 수 있다. 진정한? 논리화되지 않은. 논리화되지 않은?…… 괴로운 해체.

　나는 항상 옳다라고 말하는 사람과 나는 항상 잘못한다라고 생각하는 사람. 앞의 사람은 투사고 뒤의 사람은 종교인·예술인이다. 나는 항상 옳다라고 말하는 사람의 자부심 없이는 싸울 수 없고, 나는 항상 잘못한다라고 사유하는 사람의 원죄성이 없이는 느낄 수 없다.

8.16
푸코 사유의 가장 기본적인 변모: 어떤 문장들은 모여 담론이 된다라는 생각에서 모든 담론들은 어떤 절차에 의해 조절된다는 생각으로의 변모. 정태적-수동적 담론 형성에서 동적-능동적 담론 변형으로의 변모. 담론 변형의 주체는 이데올로기이며, 그것은 권력에 의해 제공된다…… 여기서 그는 바르트와 만난다.

8.19
김용택의 『꽃산 가는 길』(창비, 1988)은 읽을 만하다. 꽃산에 대해서는

　……사람들은 저 남산에 꽃을 심기 시작하였습니다. 저 남산에 꽃이 다 피는 날 사람들은 자기들의 세상이 온다고 굳게 믿고 있기 때문이었습니다. 그 꽃산은 이따금 나타났다가 사라지곤 했습니다.

꽃산이 나타날 때마다 지배자들은 외세를 끌어들여 꽃산을 짓뭉개고 꽃나무들을 빼앗아갔지만, 동학년에도 기미년에도 사월에도 오월에도 그 꽃산은 더욱 큰 채 나타나곤 했습니다. (65~66)

에 자세히 설명되어 있다. 그 꽃산이라는 상징의 상투성에 대해서는 발문을 쓴 김명인이 간략하면서도 핵심적으로 지적하고 있다 (180). 그러나 그의 시집에서는 꽃산이 나오는 대목보다는

> 내가 저문 산처럼 배고파 누우면
> 그대는 내 곁에
> 저문 강으로 따라 누워
> 당신의 피와 살을 주어 채워 적시고
> 내가 새벽 산처럼 어둡게 서 있으면
> 그대는 환한 앞산으로
> 해 받아 일어서서
> 내 이마에 이마를 대서
> 산문을 열어줍니다. (12~13)

같은 대목들이 훨씬 호소력 있다. 그것은 제스처의 왕성함이 아니라 감정의 절실함만이 독자의 감정을 자극할 수 있다는 것을 암시한다.

8.23

작품들이 지나치게 관념화되어간다. 남정현의 「헥빈응」(『창작과비평』 61호), 공지영의 「동트는 새벽」(『창작과비평』 61호), 김남일의 「두 개의 질문」(『문학과사회』 3호) 등은 삶의 구체성보다는 전언의 추상성에 너무 매달리고 있다. 60년대 초의 문학적 조류 중의 하나를 다시 보는 느낌이다. 『자유문학』이 중심이 되어 움직이고 있던 그 추상적 관념의 세계. 윤정모의 「빛」(『창작과비평』 61호)은 그래도 최소한의 구체성을 갖고 있다. 농민의 가슴속에 있는 빛도 추상적 빛이긴 하나, 도시의 꽃가루 알레르기, 팀 스피리트 훈련…… 등은 납득할 만하다. 제일 관념적인 것은 "노동자들과 그들의 '건강한' 힘"(422)에 대한 신앙이다. 건강하다는 것은 무슨 뜻일까? 불의에 항거하는 게 건강하다는 것일까? 그 건강함은 계급 자체에서 나오는 것인가?

8.24

이영유의 『영종 섬길』(한겨레, 1988)을 읽는다. 시 한 편을 받아본 적은 있으나, 시집 한 권을 받아본 것은 처음이다. 내가 남에게 영향을 주고 있다는 것이 때론 마음 무겁다. 내가 사는 길도 어쭙잖은 길인데, 그 길에서 빛을 보는 사람이 있다니 끔찍하다. 그러면서도 마음은 기쁘다. 안 기쁘면 거짓일 것이다. 그러나 그는 알고 있다.

> 잘못은 사람들에게 있는 것이 아니라
> 그들이 읽은 책에 있다는 것 (62)

이라고 쓰고 있으니 말이다. 가슴이 뜨끔하다. 좋은 시들이 몇 편 있다. 「혼자서 혹은 둘이서」(14) 같은 것들.

8.28

지금의 문학비평계에서 일어나고 있는 모든 논쟁의 근원은, 진술의 진위 문제가 아니라, 선택의 문제가 문제임에도 불구하고, 그것을 진위의 문제로 제기하는 데 있다. 삶의 양식은 다양하며, 그 어느 것에도 역사적 근거가 있다—다시 말해서 사회경제적·정치적·문화적 근거가 있다. 그 근거의 어떤 것도 옳고 그르다고 얘기할 수 없다. 그것은 선택의 문제이다. 노동자 계급의 세계관이 농민의 세계관보다, 지식인의 세계관보다 근원적으로 올바르거나 올바르지 않거나 하는 것은 아니다. 그것은 선택할 수 있는 세계관이며, 거부할 수 있는 세계관이다. 어떤 선택의 다양성을 정황에 비추어 판단하는 것은 가능하지만, 선택 자체를 진/위로 구분할 수 없다……라는 것도 하나의 세계관이다라고 비판할 수 있다. 그것은 그러나 순환 논리로 모두를 이끌어가 토의를 불가능하게 한다.

8.31

노트 속에 남아 있는 시 몇 개, 아니 단상들 몇 개:

  바다가 빠른 속도로 들어오고 있다
  개펄에 죽어 있는 게 몇 마리

보이지 않는 죽음처럼 외로운 게 어디 있으리
밁게 내지르는 우울한 단싱 몇 마디
칼날처럼 번득이고
찔린 가슴은 도피의 함성을 내지른다
아퍄, 아프다니까, 날 놔, 날 놔줘
　　　　　　　　　　　——송도에서, 79. 3. 18.

죽음이 내 벗이라면
연옥이면 어떻고 천당이면 어떠리
죽으면 모든 감각이 끝나는 것을
이른봄 묘지 앞에서
덜 깬 눈으로 세상을 바라다보면
아 모든 세계는 저마다 혼자인 것을
　　　　　　　　　　　——79. 3. 25.

상한 눈으로 베란다에 나가
님 계신 곳 향하려는 헛되
꿈꾸는 몸을 나무라도
봄은 봄 같지 않고
앙상한 나무 위에 내리는
이른 봄날의 햇살만 앙징스러워라.

9.5

브라질에서 온 동생이 하도 설레발을 치는 바람에 약간의 흥분기를 느끼며, 극장 안으로 들어섰다. 들어갈 때에, 공항 검사대에서 하듯, 철물 검사를 받았으나, 큰 저항감을 느끼지 않았다. 볼쇼이 발레단은, 공연 예술에 취미를 느끼지 못하는 나에게 그래도 두 가지 의미를 띠게 되었다. 하나는 금지되었던 문화 행사에 참여할 수 있게 되었다는 놀라움 섞인 흥분이며, 또 하나는 5년 만에 만난 동생과 같이 있다는 안도감 섞인 흥분이다. 발레의 진수를 모아놓은 듯한 볼쇼이 발레단의 춤은, 기교 위주의 단편적 구성이라는 흠을 갖고 있음에도 불구하고, 지루하지는 않았다. 아니 어떤 것, 특히 빈사의 백조!는 과연 하는 느낌이 들었다. 그러나 어려운 기술은 평범한 기술 속에서 빛을 발하는 것이지, 그것만으로는 서커스나 체조, 스케이팅 댄스 같다…… 아, 이제야 그것들이 다 같은 육체 언어이며, 같은 씨에서 파생한 것임을 알겠다. 수중 발레도…… 큰 동작이 있기 전에 무용수는 언제나 사각 무대의 오른편 안쪽 모서리에서 시작하는 것이었다. 그리고 박수에 대답하는 인사 의전학(?), 기호학. 스타일수록 오래 박수 쳐야 하고, 오래 기다리게 해야 하고, 우아하게 인사해야 한다. 발레의 전반적인 느낌은, 발레리나는 무용수가 아니라 부유하는 육체라는 발레리의 말이 옳다는 느낌이다. 그들의 육체는 육체성, 무거움을 잃고, 날고 튄다, 떨어져도 다시 튀는 공처럼……

간이 망원경을 목에 걸고, 무용수의 얼굴을 이따금씩 보고 있는 나에게, 빈사의 백조를 보다가 내 옆의 나이 지긋한 부인이 슬그머니 말을 붙인다: "망원경 좀 보여주세요." 예술은 염치불구하게 만든다.

그리고 또 하나의 방정맞은 생각: 발레는 여자의 넓적다리를 제일 예술적으로 감상하게 하는 예술이다.

9.6

동생과 함께 국립극장으로「충신장」을 보러 갔다(9. 6. 19:30). 일부분의 발췌 연극이었지만, 그것은 새로운 문화적 충격이었다. 박은수·김붕구 선생이 술을 드실 때마다, 일본 가부키에 서양놈들이 미쳐 날뛰는 꼴은 이해할 수 없다고 되풀이한 덕분에(!), 그것에 대해 실제적인 무의식적 적대감을 갖고 있었는데도, 화도를 이용한 몇몇 배우들의 등·퇴장, 인형 같은 표정의 인물들—가부키가 인형극에서 나온 것일까—절제된 동작, 그리고 무엇보다도 의례적인 진행이 눈에 확 띄었다. 그것은 새로운 골격이었다. 양식화된 낭송도 낯선 것이었지만, 적대감은 주지 않았다. 판소리와 같으면서도—추임새, 아니리와 비슷한 것이 가부키에 있었다—다른 것이 있었다. 그것이 무엇일까. 절제와 홍의 대립일까? 화려/질박의 대립일까? 무/문의 대립은 아닐까?

음악적으로 보면, 판소리가 훨씬 뛰어난데, 라고 서우석이 말을 꺼내자, 종합 예술로 보면, 가부키가 훨씬 나아 보이는데, 라고 내가 받았다. 기분이 상했지만, 어쩔 수가 없었다.「춘향전」엔「충신장」에서 보는 장엄함이 없어. 하지만「충신장」엔 홍이 없더구먼.

9.9

이태의 『남부군』(두레, 1988)을 읽고 난 뒤의 느낌:

1. 언제나 누군가가 기록을 하고 있다. 그 기록은 패한 사람의 기록일수록 희귀하고 호기심을 자아낸다. 이긴 사람의 기록은 너무 많이 선전되고 홍보되기 때문에, 지식으로 들어오며, 지식이 된 이야기는 재미가 없다. 재미는 호기심에서 연유한다.

2. 패한 자의 기록은 증오를 낳지 않는다. 그것은 패한 사람에 대한 동정과 연민을 낳는다. 패한 사람이 갖는 역사적 가치는 패한 사람도 사람이라는 것을 보여주는 데 있다. 패한 사람도 사람이라는 것이 밝혀지면, 증오심은 어느 정도 사라진다⋯⋯

9.10

오성찬의 「환생」(『제주문학』 17집)을 재미있게 읽었다. 제주도 1948년의 4·3 사태를 다룬 소설인데, 4·3 사태를 비교적 객관적으로—좌익을 비판하는 입장도 아니고, 우익을 비판하는 입장도 아니지만, 어느 편인가 하면, 우익의 입장에 서 있다—그리려고 노력하였다. 배영길에 대한 이야기가 주조를 이루고 있으며, 그의 장인이나 마누라의 성격은 매우 강렬하게 부조되어 있다. 그러나 이 소설은 우익의 입장에서 본 용서와 화해의 주제를 휴머니즘으로 감싸고 있어, 주제소설에 가깝다. 객관성은 치밀하게 유지되지 못하고, 구조적 이해 속에 녹아들어, 감동을 약하게 한다. 좌익 때문에 6·25 때 아버지를 잃은 아이, 그것 때문에 검사가 된 주인공-화자나, 이유 없이 무속에 빠져들어가는 그의 아내, 배영길의 2년 동안의 이해 안 되는 공동, 아버지의 죄업을 대신 치르는 순보, 이런 인물들보다는 김달삼 김익렬의 대면, 군보다는 경찰이 너 악질적이었다는 암시…… 등의 장면들이 4·3 사태에 훨씬 가깝게 가게 해준다. 곽학송 이후 우익의 입장에서 증오심 없이 4·3 사태를 그리고 있는 유일한 소설이라 짐작된다. 그보다 약간 왼쪽에 현길언이 있고, 그보다 더 왼쪽에 현기영이 있다. 4·3 사태를 폭넓게 한번 조명해볼 필요가 있겠다.

주목할 만한 점 하나: "제주의 모든 민란은 그 시초에 이미 희생을 미리 정해놓는다는……"(250). "제주 민란은 극히 일부를 제외하고는 모두가 목적 성취 후의 영달보다는 희생을 각오했다는 데 특색이 있지요. 그러기에 난을 모의하는 과정에 반드시 이번 일에는 누가 죽을 것이냐, 말하자면 제물이 결정되지요. 그것은 아마도 섬이라는 폐쇄된 지세적 상황 탓이겠지요. 제주의 민란은 사실 너무 비장한 데가 있어요……"(223). "김달삼도 일이 끝나면 자수하여 책임을 지겠다는 다짐을 한다!"(256): '폭력과 희생 제의'라는 제목의 글을 쓸 것. 조사할 것: i) 다른 곳의 민란에서는 희생 제의를 먼저 만들어놓지 않았는가? 그렇지 않았을 것 같다. ii) 그것은 어떻게 소설화되었는가: 현기영의 「변방」을 다시 한번 읽어볼 것.

주목할 만한 점 둘: 빨치산의 입장에서는 군보다 경찰이 더 악질적으로 비친 이유는 무엇이었을까? 그것은 이태의 『남부군』에서도 암시되어 있는 사실이다. 경찰이 친일 세력으로 이루어져 있기 때문일까? 그럴 가능성이 있다. 초기 경찰 조직에 관한 소설을 찾아볼 것.

주목할 만한 점 셋: 배영길과 순보는 다 같이 살육의 자리를 떠나

려 하지 않는다. 왜일까?

　첫번째 주목할 만한 점과 관련하여 생각나는 것: 희생 제물은 "20대 후반, 얼굴도 귀골이었다"(249). 그를 보좌하는 사람은 50대의 구레나룻 사내이다. 20대, 귀골…… 그것은 그가 영웅 전설과 관련 있음을 나타낸다. 그러니까 희생 제의에서 중요한 것은, 희생물도, 희생 제의 과정도 아니고, 그것을 전하는(혹은 묘사하는) 사람들의 시선이다.

9.13

터키 영화 괴렌Gören의 「데르만Derman」(9. 13. 0:25)을 녹화했다가 오늘 봤다. 짧은 테이프를 사용해서, 아마 2/3쯤 보지 않았나 싶다. 눈 쌓인 외딴 곳에서 벌어지는 사랑의 이야기인데, 분위기는 구로사와의 「데르수 우잘라」의 그것이었으나, 내용은 전혀 달랐다. 여주인공인 조산원과 사랑하는 가족을 죽인 자들에게 복수를 하고 떠돌아다니는 사냥꾼과의 사랑을 그린 이 영화는 그 담담함 ─ 색채의 담담함과 과장 없는 동양식 사랑, 연극 무대 같은 정적 연기로 가득 찬 장면들 ─ 으로 머릿속에 깊은 인상을 남긴다. 터키 풍속의 특이성: i) 눈사람 만드는 것에 대한 거부(회교도 일반의 풍속); ii) 손님을 잘 접대하는 풍속; iii) 얼굴 가리고 다니는 여자들; iv) 한국식의 변소; v) 언 발을 눈으로 녹이기……

9.27

조혜정의 『한국의 여성과 남성』(문지, 1988)에서 감동적인 대목은 조혜정이 자신의 지적 이력을 반성하고 있는 대목이다. 그는 자신의 책이 갖고 있는 몇 가지 한계를 뚜렷하게 인식하고 있는데, 그 한계 중의 하나는 그의 연구가 중산층을 대상으로 하고 있다는 점이며, 또 하나는 서구의 개념에 편향하고 있다는 점이다. 두번째 것은 거의 모든 지적 움직임에 감염되어 있는 것이며, 그것의 극복은 쉬운 일이 아니지만, 첫번째 것에 대해서는 주목할 만한 발언을 하고 있다: "궁극적으로 여성 해방의 과제는 각 계층, 각 집단에서 자신을 연구할 사람들이 나올 수 있는 사회를 만들어가는 데 있다"(53). 중산층 연구 자체가 잘못된 것이 아니라, 자기 계층이나 계급의 한계를 반성 못 하는 것이 나쁘다는 얘기인 것이다.

10.4

어제는 희한한 체험을 했다. 북한산 숨은 계곡에 있는 샘터 — 물이 말라붙어 있었고, 나무뿌리들이 물을 찾아 그곳까지 실뿌리를 내리고 있었다. 야, 거 희한한데요라고 조광희 선생이 말했다 — 에서, 김치수 선생이 준비해온 빵과 치즈를 먹고, 둘은 올라가고, 나는 오줌을 눈 뒤 그들 뒤를 따라 1, 2분 올라갔을까, 갑자기 온몸이 따갑고, 아프고, 귀는 웅웅 소리로 가득 찼다. 내 사지는 본능적으로 움직였고, 그 움직임에 따라, 웅웅 소리도, 따가움도, 아픔도 더 심해갔다. 머릿속까지 무엇인가 찌르고 있었다. 가만있어, 내가 움직이다가 안경을 내팽개친 후 김치수 선생의 목소리가 들렸다. 나는 가

만히 있었다. 계속 찌르던 것들의 속도가 뜸해지더니, 웅웅 소리 역시 줄어들었다. 땅벌 떼들이야. 거 희한하네, 10여 년 다녔지만 처음 있는 일이야…… 벌들은 파리만 한 크기였는데, 바지 속, 윗 셔츠 속, 머릿속에까지 들어와 있었다. 누군가의 무엇인가가 그들의 성을 돋운 것이었으리라. 벌들에게 쏜 자리는 서너 시간 지나니까 가라앉았으나 아픔은 오늘 아침까지 계속되었다. 내려오는 길에 소귀천 옆 개천에서, 오늘은 웬 벌 떼들이 이리 야단이지, 하는 여자 목소리가 들렸다. 가물어서 그런 것인가? 무엇이 그들을 때렸던 것일까?

또 한 가지 확인한 것: "벌 떼처럼 덤벼든다" "벌집을 쑤신 것 같다"는 표현의 기막힌 사실성!

10.7

쿤데라의 『참을 수 없는 존재의 가벼움』(송동준 역, 『세계의 문학』, 1988년 가을호)을 읽었다. 김인환·정현종 등이 꼭 읽어보라고 권해서 읽은 것인데 읽을 만한 소설이다. 과격한 형태 실험도 아니고, 과격한 반공소설도 아니다. 일종의 해체소설이랄까, 적당한 형태와 책 읽기에서 연유한 적당한 사변은 읽는 사람의 존재를 견딜 만하게 가볍게 만든다.

흥미 있었던 성찰 몇 개:

1. "어머니의 세계에서는 모든 육체가 동일했고 일렬종대로 행진하는 것이었다. 어린 시절부터 나체는 테레사에게 강제 노동 수용소의 획일된 표지였다. 굴욕의 표지였다"——나치의 강제 수용소의

지독한 흔적!

2. "그녀는 그들에게 공산주의·파시즘, 모든 점령과 모든 침입이 오직 하나의 보다 근본적인 그리고 보다 보편적인 화를 숨기고 있다는 것을 말하고 싶었다. 이 화는 그녀에게 하나의 이미지로 집약되었다. 팔을 들고 하나가 된 목소리로 같은 말을 외쳐대며 행진하는 사람들의 시위 행진이 그것이었다."——한국에서의 군사 문화의 특징. 하나가 된 소리로 같은 말을 지껄여대는 모든 것은 파시즘이다.

3. "그녀는 탱크를 사진 찍었던 그날들을 회상했다. 조국을 위해 자기들의 목숨을 건다고 믿었던 그들 모두는 얼마나 바보였던가! 그들은 부지불식간에 러시아 경찰을 위해서 일했던 것이다."——사진의 특징 중의 하나는 그것이 자료로 남겨져 범죄 증명서가 된다는 것이다! 고발 예술이 협력 예술이 되는 이 모순! 우파의 대두를 가능케 하는 좌파의 모험주의.

4. "사랑은 메타포와 함께 시작한다. 달리 말하자면 사랑은 어떤 여자가 그녀의 첫마디로 우리들의 사적 기억 속에 자신을 아로새기는 순간 싹튼다."——과연.

5. "똥의 부인은 형이상학적인 성질의 것이다 똥누는 순간은 하나님의 창조를 수락하지 못하겠다는 데 대한 일종의 증명이다. 둘 중의 하나이다. 똥을 수락하든지 아니면 우리들 자신이 수락할 수 없는 존재로 창조된 것이다."——똥, 지배 이데올로기에 대한 거부.

6. "그는 이 운동이 정치범들에게 전혀 도움이 되지 못할 것임을 정확히 알고 있었다. 그것의 본래 목적은 정치범들을 석방시키는 데 있지 않고 두려워하지 않는 사람들이 아직 있다는 것을 보여주는 데 있었다. 그가 했던 것은 연극이었다. 〔……〕 그가 마주했던

선택은 연극을 하느냐 아니면 전혀 행동을 하지 않느냐 하는 것이었다."—너는? 너는 어쨌는가? 너는 글쓰기로 버텼다고 주장할 텐가?

10.12

파시즘이란 가만있게 내버려두지 않는 강요이다. 무엇을 말해야 한다는 것에서 더 나아가 무엇에 대해 가만히 있지 않으면 안 된다라고 말하는 것이 파시즘의 본질이다.

   권위주의의 특성은, 자기는 옳고 다른 사람은 그르다는 '믿음'에서 연유하는 오만과 뻔뻔함에 있다. 나는 옳으니까 너는 내 말을 들어야 한다는 뻔뻔함과 나는 옳으니까 내가 틀릴 리가 없다는 오만함은 동어반복에 기초하고 있다. 권위주의는 동어반복이다. 나는 권위 있으니까 권위 있다!

10.17

책상을 뒤지다가 송욱 선생의 글을 한 편 발견했다. 아, 그런 글이 있었지. 학장을 그만둔 뒤 너무 쓸쓸해해서, 그의 시선집을 만들자고 말해, 거기에 해설을 썼는데, 책이 나온 뒤에, 중국 그림 전시회에서 복사판을 한 장 사다주면서 이 글을 주셨다. 과분한 사랑이었던 것 같다:

김현의「말과 우주」를 읽고

사람의 몸은 거울이 없고 보면 제 눈으로는 제 얼굴을 보지 못하게 되어 있다. 이는 아마 우리 존재가 실존적이라는 뜻을 드러내는 사실이리라. 그의 글을 읽고 나는 대중탕에 걸려 있는 큰 거울을 생각한다. 내 온몸을 비추어주는 거울을. 그러나 그의 글은 그러한 거울과 흡사하기도 하지만, 나에게는 매우 다른 측면이 더욱 중요한 아주 희귀한 거울이다. 이십대에서 사십대에 이르는 시인으로서의 내 전신상을 드러내주는 공간적일 뿐만 아니라 시간적인 거울이기도 하기 때문이다. 하물며 내 시의 독자들에 있어서랴! 나는 그의 글에서 내 시적 신분증을 얻었다. 하물며 독자 여러분들에 있어서랴! 그는 이 글에서 내 시론인 시적 평전에 없는 방법을 보여준다. 하물며 내 시론의 독자들에 있어서랴! 우리는 그의 글을 읽고 비로소 시가 실존의 표현임을 깨닫게 된다. 시인은 제 눈으로는 자기 시의 온몸을 보지 못한다는 사실을!

그러나 그는 아직 젊다. 그에게 장차 눈부신 변신이 있기를 간절히 바라며

1978년 3월 16일, 송욱

10.28

박정만의「저 강물 속으로」(『문학정신』, 1988년 11월호)는 읽을 만하다. 그의 시들은 슬픔을 밑에 깐 서정주의인데, 이 시에서는 강렬한 죽음 의식(두려움에서 기인하는 희원; 죽음이 이토록 괴롭다면 차라리

죽고 싶다!), 강인한 삶의 의지(아, 나는 살고 싶다는 이 외침! 저 존재의 내부에서 저절로 울려나오는 뜨거운 목소리)가 무릉도원이라는 아름다운 피안을 두고 길항하고 있다. 죽음 너머 있는 저 아름다운 곳에 가고 싶다, 아니 괴로워도 이곳에 살고 싶다. 저 너머로 가는 길은 어려운 길이며(절벽/시내; 가을 단풍/푸른 물), 그의 모습은 심청과 같다. 인당수에 뛰어들던 심청의 심정이 그러했을까? 이 시에는 섬뜩한 무엇이 있다. 그것이 무엇일까? 욕망의 자발적 드러냄—이중의 드러남이랄까: 욕망은 죽고 싶어 하고 살고 싶어 한다, 살고 싶어 하며 죽고 싶어 한다. 그 전문은 다음과 같다:

　　강원도 영월에서 문성개 쪽으로 몇 마장쯤인가 들어가면 무릉도원이라는 곳이 있다. 무릉이라는 마을과 도원이라는 마을이 한 마장쯤 격해 있는데, 구불구불한 산굽이를 타고 깎아지른 듯한 절벽 아래로 맑은 시냇물이 흐르고, 그 냇물 속으로는 가을 강의 단풍들이 어지러운 색동저고리처럼 깃을 펴고 있었다. 아, 나는 살고 싶다. 저 강물 속으로, 푸른 치마를 뒤집어쓰고 뛰어들고 싶다.

10.30

안수환의 『검불꽃 길을 붙들고』(실천문학사, 1988)를 읽었다. 시의 수준은 고르고, 빈틈이 별로 없으나, 그것이 마음에 걸린다. 빈틈이 없으니, 의외의 것이 끼어들 자리가 적다.

　유순하의 『생성』(풀빛, 1988)은 예의 노동 쟁의를 주로 관리 계층의 입장에서 간추린 소설인데, 좋은 의도에 비해 감동이 적다. 이상현/아들의 관계가 애매하고, 호/신의 대화가 너무 지직이다.

11.1

주채혁 편역의 『몽고 선담』(정음사, 1984)을 며칠 걸려 읽어보니, 지라르의 이론에 부합되는 이야기가 몇 있다. 「사냥꾼 카이리프」 〔18~22〕, 「반라산의 옛이야기」〔38~49〕, 「천사의 인간」〔52~58〕, 「마두금」〔73~77〕, 「빠린의 씨름꾼」〔207~13〕 등은 다 같이 죽음으로써 살아남는 피지배자들의 이야기이다. 죽어 돌이 되고, 약초가 되고, 노래가 되는 피지배자들의 모습은 죽어 새 질서를 만드는 속죄양과 유사하다. 이 민담집에 몽고의 신화가 없는 것이 유감이다. 지적해야 할 것 하나: 짧은 동물 이야기들은 대개 이솝 우화의 변형 등인데, 이것은 민담이라기보다는 유입·수용의 예로 이해되어야 할 것이 아닌가 생각한다. 또 하나: 옛날이야기는 언제 읽어도 재미있다.

11.4

여기저기에 박정만의 시들이 나와 있다. 때로는 거칠기도 하지만, 대부분 애절하다. 살고 싶다, 죽기 싫다고 외치는 시인의 목소리에는 귀기마저 서려 있다. 살고 싶은데 죽을 수밖에 없다. 그 절박한 현실은 죽어가는 내가 있을 뿐, 그 외의 것은 모르겠다라는 도저한 세계 방기를 낳는다. 보라,

한 떨기 꽃 같은 그림자
내 창에 와서
버림받았지, 하고,

돌아서서 바라볼 때에
눈물겨웠지, 사랑하니까,

몰라, 몰라, 몰라,
나의 모든 것 나는 몰라,
사랑하니까, 사랑하니까.

죽어버렸으면.
눈 꼭 감고 자지도 감고
그렇게 눈뜨고 죽어버렸으면.

이 세상 일 나는 몰라.

「한 떨기 꽃」(『월간문학』, 1988년 11월호)이라는 제목이 붙어 있는 이 시에는, 1988년 9월 11일 9시 20분이라는 글 쓴 시간이 적시되어 있다. 시간을 적시하는 그의 마음은 지금 이 시각에는 나는 살아 있다라고 외치고 싶은 마음이지만, 그가 쓴 시는 이 세상 일은 나는 몰라!라는 세계 방기를 선언하고 있다. 그가 아는 것은 사랑하면 눈물 나며, 몸이 아프면 죽고 싶다는 정도이다. 사랑하면 왜 눈물겨운가? 죽음의 눈으로, 버림받은 눈으로 돌아서서 바라보니까 눈물겹다. 그것도 죽는 것에 비하면 뭐 그리 중요하리. "나의 모든 것 나는 몰라." 그 뒤가 묘하다. 눈감고 자지도 감고(자지 감다, 눈감늣. 자지 감다, 실꾸러미 감듯 — 죽음은 눈감는 행위이며, 실꾸러미 감는 행위이다. 끝이면서 완성이다) 죽고 싶다 — "그렇게(눈감듯 자지 감듯) 눈뜨고 죽어버렸으면." 죽어서도 살아 있는 것이 보고 싶어, 눈뜨고 죽는 것일까? 차마 눈감을 수 없어 눈뜨고 죽는 것일까? 그가 죽은 뒤의 세계는 어떻게 될까? 자기의 유한성에 대립하는 저 철면피한 무한한 세계, 따위는 난 모른다.「이 꽃잎이 지고 나면」은 그 심정을 이렇게 노래한다.

이 꽃잎이 지고 나면
또 날은 지리라.

그러고 나면 바람이 불리라.
바람 불고 또 꽃이 지리라.

이 다음에는 내 몰라라

그의 시에서 지적해야 할 또 한 가지:「한 떨기 꽃」을 그는 1988년 9월 11일 9시 20분에 쓴다.「흰구름」은 9시 52분에 끝낸다. 그리고 「하루 해를 위하여」는 9시 55분에 끝낸다. 그는 순간순간 살아 있음을 확인한다. 그의 시쓰기는 시-쓰기가 아니라 살아 있음을-확인하기이다. 시-쓰기는 죽음의 연장이다. 이야기가 그러하듯, 시도 죽음을 생존의 원 밖으로 밀어내려는 힘든 노력이다. 그의 시에 씌어진 표현을 빌리면, 내용이야 나는 모른다, 내가 아는 것은, 이 시를 쓰는 순간에 나는 살아 있다는 것이다. 내 삶이 끝날 때, 내 시도 끝난다. 이 꽃잎이 지고 나도 세상은 계속되겠지만, 그 따위 세상 난 모른다! 대단하다. 오마르 하이얌은 술로 도망갔지만, 그는 술로도 도망갈 수 없다. 그는 죽음과 맞서 있다. 사랑하는 모든 것과 이별할 수밖에 없는 슬픔(죽음의 맛은 없다. 그것을 쓰다고 하는 놈들은 다 개새끼들이다. 그들은 한 번도 안 죽어본 놈들이다. 무섭도록 겁이 나면, 입술이 마르고, 아무것도 없다. 입술이 쓰디쓸 때는 이미 정신이 돈 뒤이다).

11.14

황동규 시선 『견딜 수 없이 가벼운 존재들』(문학과비평사, 1988)을 읽었다. 그의 최근 시편과 정과리의 해설을 읽었는데, 그의 최근 시편들에는 이상하게 그가 득도한 체할 때까지를 포함해서 쓸쓸함이 깊게 배어 있다. 나이 든, 독학·독신은 그가 지적으로 오만할 때에도 정신적으로 달관할 때에도, 유머를 던질 때에도("공항에서 몸 검색을 하는 것까지는 유배 같지만/(혹 자결할지도 모르니)"[19]; "내가 이렇게 살고 있는 이곳은/지옥인가 연옥인가, 천옥인가/혹은(이건 단테도 몰랐으리라)/뉴 옥인가?[43]) 스산하다. 쓸쓸하다. 왜일까? 그도 이제 늙은 것일까? 둥우리 친 여행은 일상과 다른 게 없어서일까, 아니면 그의 선이 일상선에 가까워진 것일까?…… 정과리의 글은 좋은 글이다. 은유/환유를 지나치게 야콥슨식으로 받아들이고 있다는 흠(/장점)은 있으나, 그의 문체는 읽을 만하다. 원효 이야기에서 그의 시론의 요체를 본 마지막 문단은 음미할 만하다.

11.15

정지영 역 『티보가의 사람들 4』(청계, 1988)는 잘 읽힌다. 번역이 수려하고 막힘이 없다.

생각거리를 주는 몇 개의 대목들:

1. "말하는 것은 행동의 한 수단에 지나지 않겠지…… 그러나 행동할 수 없는 동안에는 말하는 것만으로도 무엇인가를 하는 거야"〔72〕.— 본부의 수령급인 조종사의 말.

2. "자본주의 세계는 변호의-여지가-없어! 그것은 사람들 사이에 부조리하고 비인간적인 관계를 만들어놓았어!〔……〕그 세계는 모든 가치가 왜곡되어 있고, 인격의 존중이라는 것은 발붙일 곳이 없고, 오직 이익만이 유일한 원동력이며, 모든 사람의 꿈은 부자가 되는 것인 그런 곳이야! 그러한 세계에서는 금력이 무서운 권력을 쥐고 있고 매수된 신문에 의해서 여론을 조작하고, 심지어 국가 자체마저 예속시키고 있는 거야! 개인이, 노동자가 제도가 되어버리는 세계! 그런 세계란……"— 자크가 앙트완에게 하는 말은 간결하면서도 요령 있다.

11.21

김명인의 『머나먼 곳 스와니』(문지, 1988)는 큰 진전을 보여주지 않는다. 그의 첫 시집을 특징지은 그리움(막막한 그리움/긴 그리움),

부끄러움 등이 그대로 산재해 있고, 때로 고은·신대철식의 시투도 눈에 띈다…… 이 시집에서 특징적인 것은 죽음·적막에 대한 긍정적 순응이라 할 만하다.

   i. 억새 가슴에 저미 서걱이는 빈 들판에 서서
      이제 우리가 새삼 불러야 할 노래는 무엇인가
      저기 위안 없이 가야 할
      남은 길들이 마저 보인다 (23)

   ii. 불꽃은 제 힘이 다할 때 불꽃임을 포기하고
      마침내 재보다 '깊은 적막' 속으로 들어간다 (31)

   iii. 둔덕의 갈댓머리 하얗게 목이 쉬어도
      그리움의 노래 대답 없으니 마침내 위안 없이 걸어야 할
      남은 시간이 마저 보인다 (52)

왜 이렇게 적막하고 쓸쓸할까? 그 속의 무엇이 그를 무속으로 끌어당기고 있는 것일까?

김광규의 『좀팽이처럼』(문지, 1988)은 김광규 세계의 확대판이다. 중산층의 이기심, 정치 무관심, 출세주의…… 등이 재미있게 묘파되어 있다. 재미있는 이미지 하나:

   짤막한 사랑 담아둘

집 한 칸 마련하기 위해
십 년을 바둥거린 나에게
날 때부터 집을 가진
달팽이의 사랑은
얼마나 멀고 긴 것일까 〔20〕

 날 때부터 집을 가진 달팽이의 사랑은 멀고 길다. 10년 만에 겨우 집 한 칸을 마련한 내 사랑은 가깝고 짧다? 아니, 차라리 진하겠지.

 김정웅의 『천로역정, 혹은』(문지, 1988)은 두 가지 점에서 흥미롭다. 하나는 김정웅의 시적 취향이 절제에서 수다로 바뀌었다는 점이고, 또 하나는 그 수다가 주역적 상상력에 의거해 있다는 것이다. 절제와 수다는 같은 것일까, 다른 것일까? 주역을 — 그 고도의 추상적 세계를 시로 표현할 수 있을까, 없을까?…… 원래 김정웅의 시적 세계는

나는 모처럼 외출날
누구네 뒷간인지는 알 수 없어도
오줌 누고 탈탈 털고
문득, 그냥 갈 수가 없어서
시를 쓴다 〔77〕

에서 보듯, 일상적 삶을 시로 바꾸기 위해 애를 쓰는 심미적 세계이다. 그래서 그는 자신을 "가슴에 불화살처럼 받는 저 햇살들/차라

리 얼마나 가려운지/ 빨리 꼭지 떨어지고 싶소." 가을날 과일나무에 달린 과일에 비긴다. 그 과일은 햇빛의 불화살을 받고도 타지 않고 가려워하며 꼭지 떨어지고 싶어 한다. 그 가벼운 소양증은 시의 소양증이라 할 수 있겠는데, 왜냐하면 진짜 화상 입은 사람은 가렵기는커녕 쓰리고 아플 터이어서 외마디 소리만 지를 것이기 때문이다. 그 꼭지 떨어지고 싶은 과일이 주역의 세계에서는,

······이상한 술에 더 취해서, 온밤 내내
어딘지 모르게 끌려 올라가고
어딘지 모르게 끌려 내려가고······ 〔59〕

에서처럼 자신의 존재, 움직임의 이유에 대해 분명히 알지 못하고 이끌려다니며 — 무엇에? 삶에, 권력에, 보이지 않는 힘에······ —, 그래서인지 무엇을 더 아름답다고 해야 할지 알 수 없게 된다. 다시 말해 시를 쓰기 힘들어진다.

넌 누가 저들〔꽃/잎〕의 일생을 두고서
꽃과 잎
그 어느 쪽이
더 아름답다, 함부로 말할 수 있으랴 〔32〕

이번 시집에 실린 시구 중에서 제일 아름다운 시구 중의 하나인 이 시구는 모든 것은 제 나름으로 아름답다고 말한다. 그러면 시를 쓰는 사람도 시의 대상도 아름답다; 그렇다면 시를 쓰는 사람만 아

름답다고 할 수 있는 것은 아니지 않는가! 시인은 시를 안 써도 된다. 시를 쓰면서 안 쓰려면 수다가 제일 좋은 방법 중의 하나이다. 시를 안 쓰면서 쓰는 방법이 절제이듯, 절제와 수다는 정반대의 시학이다. 네 삶이 그런 삶이라 해도, 그 삶은 아름답다. 그렇다고 다른 삶이 안 아름다운 것은 아니다. 네 삶과 다른 삶은 다 변하고 있다. 움직이고 있다. 그 변화의 원리는 사람은 "스스로 깨닫는 방법"(67)에 이를 뿐이라는 것이다.

무슨 소리야, 시인은 "호각 소리만 시끄럽게 드높은 듯한 것은/저희가 저희 있는 곳을 모르고 있다는 의미 아닐는지요?"(67)라고 말하고 있잖아요? 시인이 그토록 수다떠는 것은 자신이 아직 깨닫는 방법에 이르지 못한 것 아니에요? "(예끼순! 네 가죽을 벗기느니 내 살 먼저 벗어야겠다!)" 할!

……아니다, 더 중요하다고 할 수는 없으나, 거의 마찬가지로 중요한 한 요소가 그의 시에는 숨어 있다. 그것은 공포심이다. 수다의 밑에는 공포심이 숨어 있다. 그것이 권력에 대한 공포일까, 존재의 무에 대한 공포심일까?

11.23

윤중호의 『본동에 내리는 비』(문지, 1988)는 좋은 시집이다. 좋다는 말은 자기 개성이 뚜렷하다는 뜻이다. 제목의 본동은 지명이다. 그가 살고 있는 동네, 혹은 친근감을 느끼는 동네는 본동·안면도 등의 소외된 동네들이며, 그 동네에 사는 그의 이웃들, 친구들은 어렵게 삶을 유지해나가고 있다. 어느 정도 어려운가 하면 "라면 상자에 슬그머니 손을 넣어보니 여태나 열 개도 더 남았구나 신명이 나서……"(18)라고 묘사할 정도이다. 그의 초기의 시편들(3부, 2부)에서는 그 어려운 삶에 대한 비감—비애·한탄·한숨·탄식……—한 시선들이 보여지지만, 그 비감이 감상적인 불우이웃 돕기의 차원으로 떨어지지 않고 있는 것은 삶에 대한 사랑에서 스며나오는 은근한 정 때문이다. 그 정은 대개의 경우 아픔, 쓰라린 삶에 대한 위로의 목소리로 나타나는데, 그 위로도 직선적인 위로가 아니라, 뒤집고, 우회하고, 곁다리로 붙어버리는 유머에 절여진 위로이다. "딴전 피우는"(11) 위로라 할까. 그 위로의 목소리는 충청도 사투리의 나긋나긋하면서도 길게 늘어진 목소리이다. 그 목소리를 듣지 못하면 이 시집의 울림을 듣지 못한 것이나 같다. 그 구수한 목소리가 달래고 위로하고 야유하고 찌른다. 그것을 연대 의식의 결여나 실천 의지의 박약으로 비평해서는 안 된다. 원래 광대란 그런 위로의 목소리를 낼 수 있는, 아니 그 목소리 자체인 사람을 지칭한다. 그를 시인이 아니라 광대라 비판할 수는 있다. 그러나 그에게는 그것이 최상의 칭찬이리라. 좋은 시인을 만나 기쁘다.

송재학의 『얼음시집』(문지, 1988)은 아직 김춘수에게서 자유롭지 못하다. 마종기와 김춘수가 같이 살고 있다.

한승원의 『우리들의 돌탑』(문지, 1988)은 바로크적 소설이다. 이야기도 괴상하고 글쓰기도 괴상하다. 이 소설은 몇 개의 이야기가 중첩되어 있다. 맨 밑의 배경에는 전종식의 이야기가 있다. 그의 이야기는 날개 달린 장사의 이야기인데, 그 장사는 항일 투사 송독수리의 손자로서, 광주 투쟁 때 신출귀몰한 행동을 보이며, 미문화원

방화 사건의 주동자들의 하나로 나타난다. 그의 이야기는 은폐/노출의 이야기이다. 그는 그를 아는 자들에게 광주 항쟁이나 미문화원 사건의 주모자로 노출되어 있으나, 그를 모르는 자들에게 성도 성격도(그의 진짜 성은 송씨인데, 호적상으로는 전씨이며, 그는 장사이지만—그의 어머니가 자르고 자른 겨드랑이의 날개!—술주정뱅이로 자신을 은폐한다) 은폐되어 있다. 그 이야기 위에 전씨 일가의 가족 소설이 자리 잡는다.

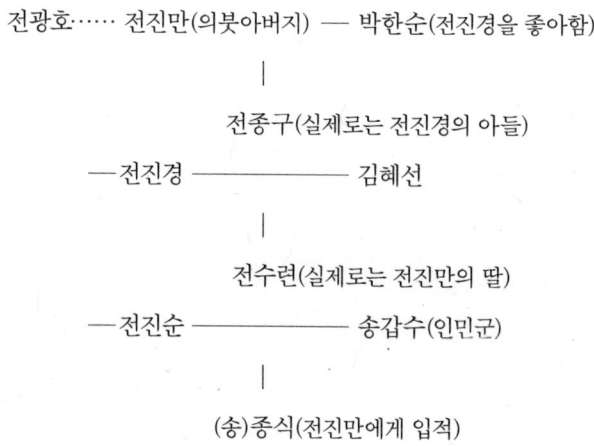

전진만·전진경·전진순 그리고 전종구·전수련·전종식의 방황·방랑은 새 가족을 만들기 위한 몸부림이다. 두 개의 예: "어머니 신씨를 따라 전광호의 집안에 들어온 이래로 그는 무수히 절망감을 맛보았다. 세상을 살아감에 따라 '수없이 많은' 의붓아버지와 의붓동생을 만났다. 그들은 그를 자꾸만 절망하게 했고, 그는 그것을 이겨내기 위해 몸부림쳤다"(77)(전진만의 경우); "당신은 진짜 제 아버지가 아니시지요? 그렇죠?"[141](전종구의 경우).

장사 이야기와 가족소설의 결합을 통해 작가가 보여주려 하고 있는 것은 속죄·참회의 마음은 그것이 정성스러우면 속죄를 낳는다라는 것이었는데, 놀랍게도 그는 광주 항쟁의 경우 아직 속죄―화해의 마음이 나설 때가 아니라고 주장하고 있다: "아하, 그랬구나, 그렇구나. 아직은 이 땅에 모든 피 묻은 곳에 탑을 쌓아올리자고 나설 때가 아니구나"[305](이 주제는 이청준의 「벌레 이야기」에 더 마적으로 묘파되어 있다). 그가 의식하지 않은 채, 아니 지나치게 의식한 채 보여주는 주제 셋: i) "정치 권력과 재벌들이 짜고 노동자 농민들을 착취하기로 반들반들 길이 나 있는 마당에 중산층이 어떻게 전체 인구의 7, 80퍼센트를 차지할 수 있게 됩니까?"[226](전종식의 말)―중산층 옹호론은 체제 옹호론과 통한다; ii) 권력에 협조하는 사람은 혈육이 공산주의에 관련되었던 사람이기 십상이다(전종구의 경우),―아직도 연좌제는 무의식 깊숙이 박혀 있다; iii) 광주 항쟁은 6·25의 연장 위에 있다―이 대목은 매우 의미심장한 대목이다. 그러나 광주 항쟁은 근대사의 모든 움직임과 관계있다. 그것은 3·1 운동, 6·10 만세 사건, ……4·3 사태, 여순 반란 사건…… 등과 관련되어 있으며, 더 나아가 동학 운동…… 등과 관계되어 있다. 그러니 모든 운동은 역사적이다. 광주 항쟁은 80년에 일어난 것이 아니라 수백 년 전에 일어난 것이다(정여립은?).

11.24

85년에 쓴 몇 개의 단장들:

1. 욕망은 단순한 개인 심리적인 개념뿐만 아니라 정치적 개념이기도 하다. 욕망은 현실 원칙에 의해 억눌리고, 그러면 억압이 생겨난다. 그 억압의 상징이 아버지이다. 아버지에게 억눌린 아들은 결핍의 상태로 그 욕망을 산다. 그 결핍이 욕망을 변형시키고 왜곡시킨다. 욕망의 뿌리는 어머니와 자고 싶다는 개인적 욕망이면서, 아버지를 죽이고 싶다는 정치적 욕망이다. 살부 의식은 제임슨이 말하는 "현실에 대한 지칠 줄 모르는 불만"이다. (1985. 1. 5)

2. "금융가들은 그 지위를 상속 귀족 계급과 동등하게 하지 못하게 하자, 악의 평등을 통해 그들에 접근하려고 하였다"(차하순 역, 『계몽사상 시대사』(76)). 같은 논법으로: 소시민·하층민들은 상층으로의 신분 이동이 불확실해지자 악의 평등(술집·이발소·안마시술소……)을 통해 그들에 접근하려 하고 있다. (1985. 2. 21)

3. 'dictator'의 어원은 "누구의 간섭을 받지 않고 독단적으로 구술하는 사람"(프라이)이다. 그러니 독재자는 혼자만 말하는 사람이다. (1985. 3. 14)

4. 문학 작품은, 하이데거식으로 말하자면, 진리를 은폐함으로써 진리를 계시한다. (1985. 4. 3)

5. 죽는다는 것은 사회적 관련하에서 죽는다는 뜻이다. 혼자 사는 사람은 — 그 가장 극단적인 예가 로빈슨이겠지만 — 죽지 않는다. 그는 사라져 없어질 뿐이다. 죽는다는 것은 남의 기억 속에는 남아 있으나, 육체적으로는 접촉할 수 없다는 뜻이다. 그를 기억하는 사람이 없어질 때, 다시 말해 혼자 살게 되었을 때 그는 사라진다. 어디로? 무 속으로. 무마저도 없는 무 속으로. (1985. 7. 16)

6. 연애소설에서 어렸을 때부터 가까웠던 사람들끼리 결합이 잘

안 되는 것은 심리적으로는 근친상간에 대한 공포 때문이며 사회적으로는 모르는 사람 — 부족끼리의 살육 — 에 대한 공포 때문이다. 그 이중의 공포는 이방인에 대한 동경을 낳는다. (1985. 12. 14)

7. 황지우의 시에 대한 노트:

i. 우리 아버지(56~57); 아우(118~19); 아내(96~98)

ii. 고향; 광주(윤상원(124)) (무등(64)) (광주(24~))

iii. "나의 풍자는 절망으로부터 오고, 나의 절망은 열망으로부터 오고, 나의 열망은 욕망으로부터 오고, 나의 욕망은 생으로부터 온다. 이 생으로부터 이성에 이르는 가느다란 실핏줄이 내 시의 가계다"(12).

iv. "스포츠는, 필사적으로, 정치적이다"(13).

v. "이성은 1973년 10월 2일, 구 서울문리대 동숭동 교정에서 사망했죠"(40).

vi. "나의 문학, 행위는 답이 아니라, 물음이, 다. 속, 없는 질문이, 며 덧없는, 의, 문이, 다"(47).

vii. "아내 얻고 두 아이들과 노모와 생활 수준 중하, 월수 40여만 원, 종교 무, 취미 바둑, 정치 의식 중좌, 학력 대퇴"(54).

viii. "김숙희, 10여 년 전 영치금을 넣어주고 간 중산층의 딸, / 나는 내가 부르주아가 되는 것을 한사코 두려워했다"(72).

ix. "타는 갈망이 나무를 푸르게, 푸르게 한다"(94).

x. 본인의 말 "화법 실험+증오심."

12.17

오세영 편 『저 바람부는 밖에』(청하, 1988)는 60년대의 현대시 동인들과 80년대의 젊은 시인들의 시들을 모아놓고 있다. 시들의 수준은 고르지만, 눈에 확 들어오는 시들이 드물다. 장정일의 파리 시편들이 재치 있다.

박정만의 『그대에게 가는 길』(실천문학사, 1988)에는 일시가 붙어 있지 않다. 일시가 붙어 있고, 그 순서대로 시가 나열되어 있었더라면, 그의 죽음의 순간을 재체험할 수 있었을 텐데. 안타깝다.

12.19

김주영의 『고기잡이는 갈대를 꺾지 않는다』(민음사, 1988)는, 다 읽은 것을 모아놓은 소설집—소설집? 아니 차라리 장편소설이라고 부르는 게 어떨까? 70년대에 유행하던 말로는 연작소설이다—인데, 소설가의 유년 시절이 지나치게 의식화—무의식화의 반대 의미로 나는 이 말을 쓰고 있다—되어 있어서, 자전적 소설이라기보다는 일인칭 화자 소설이라고 차라리 부르고 싶을 지경이다. 유년 시절에서 애매하고 신비한 것은 하나도 없고, 모든 것이 남김없이 설명되고 분석되고 있다. 그 유년 시절은 아직 무의식의 밑바닥까지 내보여주지는 않는 유년 시절이다. 여선생의 연애 사건, 아우의 장산곶으로 헤엄쳐 가기, 어머니/장석도의 순정, 옥화/나의 감정적 교차가 너무 완벽히 드러나 있어, 차라리 분단 주제의 소설에 가깝다고 할 수 있다. 그의 아우와 그와의 모험을 그린 전의 소설이 나에겐 감동적이었다. 거기엔 신비가 있었다.

12.20

정도상의 『친구는 멀리 갔어도』(풀빛, 1988)는 좋은 소설집이다. 소설의 수준은 고르고, 다 읽을 만하다. 그의 소설의 특색은 폭력이 적당한 선에서 끝나지 않고 존재를 완전히 파괴해버리는 선까지 나아가는 것을 끈질기게 묘사하는 데 있다. 폭력의 안에서 폭력이 존재의 모든 것에 확산되는 것을 끔찍하리만큼 냉정하게 묘사하고 있는 그의 소설들은, 그래서 구호적이지 않으면서도, 그 어떤 소설들보다 구호적이고, 저항적이지 않으면서도, 그 어떤 소설들보다 더 저항적이다. 이념적으로는 평등주의자이지만, 그 평등주의의 실현을 낙관하지 않고, 그것의 가능성이 극히 암담하다는 것을 냉철하게 묘사하며, 그 안당함은 "어떤 개량주의도, 타협주의도, 화해주의도, 또는 개혁과 변혁까지도 용납할 수 없는" 참담함 볼 수 있다 (임헌영). 경력을 보니, 1960년생이다. 지금 나이 29세―그 나이에 그토록 잔인한 정신적 상태를 간직할 정도로, 역사란 그에게 악몽이었을까. 그의 악몽이 쉽게 깨질 개꿈이 아니길. 그래서 그가 쉽게 이름만 파는 사람이 되지 않기를.

이청준이 왜 이 소설을 썼을까? 그의 내면주의, 그의 정적주의가 위험한 수위에 접어든 것이 아닌가?『아리아리강강』(우석, 1988)에는 옛날의 마성마저 자취를 감추고―아니 그 흔적을 드리우고는 있으나 거의 없어지고 있다―타성적 교리에 잡혀 있다. 구성은 더 단단해지고, 문장도 더 튼튼해졌지만, 이야기는 풀어지고 상투적이다. 쫓기는 자가 쫓는 자라는, 혹은 쫓는 자가 쫓기는 자라는 주제가 그러하고, 불교적 사유, 사유 재산, 평등주의에 대한 관념도 그러하다. 아니 아니, 이청준이 진짜 바란 것은, 일정에게는 회한이라는 감옥보다 더 무서운 감옥은 없다라는 것을 드러내는 것이었다 하더라도, 그 드러내는 과정은 상투적이고 진부하다. 안타깝다. 그가 그의 내부의 감옥에서 벗어나야 되는데, 아집과 자만에서 벗어나야 되는데…… 더 추의 세계로 내려가야 되는데……

12.23

정과리의 비평이 갈수록 폭이 넓어지고 깊이가 깊어지고 있다. 논리적이면서도 서정성을 잃지 않고 있는 그의 문체는 미래에의 투기가 과거의 추억(회억)에 깊이 연계되어 있다는 것을 깨달은 데서 ― 무의식적으로? 아마 그러할 것이다 ― 생겨난 것이다. 그의 비평은 "해체하는 해체함"(281)이라는 말 속에 간결하게 요약되어 있다. 그는 "삶의 다양하고 복잡하게 얽힌 관계의 망을 풀면서 재구성하며," "동시에 스스로를 해체한다." 그 이중의 작업에서 그의 글이 생겨난다. 그것은 때로는 타인을 찌르는 자신을 찌른다……『스밈과 짜임』(문지, 1988)이라는 제목도, 상투성에서 벗어나려는 한 움직임이다. 나로서는 다만 때로 너무 요약적인 대목들이 안타깝다. 요약은 해체가 아니라, 해체하는 척하는 구축이다.

성민엽의『문학의 빈곤』(문지, 1988)은 그의 세번째 비평집인데, 전의 것에 비해 성숙하고 너그럽지만 그런 반면 덜 날카롭게 느껴지기도 한다. 그의 글들의 대부분은 아주 긴장되어 있어서, 짧은 글들은 좋지만, 긴 글들은 때로 긴장이 지나쳐, 비틀거리기까지 한다. 그의 글에서 여러 면에서 계발된다. 4·19의 의미에 대한 성찰에서도 그렇고, 여러 원론적인 글에서도 그렇다. 내가 제일 재미있게 읽은 것은 「실천으로서의 글쓰기」이다. 그 글의 결론은 함축적이다. 작가·시인론 들은 원론을 재확인하는 자리로 흔히 기능하고 있는데, 그 기능에서 벗어나 때로는 작품의 움직임 속에 그대로 몰입되는 경우가 있다. 오정희·최창학·김지하·박상륭·황지우에 대한 글들은 좋다. 다시 숙독할 것.

12.28

하재봉의 『안개와 불』(민음사, 1988)은 재미있다. 그의 시는 한편 한편 읽으면 지나친 말장난처럼 보이는데, 시집으로 묶으니까, 오히려 생생하게 살아난다.

   그의 시에 대한 몇 가지 의도:

  1. 왜 제목을 '안개와 불'이라 하였을까? 삶이 불타오르면 태양-피를 향하고, 삶이 차가워지면 안개를 향하기 때문일까? 불에 관한 시편은 많아도 안개에 대한 시편은 드물다.

  2. 이 시집을 통과 제의의 시집으로 읽어야 할 것인가, 하강의 시집으로 읽어야 할 것인가? 첫번째의 관점에 서면, 뒤의 절망의 노래가 설명이 안 된다. 잠정적으로 하강의 시로 읽기로 한다. 유년 시절—꿈—삶—좌절—죽음…… 그리고 다시는 태어나지 않겠다는 도저한 의지. 그러나 그의 삶 속에서는, 이 시집이 하나의 통

과 제의이리라.

3. 이 시집에 나타나는 어머니의 다의성에 대하여: 어머니는 실제의 어머니이며, 상징화된 어머니이다. 상징화된 어머니는 숲으로 나타난다("숲, 나는 더 이상 그녀를 어머니라 부르지 않는다"(124)). 그 상징 때문에

    숲속에 갇혀
    내 홀로 숨쉬고 있음을 (141)

같은 시구가 생생해진다. 어머니에 관한 시구들을 다시 조사해볼 것.
  몇 개의 흥미 있는 시구들:

1. "땅 깊은 곳에서 돌들은/ 꿈꾸는 힘으로 단단해져간다"(168). 그의 시에 돌에 관한 이미지들이 많다. 돌은 때로 불타올라 태양이 되기도 한다.

2. "푸름이 풍만한 젖가슴을 가질 수 없을 때는/ 풀잎에 빗방울로 말할 수 없듯이/ 꿈꾸는 돌이 땅 밑의 태양에 충전되지 않고서는/ 별에 이를 수 없듯이"(162). 약간 난해하다. 땅 밑의 태양을 뒤져볼 것.

3. "강에 가면 바다에 이르는 길을 알게 되는지"(22). 강-바다의 연관을 어떻게 이해해야 할까? 개인의 길은 보편의 바다에 이르는 통로이다?

12.30

유익서의 『표류하는 소금』(한겨레, 1988)은 잘 짜인 단편들로 이루어져 있다. 잘 만들어져 있다는 것은 구성도 표현도 잘되어 있다는 뜻이다. 그리고 때로는 이야기들도 감동적이다. 그러나 책을 덮고 다시 그 감동을 추체험하려 하다 보면, 그것이 경련적인 감동이었다는 것을 깨닫게 된다. 마음의 깊숙한 곳에 가라앉아 자리 잡고 계속 감정을 자극하는 그런 감동이 아니라, 아 감동적인 장면이 있었어, 그런데 생각은 잘 안 나는데라는 유의 감동이다. 그의 세계관은 병적 낭만주의라 부를 수 있는 것인데, 그 원리는 진정한 예술적 세계(진실한 세계)는 현실 속에서는 이루어지지 않는다라는, 혹은 그 세계를 이룬 사람은 이름 없이 사라진다라는 것이다. 그래서 그의 예술가 소설들은 김동인의 「광화사」에 가깝다. 자신의 이름을 지우며 진실의 세계를 완성한다.

1989

청준에게

하도 시끌시끌하고 그러니 너에게 밖에 하소연할 곳이 없다. 대충 안산 형편들을 알고 있다면. 다른 초를 쓰려는 것이 아니라 물론 내가 갖고 있는 책들 중에서 내 에게 깊이 감동한 몇 대목을 적어 보낼 뿐이다.

— 사랑은 비밀이다. 그것도 무서운 비밀이다 (...) 자기의 사랑을 완전히 감출수 있는 능력이 있을 때에만 사랑은 자유롭게 사랑할수 있다. (바울라르)

— 억압된 자와 즐거움에서, 예술은 항상이 현재있으로서 만족하는 대신에, 억압하는 현실의 불행을 동시에 받아드린다. 同一化 함으로서 그 불행을 통일함으로서 그는 그의 힘의 상실을 예견한다. 모호하게 된 격렬성에 대해 초래의 긍정적 예술의 위치를 그리는 것은 바로 그것이다. 불행의 사진이며 영혼의 기쁨이 아닐것이다. (아도르노, 美學)

— 예술은 현실에 대하여 인화된다. 그것은 베끼면서 혹은 어떤 방식으로 든지 그것을 모방하여서가 아니라, 그 본질을 잡으려다가 인화가 된다. (아도르노 美學)

— 하지만 역사의 기술로서의 예술은 양심 그것이 출혈한 고통과 축적 에서 출발한 단발 목소리 혹시인가 (아도르노의 정의!)

더이상 얘기하고 싶지도 그러고 싶지 않다. 너도 왜 내가 이런 것을 써 보내는지 알게다. 너도 고통하고 있기때문이다. 여기에서 보니까, 너하고 최인훈형이 고통하고 있는 모습이 보인다. 열심히 견디거라. 불행의 사진을 그리지 말거라.

Strasbourg, 75. 2. 17 김현

김현이 이청준에게 보낸 편지 (1975. 2. 17)

1989.1.6

『민중의 바다』(한마당, 1988)는 잘 만들어진 삼류 소설이다. 꽉 짜인 구성은 어머니의 혁명적 각성을 향해 응집력 있게 진행되어나간다. 그러나 일제하의 한국의 모습보다는, 추체험된 혁명의 구도만이 크게 전면에 부각된다. "혁명가에게 고유한 자기희생적인 사랑과 불굴의 기상, 낙천적인 생활 의식"(2: 43)이 어머니를 지배하고 있으며, 그 어머니에게 교육되는 일제하의 한국 사회의 목표는 '반봉건 반제 민주주의 혁명'이다. 그 혁명의 구도는 선명하나 그 혁명을 주도하는 인물들의 모습은, 자본주의 사회에서 사는 사람들에게만 그렇게 보일는지 모르겠으나, 작위적이고 관념적이다. 모든 인물은 다 같이 선량하고 혁명의 대열에 몸 바친다. 왜놈들과 그들에게 봉사하는 한두 사람의 적들을 제외하고는.

1.9

박제천의 『노자시편』(문학사상사, 1988)은 멋있어 보이지만 깊이가 없다. 노자의 핵심을 자기식으로 파악하여 자기가 본 사물이나 자기가 겪은 정서를 재편성하는 것이 아니라, 피상적이고 노자적이라고 알려진 것을 되풀이하고 있다. 그래서 노자와는 반대로 수다스럽다. "영원한 늙음"이 아니라, "영원한 겉멋"이랄까! 영원한 늙은 사내 노자의 세계는 "세계의 이원적 파악이라는 기본틀"(124)로 특징지어진다. 그 이원적 세계를 과연 노자의 세계라 할 수 있을까? 그는 일원론자로서 "역사며 현실이며 꿈이며 사고의 복합체"(127)이다. 그 일원론자가 노자의 이원적 세계 — 그것이 무엇일까 — 를 수락한다? 묘한 논리다. 나로서는 그의 영웅 취미, 괴기 취미, 고담 취미가 노자로 그를 이끌었다고 볼 수밖에 없다: "번개처럼 나를 후려치는 저 사유의 괴물들, 때로는 절망 속으로 내던지고, 머리가 터져 나갈 정도로 비교의 잠언을 하염없이 지껄여대는 몽상가들, 상상력의 영토와 신민을 확장시키고 복속시키는 창업의 제왕들, 무덤 속을 걸어다니거나 하늘을 날아다니는 비인들, 이 세계의 낭떠러지에서 투신을 꿈꾸는 초인들…… 나는 이미 저들과의 만남을 은밀히 기록해왔던 게 아닌가"(131). 그의 그 말은 옳다.

1.10

어제 저녁에는, 아이들 둘을 데리고 마누라와 함께 대한극장으로 베르나르도 베르톨루치Bernardo Bertolucci의 「마지막 황제The Last Emperor」를 보러 갔다. 막내는 지루하다 하였고 — 마지막에 여치통에서 시커먼 여치가 기어 나오는 것을 보고 엉터리라고 항의하였으나 큰애는 별말이 없었고, 마누라는, 영화를 보고 나니 일본애들이 더욱 밉네라고 말했다(히로히토가 죽은 것이 며칠 전이더라?). 비록 서구인의 입장에서, 일본인들에게 모든 것을 다 뒤집어씌우고 자기들은 쑥 빠져버렸다는 비판이 틀린 것은 아니겠으나, 영화는 훌륭한 영화였다. 화면은 고전적으로 아름다웠고, 배우들의 연기도 좋았다. 그 영화의 전언은 여러 가지이겠으나, 인간은 개조될 수 있다, 영웅은 역사의 인형이다……라는 것이 중심적인 전언이다. 중국의 공산주의가 교육주의이며, 문화혁명은 그런 의미에서 미친 짓이었다는 전언도 들을 만한 전언이다. 좋은 영화를 본 날 밤은 꿈이 깊고, 뒤척이는 몸뚱이는 모든 역사의 각인을 소화하느라고 바쁘다. 아침에 일어나니 머리가 개운하다. 아, 못된 이기주의의 미친 이미지들이여, 잘 가라.

1.12

최성각의 『잠자는 불』(민음사, 1988)은 읽힌다. 그러나 감동적이지는 않다. 울림이 옅어서, 재치도 재치 같지가 않고, 고통도 고통 같지가 않다. 그렇다고 마르셀 에메처럼 가볍게 날지도 못한다. 우화적이지도 않다. 그럼 뭣일까? 지루한 가벼움이랄까. 가난도, 사랑도, 데모도…… 다 둔하게, 지루하게 가볍다(「잠자는 불」「앞으로 가는 고기」……「모르는 사람들」). 악마 같은 고통이 더 필요하다.

김선학의 『현실과 언어의 그늘』(민음사, 1988)도 마찬가지이다. 꼼꼼히 읽어보면, 별로 틀린 소리 같지 않은데, 지루하다. 모범 답안 같은 비평을 보는 지루함이다.

1.17

문충성이 보낸 새해 연하장의 한 구절: "80년 겨울 이후의 고통스러운 방황이 홀로라는 처절한 허무감에서 깨어나지 못했고 따라서 시작업도 그만그만한 것에 지나지 않았습니다……" 80년 겨울이라! 김재민이 죽은 해인가?

1.22

이승하의 『우리들의 유토피아』(나남, 1989)는 재치투성이다. 어떤 시들은 꼭 퀴즈 같다. 그렇다고 그것을 푸는 과정이 즐거운 것도 아니다. 풀고 나면, 그것으로 그만이다. 고통이 없다. 아니 꾸며낸 고통뿐이다.

조정래의 『태백산맥』(한길사, 1988) 3부는, 2부보다 훨씬 재미있다. 이야기도 차분하고, 관념도 설득력이 있다. 요즈음의 관점에서 재구성된 것이어서, 때로는 지나치다는 느낌이 들기도 한다. 김범우의 논지 같은 것이 특히 그러하고, 공산주의자들의 논지 또한 그러하다. 이태의 『남부군』의 영향도 상당량 엿보인다. 그런데도 읽힌다. 그것이 조정래의 필력이다.

1.23

최두석이 편한 『오장환 전집 1, 2』(창비, 1989)를 읽었다. 여전히 그의 시가 크게 울리질 않는다. 재치와 멋이 겉멋뿐인 비애와 섞이어,

서투른 울림을 울린다. 왜 그럴까? 그에겐 백석의 이국 정조—내 속에서의 이타성—도 없고, 이용악의 북방 정조—내 밖의 이타성과 내 안의 이타성이 어우러져 있다—도 없고, 서정주의 어떤 시들의 악마주의에서 치열성을 뺀 것 같은 병적 낭만주의만 있다. 그 낭만주의가 진보를 향하고, 근로 대중—그가 근로 대중이라는 말을 쓸 때의 어색함. 차라리 무산 대중이 어떤가?—을 향할 때도 치열성은 없어 보인다. 그가 정지용·김기림·백석을 비판할 때에도 그 울림이 그리 크지 않은 것은 그것 때문이다. 차라리 그가 서정주를 동료로 받아들일 때, 그의 시는 읽을 만하다. 그것과 관련된 두 개의 문장:

1. "내 정신의 형제여! 육신상의 동기가 아니라 정신상의 형제여! 모조리 내 앞에 와 집합을 하라"(2: 38).—보들레르의 서시를 흉내 낸 것이나 절규는 있다.

2. "시란 그저 아름다운 것, 시란 그저 슬픈 것, 시란 그저 꿈속에 있는 것, 그때의 나는 이렇게 알았다. 시를 따로 떼어 고정한 세계에 두려 한 것은 나의 생활이 없기 때문이었다. 거의 인간 최하층의 생활 소비를 하면서도 내가 생활이 없었다는 것은, 내가 나에게 책임이란 것을 느낀 일이 없었기 때문이었다. 그리고 피곤하기 때문이었다"(2: 51).

주목할 만한 그의 특성: 게으름·늦잠·책광, 프랑스 상징주의 애호증, 백석 싫어하고 서정주 좋아하기(김광균의 이름이 안 나오는 것이 흥미 있다), 여행 꿈꾸기(안 가고서 미리 간 듯 시쓰기—중요한 시적 징후; 랭보 흉내), 유곽의 여자 생각하기…… 그리고 진보주의 주장하기.

1.24

버스 속에서 갑자기 떠오른 생각 중의 하나: 조정래의 『태백산맥』은 토포스들의 나열이 아닐까? 토포스들의 조합이 뛰어난 작품으로 취급된 것들이 있는가? 있다. 뭔가? 『동 키호테』, 혹은 발자크의 소설들…… 과연 그럴까? 토포스의 대표적인 것들: 이현상을 선생님이라고 부르는 것, 살아남기 위해서는 어느 편에도 속하지 않아야 한다는 것, 파르티잔, 지주 묘사의 획일성…… 그러나 저마다 자기 계급의 틀 안에서 사유한다는 토포스를 뚜렷하게 보여준 것은 역시 큰 공적이다. 그것은 이제껏 금기였으니까.

1.26

다우닝의 『변혁과 민중 언론』(창비, 1989)은 급진 언론이 노조나 당보다 더 큰 힘을 발휘할 수 있다는 가정하에, 미국·서구·동구의 저항 매체를 다루고 있다. 기성 미국 매체의 허위성에 대한 통렬한 비판: "미국 외교 정책의 야만성·책략, 그리고 그 밑에 깔린 이론적 근거를 보도하면서 기성 매체들은 미국의 대중들에게 엄청난 애국적 거짓말을 거듭 팔았다. 그들은 여성을 표현하는 데 있어서 가정의 소비자, 성행위 대상 그리고 폭력의 대상이라고 하는 성차별주의적 여성상을 끊임없이 강화시켜왔다. 그들은 언제나 여성 운동을 조롱하고 잘못 대변했다. 그들이 드물게 인종적 소수파를 보도할 때에는 통상적인 인종차별주의적 어법이 지배적이었다. 그들은 60년대의 반전 학생 운동을 다루고 그 운동이 국외에서는 물론 국내에서 미국 우선주의에 의문을 제기하는 것을 보도하면서 전쟁·평화·신식민주의·소비주의·출세주의 등 제기된 쟁점들을 왜소화시키거나 부정하는 데 기여했다. 우리 모두는 물론이고 미래의 세대까지를 파멸시킬 소지가 있는 핵문제에 관해서 미국의 매체들은 불합리할 정도로 신중한 태도를 취하면서 조리가 맞지 않는 전문 기술의 안개 속에 그 문제들의 핵심을 감싸는가 하면 위험을 부정하고 친크렘린적 순진성을 비난했다"(46~47).

1.28

김수복의 『또 다른 사월』(둥지, 1989)은 애매모호하다. 깊이가 있는 듯하면서도 가볍고, 여성적인 듯하면서도 비-여성적이다. 산문체의 짧은 시는 이성복에게서 영향받은 것 같기도 하다. 그러니까 시어들도 비슷해 보인다. 그런데도 다르다. 그런데 뭐가 다른지 확실하지는 않다. 다시 읽어야 할 시집인데, 그럴 만한 값어치가 있나 모르겠다.

1.30

이영옥의 『남으로 가는 헬리콥터』(동광, 1989)는 재미있다. 역사를 넓고 깊게 보는 대신, 역사적 상처를 짧게 그리고 옅게 본다. 이성적이라기보다는 격정적이다. 그것은 시에 걸맞은 어조이다. 그러나 짧은 단문의 집적은 때로 이야기 속으로 매몰하려는 의식을 일깨워 고문한다. 그때가 그의 소설 중에서 제일 아름다운 때이다. 「남으로 가는 헬리콥터」나 다른 군대 소설의 상투성에서 벗어나야 한다, 그래야 큰다.

2.3

인병선의 『들풀이 되어라』(풀빛, 1989)는 치기가 앞서는 시집이다. 재주는 없고, 남편을 팔아 문화인 행세를 하려는 시인이라면 지나친 표현이 되겠지만, 읽을 만한 시는 「북에서 왔다고만 하면」(32) 정도이고, 나머지는 그저 그렇다. 그 시도 아버지가 이북에 있으니까 생겨나는 절절함이 배어 나와서 어느 정도 성공한 것이지, 깊이가 있는 것은 물론 아니다. 누구나 시인이 될 수 있고, 또 시인이지만, 누구나 시인이 될 수 있다고 해서 누구나 시집을 펴낼 수 있는 것은 아니다.

『80년대』 제2집(풀빛, 1989)도 위의 경우와는 좀 다른 의미로 치기투성이이다. 이때의 치기란 자기가 무슨 소리를 하는지 잘 알지 못하면서 강력하게 자기주장을—자기주장을? 남들의 주장을 서툴게 엮어놓은 것을—내세우는 데서 생겨나는 치기이다. 읽기가 민망스럽다.

강석경의 『가까운 골짜기』(민음사, 1989)는 유익서의 『민꽃소리』나 이제하의 소설과 함께 읽어야 할 소설이다. 일종의 예술가 소설인데—여자의 삶은 어때야 하는가가 곁다리로 따로 붙어 있다—읽을 만하다. 강석경과 유익서의 예술론은 이제하의 그것에서 연유하고 있는데, 깊이 있게 분석해볼 만한 주제이다. 강석경(도예)·유익서(대금)·이제하(문학)의 장르적 차이에도 불구하고 그 근원은 같다.

1. 예술가는 시대에 적응하지 못하는 약자이다(77).
2. 편리한 기계가 오히려 예술가를 부리는 경우가 있다(162); 일은 손으로 하는 것이 좋다(161).
3. "가난이 부끄러움은 아냐. 그러나 그건 내세울 것도 못 돼. 소위 예술을 한답시고 가난을 순수의 훈장처럼 내세우며 남에게 신세지는 걸 당연하게 생각하는 인간들은 상종하기 싫어"(165).
4. 정신이 있어야 예술이다(188).
5. 예술의 정신은 파괴로부터 시작한다. "그러니 모방은 쓸데없는 짓이야. 취하고 버려야 해"(199).
6. 예술에는 내 정신이 있어야 한다(199).
7. "인격이 지식과 상관없듯이 인격이 완전해서 예술가가 되는 것은 물론 아니다. 예술가는 끝없이 갈등하면서 자기 자신보다 더 훌륭해지기 위해 작업을 하는 사람들이었다"(217); "제 껍질 속에서 혼돈의 꿈을 먹는 미망의 예술가들"(217).
8. "내가 만나고 싶은 건 생각지도 못했던 그 어떤 신비야"(243).
9. 진정한 고독은 행복이다(273).
10. 예술-도예에서 "중시하는 것은 자유와 변화이다"(325).
11. "보다 본질에 가까운 것은 여성적인 것이야. 시나 예술도 여성적인 것에 가까워." "여성적인 것은 영원한 고향이에요. 예술도 그 회귀 본능의 한 형태가 될 거예요"(330).

강석경의 예술관은 독일 낭만파의 예술론에 가깝다. 예술은 정신·혼이며, 그것은 자유와 변화를 중요시하지만, 그것은 하나의 근원, 여성성에 근거한다.

2.4

박경리의 『토지』 4부(지식산업사, 1988)를 사가지고 와 읽기 시작했는데, 그 방식이 나로서는 희한했다. 좀 지나치게 급격하다 싶었지만 참고 1권을 읽고 2권을 읽고 있는데, 아는 사건이 자세하게 설명되어 있는 것이었다. 작가가 돌았나, 하는 생각을 하고 있다가, 혹시나 하고 다시 보니, 내가 읽은 것은 1권이 아니라 3권이었고, 손에 쥔 것이 2권이었다. 이왕지사 하고 계속 거꾸로 읽었는데, 특이한 독서 체험이다. 그 나름대로 재미도 있었다. 전반적인 느낌은 작가가 2, 3부에서보다 덜 서두른다는 것이다. 그만큼 원숙해졌다고 할 수 있겠고, 그만큼 정열이 식었다고 할 수도 있겠다. 평사리의 길상을 지나치게 속이 찬 인물로 그린 것이나, 환국을 너무 숙성하게 그린 것 등은 마음에 거슬리지만, 윤국의 성격은 좋아 보인다. 옥이가 두메와 결혼하는 것도 그럴듯하고, 홍이가 공노인의 재산을 물려받는 것도 그럴듯하다. 오가다를 내세워, 일본 지식인들의 한 모습을 내보여주는 것도 그럴듯하지만, 4부에서 제일 생생하게 살아 있는 것은 조용하/임명희이다. 그들의 성격도 뚜렷하고, 정황도 걸맞다. 여성 해방 운동이라는 관점에서는, 채만식의 『인형……』보다 못하지만, 그런대로 의미가 있다. 양반-귀족 출신의 친일파의 자기 소모적 권위주의의 모습이 상당히 진실되게 그려져 있다(그것은 아마도 이광수·김동인·염상섭의 영향일 것이다).

머리에 남는 것:

나는 어딘들 걸을 수 있다. 나는 불가능을 향해 걸을 수 있다! 불가능이 있기 때문에 불가능은 목표가 된다. 〔1: 298〕

가출한 윤국의 귀향 선언 같은 것인데, 그 외침에는 울림이 있나.

2.7

어제부터 소련 영화 「칸의 영광」을 보고 있는데, 템포는 느리나, 깊이가 있다. 어제 것에는 신들린 여자가 나오는데, 시베리아 샤먼의 특징 그대로 떨며 신탁을 내리고 있었고, 모두들 그녀를 존경하고 있었다. 칸의 막내와 사랑을 하지만, 원로들의 책동으로, 당그라신에게 그녀는 공양된다. 당그라신이라! 그 철자가 어떤지 알 수는 없으나, 당골과 무슨 연관은 있어 보인다. 그렇다면 불가리아인들도 시베리아 샤머니즘에 속한 민족일까? 백과사전을 들춰봐도 자세한 것은 모르겠다. 불가리아인들이 그리스 정교로 귀의하기 전이니(9세기 중엽), 민족 전래의 신이겠는데, 그 신이 아직도 있는지 그것도 모르겠다. 동구나 몽고…… 족들이 가깝게 느껴지는 것은 — 슬라브인들도 포함하여 — 그들이 우리와 비슷한 민족들이기 때문은 아닌지.

2.8

인도의 피리 소리에는 원초적인 공허가 있다. 절망도 아니고, 분노도 아니며, 그렇다고 수치도 아닌, 쉰 듯하면서도, 텅 비어 있고, 텅 비어 있으면서도 공허로 꽉 차 있는 것 같은 묘한 소리이다. 저 광활한 아시아의 초원에서, 아무리 외쳐도 반향이 없는, 꼬리가 사라져 없어져버리는, 그래서 공 속으로 돌아가는(/들어가는) 소리들의 반향이 그 소리에는 잠겨 있다. 그 소리를 듣고 있노라면, 슬픔도 아니고 분노도 아닌 공허 속으로의 긴장된 침잠이 있다…… 뭐랄까 어둠 속에서 오르페가 분 피리 소리가 그것이 아니었을까 하는 느낌. 자기 존재가 텅 빈 소리로 바뀌는 기묘한 체험.

2.9

인도의 피리 소리에 비하면, 바흐의 「브란덴부르크」도 너무 가볍다. 운명의 맛이 없다고나 할까.

2.10

김영태의 『느리고 무겁게 그리고 우울하게』(민음사, 1989)는 재미있다. 신경질적이리만큼 절제되어 있던, 그래서 아름다운 그림만을 그리려 하던 시인이, 지난번 시집부터 사소한 일상성을 거침없이 드러내고 있다. 그러나 까장까장한 성격은 그대로 남아, 괄호 치고 논평하는 형식으로 나타난다. 그 논평이 때로는 시보다 더 재미있다. 『평균율』 동인에 대한 애정, 김춘수·황지우·장정일 등의 노소 시인들에 대한 애정과 격려, 백병동·춤꾼 들에 대한 관심은 때로 그의 시 그 자체이다. 그의 노성함을 단순하게 트리비얼리즘이라고 비난할 수만은 없는 것은, 사소한 것 속의 트임이랄까, 지혜 같은 것이 그의 시에 있기 때문이다.

서정인의 『달궁』(민음사, 1989)은 역시 문체의 맛으로 읽어야 한다. 그의 자유긴집화법에 내하여 글을 한 편 쓸 것.

2.23
오래 자주 들으면 소리의 구조가 귀에 보인다. 그때가 고비다. 그 구조가 보이는데도, 좋게 들리는 소리가 있고, 그 구조가 보이면 소리가 상투적이 되어버리는 소리가 있다. 인도 음악은 그 구조가 보여도 듣기 좋다.

3.1
말하다는 거짓말하다와 동의어이다.

미국 철학책들과 대륙 철학책들의 차이는 엄청나다. 대륙 책들에 비해 미국 책들은 메마르고 거칠다는 느낌을 준다. 그 느낌은 미국 책들이 논리에 너무 집착하고, 대륙 책들이 보여주는 고전들, 특히 시나 소설들에 대한 관심을 거의 보여주지 않는 데서 연유한 것처럼 보인다. 정리·증명…… 등으로 가득 찬 미국 책들보다 소설들에서 예를 끌어오고 있는 대륙 책들은 읽기가 얼마나 편한지(미국식으로 말하자면, 편하다는 가치 판단적인 용어가 아니다).

3.4

전상국의 『지빠귀 둥지 속의 뻐꾸기』(세계사, 1989)에는 좋은 작품들과 나쁜 작품들이 뒤섞이어 있다. 대개 뒤에 실린 것들이 가볍고 작위적이며, 앞에 실린 것들은 무겁고 깊이 있다. 전에 읽은 몇 편—「지빠귀」「투석」등을 빼고 읽었는데, 「썩지 아니할 씨」는 좋은 소설이다. 그의 소설은 폭력이 인간 모두에게 내재한 본능과도 같다는 명제를 주장할 때 힘이 있다. 아우슈비츠에서 모차르트를 들으며 사람을 죽이는 그 끔찍한 인간들이 바로 우리들이듯. 그 소설들은 인간을 폭력을 분비하는 생물이라고 정의하고 있는 것 같아 끔찍스럽다. 그러나 그래서 생각할 거리를 마련해준다. 인간은 썩어서 다른 무엇이 되는 것이 아니라, 썩지 않고 계속 폭력을 분비하는 동일자들이다. 폭력으로 자기 증식하는 씨앗!

3.5

이문열의 『변경 1, 2』(문지, 1989)는 이중 구조로 되어 있다. 밑은 가족소설의 구조이고—영희/어머니; 명훈/아버지의 관계가 특히 그러하다—그 위는 연애소설·투쟁소설·이념소설의 혼합 구조이다. 그 두 구조는 이문열의 뛰어난 솜씨에 의해 거의 그 겹댄 부분을 찾아내기 힘들 정도로 엉켜 있다. 그 두 구조를 얽은 틀은, 인철의 회상의 틀이다. 그는 『영웅시대』의 지표들을 그대로 간직하고 있다. 그는 소설가이며, 경상도 양반 출신이며, 박식가이고, 미문가이다. 그의 글은 민태원의 『청춘 예찬』과 김내성의 『실락원의 별』의 웅변적 어조를 아름답고 정확한 문장으로 고쳐놓은 글이어서, 김화영의 지적 그대로, 국정 교과서를 잘 읽은 사람들이라면 누구나 빨려 늘어가게 되어 있는 글이다. 그의 글은 개화기 이후의 열정이 — 다시 말해 계몽주의적 열정이 만들어낸 웅변조의 감정을 미학적 교양으로 감싼, 계몽주의의 마지막 불꽃이다. 그의 글은 아무것도 주장하고 있지 않는 것 같지만, 사실은 여러 가지 것을 강렬하게 주장하고 있다: 아름다운 것이 있다라든가, 변경에 사는 주변인들은 원숭이·얼치기 들에 가깝다라든가, 타산이 결국은 사랑을 이긴다(사랑/타산 → 순수/비순수의 기묘한 도식!)라든가 하는 것들이 그런 것들이다.

몇 가지의 중요한 생각:

1. "그 말의 참과 거짓, 옳고 그름이 온전히 그들 듣는 이들의 주관적 판단에 맡겨지는 것뿐만 아니라 때로는 내 마음속의 진실까지도 그들의 해석에 영향받고 강제된다"(1: 110).

2. 혁명론 —— 김과 황의 논전(1: 161 ; 2: 111 ; 2: 297). 김의 역사적 허무주의/황의 실천적 혁명주의.

3. 유년 시절(1: 217~22); 영희의 유년 시절(2: 251).

3.7

점심 먹고 내려오다가 5동 계단에서 본 문장 하나: "청맥에서 못 보면 섭하자!" 아마도 '청맥'에서 모이는데, 그때 못 보면, 섭섭하겠다라는 뜻인 모양이다. 섭하다의 복수 일인칭이라……

'젊은 북녘 시인에게'라는 부제가 붙어 있는 『우리들의 꿈』(푸른

숲, 1989)은, 상투적인 기원·감탄·흥분·열망으로 가득 차 있다. 박남철·강은교…… 등 몇 시인을 제외하면, 자 통일해서 잘 살아봅시다라든지, 이곳은 그곳 책을 간행 못 하게 하는데, 그곳은 어떤지요 따위의 낯 뜨거운 비교뿐이다. 이것이 이곳 시인들의 상상력의 현주소이다라고 생각하고 있는데, 난데없는 동아일보의 짧은 기사 하나가 눈길을 끈다: 기형도가 죽었단다. 아니 이게 웬일이야, 한 달 전에 그와 같이 술 마실 때의 그의 표정이 떠오른다. 울고 싶은 듯, 찡그리고 싶은 듯, 웃고 있는 얼굴이었지만 묘한 표정이었다. 아니 문화부에서 편집부로 자리를 옮긴 것이 그렇게 가슴 아팠단 말인가. 집에 들어가기 싫어 혼자 영화를 보다 죽다니!

3.9

자기가 무엇을 싫어한다는 것을 지나치게 강조하는 것도 하나의 징후이다. 김영현의 「벌레」(『창작과비평』, 1989년 봄호)는 읽을 만한 소설인데, 그는 거기에서 자기는 유물론자이며 심리주의적 경향을 싫어한다는 것을 되풀이하여 강조하고 있다. 그것이 나에게는 자기는 심리주의적이다라는 것을 부정적으로 강조하고 있는 것처럼 보인다. 사실 그의 심리주의적 치료법에의 경사는 눈물겹다. 그는 결단코 대하소설은 쓰지 못할 것이고, 글쟁이의 환상 — 그의 어투를 빌리면 마땅히 환상이어야 하니까 — 에서 벗어나지 못할 것이다. 옴!

이문열의 『변경 3』(문지, 1989)을 끝까지 읽었다. 읽은 뒤의 첫 느낌은 괜찮은 소설이라는 것이다. 신문에서 읽었을 때보다 밀도도 있고, 역사적 안목도 있다. 반-민중적 시각이라고 비판할 수도 있겠지만, 소설의 구성이 그 비판을 너넉히 건디이내고 있나. 우선 재미있다는 것이 장점이다. 그러나 미국 측의 개입 문제를 좀더 정면에서 다룰 수는 없었을까 하는 아쉬움은 남는다. 경애와 그녀의 약혼자의 대화 같은 것으로라도 그것을 암시할 수는 있지 않았을까? 아니 암시는 돼 있으니까(3: 228), 거기서 조금만 더 나아갈 수는 없었을까?……『변경』 일부를 읽고 난 뒤에 느낀 것 중의 다른 하나는 인철의 책에 대한 환상, 일종의 신성화이다(3: 49, 51). 책을 신성시하는 그에게 그가 던진—마치 내게 던지는 질문 같다—질문의 그 섬뜩한 성실성: "뒷날 자신이 고른 일과 거기에 잘 맞지 않는(?: 인용자) 보수적 성향 때문에 줄곧 괴로움을 당하게 될 철은 언젠가 스스로 문의한 적이 있다. 그해 4월의 사건에 대한 것으로는 유일하게 되는 그 기억(권력자가 힘을 잃은 이후에 그에게 돌을 던지는 행위에 대한 기억: 인용자)에 자신의 보수적 성향을 길렀는가, 아니면 처음부터 있던 보수적인 기질이 다른 아이들과 달리 그런 기억으로 그 날을 대하게 했는가를. 그 답이 어느 쪽이건—철에게는 마찬가지로 불리하기 짝이 없는 기억이었다. 들린 시대에 미친 말을 몰고 가는 일을 자신의 가치로 선택한 그에게는"(3: 52). 이 문단을 읽고 난 뒤에 생기는 의문들: i) 글은 보수적 성향에는 걸맞지 않은가?; ii) 작가가 다루는 말은 미친 말인가?

비평가의 가장 큰 고민은 읽어야 할 책은 너무나 많고 거기에 대해 생각할 시간은 너무나 적다는 것이다. 그래서 성급해지거나 게을러진다. 둘 다 좋지는 않은 태도이다.

3.11

3월 11일자 한겨레신문 8면에는 따옴표를 하고 '외동이'라는 말이 쓰이고 있다: "가족 계획으로 한 자녀만을 둔 부모들의 가장 큰 고민은 '외동이'가 크면서 성격이 잘못 형성되어가지나 않을까 하는 걱정이다." 사전을 찾아보니, 외딸·외아들은 있어도, 외동이는 없다. 외동이의 동이는 업둥이의 둥이와 같이 어린이를 나타낸다. 외딸과 외아들을 총괄하는 어휘로 외동이라는 말을 쓰는 것은 좋으나, 외롭다의 외와 겹쳐, 쓸쓸하다는 심적 가치가 부가돼, 말의 울림이 썩 미묘하다.

3.12

김치수의 지적: "마음 깊숙한 곳에서는 보수주의가 자리 잡고 있는데도 진보주의자인 척할 때는, 사소한 것에 과격해지고, 본질적인 것에는 무관심해진다." 옳은 말이다.

3.13

이동하의 『현대 소설의 정신사적 연구』(일지사, 1989)는 객관적이고 비전투적인 문체로 씌어져 있어, 이동하의 글 같지가 않다. 그것이 다루고 있는 것은 김동리인데, 그렇다고 김동리에 대한 깊은 애정도 보이지 않는다. 아니 그 애정이 담담함 속에 깊이 숨겨져 있어, 거의 보이지 않는다. 2부의 홍성원의 『흔들리는 땅』을 다룬 글은, 홍성원을 다룬 글로는 재미있다.

3.14

장편 서사시리는 장르가 점차 인기를 끌고 있으나—독자들의 인기가 아니라 작가/시인의 인기이다—그에 상응하는 작품들은 거의 없다. 대개 재미없는 이야기들을 줄갈이해서 속도감 있게(그나마!) 제시한 것이 대부분이며, 그 속도감이나마 없는 것들은 읽을 수가 없다. 나만 그런 것인지 다 그런데 거짓말로 재미있다고 하는 것인지 모르겠다. 하기는 김지하의 『남』인들 읽히기는 읽혔는지.

3.30

뻔히 저기 있다는 것을 알고 있으나 거기에 가까이 가면 갈수록 멀어지는 세계에 살고 있는 고통…… 카프카가 이미 묘사했으나, 아직도 낯선 그런 세계……

3.31

『문예중앙』(1989년 봄호)에서 오래만에 옛 친구들의 수설을 두 편 읽었다. 이청준의 「금지곡 시대」와 오정희의 「파로호」가 그것이다. 이청준은 예의, 세련성에 이상하게 끌리고 있으며, 오정희는 미국의 문화 체험에 아직도 상처가 남아 있는 듯 때로 어눌하고 때로 지나치게 매끄럽다. 그러나 대가들의 작품답다. 꽉 매인, 잘 씌어진 작품을 만들려는 욕망에서 적당히 해방돼 있다는 점에서 그러하다. 오정희의 소설 중에서 늙은 고양이를 자루에 담아 인적 없는 곳의 나뭇가지에 매달아놓고, 매일 그곳으로 산보 가는 여주인공의 모습은 그로테스크하지만 감동적이다: "주머니 속의 것은 점점 작아지고 청회색 피크닉 주머니는 빛이 바래 남루하게 늘어졌다. 더 이상 붉을 수도 푸를 수도 없이 퉁퉁하다거나 길다거나 형체를 말할 수 없이 해체되어 자루 속에서 악취를 풍기고 썩어가는 것은 고양이가 아니었다. 바로 자신의 내면에서 분리되고 파괴되어가는 그 무엇이었다"(150). 그 무엇은 바로 나다. 그 글을 쓴 나이며, 그 글을 읽는 나이다.

4.1

마누라와 함께 자르키의 「안나 카레니나」(동아극장, 2시간 20분)를 보러 갔다. 미국 영화와 다르게, 말초 신경을 자극하는 대신, 불륜을 저지른 자는 불행해지게 되어 있다는 주제를 차분하게 이끌고 나간다. 적당히 지루하지만, 소련의 이국 풍경은 볼만하다. 다 보고 나니까 누군가의 모방이라는 생각이 든다…… 그렇다, 그것은 비스콘티의 영화를 모방하고 있다. 비스콘티에게서 감각을 빼면, 19세기 후반의 귀족 사회의 세련성만 남는다. 비스콘티에게서 감각을 빼고 도덕을 집어넣으면, 자르키의 「안나 카레니나」가 나온다. 다시 한번 느끼는 것이지만, 러시아 귀족들의 서구 취향은 놀랄 만하다 (피아노 가르치기, 오페라 구경하기, 프랑스어 쓰기, 청혼의 방법……). 『안나 카레니나』가 『마담 보바리』의 러시아판이라는 것도 확실하다. 『에피 브리스트』가 그것의 독일어판이듯. 『마담 보바리』의 한국어판은 무엇일까? 나혜석이 그 실제의 예라면, 소설에서는……

4.7

강형철의 『해망동 일기』(황토, 1989)는 생각보다 새비있다. 여리고 감성적이지만, 본능적으로 가난의 문화를 체득하고 있다. 그 가난의 문화가 싸움의 목소리로 쉽게 전환되지 않는 데 그의 시의 장점이 있다. 간첩 모티프의 사용이 불만하고 다른 모티프들은 상식적인 선에 머물러 있으나, 가난의 문화 속에 배어 있는 슬픔·사랑 등이 그것을 알맞게 감싸고 있다.

4.9

장석주의 『어떤 길에 관한 추억』(청하, 1989)과 『비극적 상상력』(청하, 1989)은 그의 수준을 그럭저럭 유지하고 있다. 시는 옛 시가의 리듬이나 이미지를 변용시킨 것들이 눈에 띄는데, 「강」처럼 성공한 것들도 있지만, 안 그런 것들이 더 많다. 시평은 문체에만 의존하고 있으며, 감탄보다는 미문에 더 의존하고 있다. 잘못하면 기술자가 되겠다. 조심해야 할 단계이다. 더 뚫고 나가기 위해서는 더 고통해야 하는데, 그의 고통은 자꾸만 제스처로 느껴진다.

4.11

홍희담의 「이제는 저 달이」(『사상운동』, 한마당, 1989)는 잘 만들어진 소설이다. 그러나 잘 만들어졌을 뿐, 인물들의 성격이나 행동은 너무 도식적이다. 이 소설을 재미있게 읽는 법: 베른의 소설을 그렇게 읽듯, 통과 제의 소설로 읽을 것. 사람은 시련을 통해 성장한다

(혹은 구원을 얻는다)라는 도식을 이데올로기적으로 전환시킨 글로 읽을 것. 그러나 그럴 만한 가치는 있는 것인지.

4.18

우편물 사고가 있었는지, 책 광고를 오래전에 봤는데도, 책이 오지 않았다. 오랜만에 전화를 걸었더니, 여전히 느린 목소리이다. 목소리가 와 그러노, 난 딴 사람인 줄 알았다. 이제하다운 말이다. 책하고 다른 것도 보냈는데. 다른 것이란 아마도 수필집을 말하는 것이리라. 학교로 좀 부쳐줘요. 요즘 우편물 사고가 잦아요. 오긴 오는데, 딴 집 아이들이 꺼내가는 모양이었다. 『소녀 유자』(고려원, 1988)는 좋은 소설이다. 몇 가지 특색:

  1. 개작·증보의 또 다른 예이다. 「유자 약전」을 앞에 놔두고, 긴 각주를 붙였다고나 할까, 다른 형태로 「유자 약전」을 쓰고 있다고나 할까. 죽음의 측면에서는 유자/유인국(남편)의 대립으로 보이기도 하나, 내용상으로는 유자/애자의 대립이다. 전문적-예술가/급조된(소양 없는)-예술가(화가/배우)의 대립은 전문성/소인성, 비매음성/매음성, 천국/지옥(선/악), 승화/나락…… 등의 대립으로 확대되어나간다. 애자는 악마화한 유자이다. 그녀의 자발성은 유자의 쥐어짜기와 극명하게 대조된다. 하고 싶은 대로 하라가 애자의 좌우명이 된 순간, 그녀의 예술가로서의 자질이 꽃피기 시작한다. 유자가 소실점을 향하는 동안, 그녀는 화려하게 꽃피어난다. 부챗살의 꼭지점을 향해 유자가 가고 있었다면, 애자는 부챗살 쪽으로 분산한다. 분산된 육체·인간·세계……

2. 나: "자질이 없으면 그림은 안 되는 것이다"(21)—낭만적 예술관.

  3. 유자: "그림이란 30년 후에 일어날 전쟁을 종이 위에 그려 전쟁을 못 일어나게 하는 것"(24)—구원으로서의 예술.

  4. 나의 유자 구타(33): "숨쉴 땅을…… 뚫을 구멍을…… 발붙일 장소를…… 그런 나라를 찾아내지 못할 줄 아느냐"(33)—궁핍한 시대에 방황하는 예술가들.

  5. 유자: "그녀 역시 어느 한 개의 소실점을 향해 자신의 전부를 집중시키고, 그것으로 자신의 소멸을 면해보려고 애를 쓰고 있었던 것이다"(37)—죽음에서 벗어나기.

  6. 유자: "작품을 완성하면, 다음 작품에 들어가기 전에 반드시 그것을 없애버렸다"(40)—낭만적 예술가, 생산 과정의 중요성.

  7. 유인규: "소녀야말로 모든 사내들이 희구해 마지않는 여자의 근원적인 이미지야"(88)—청결함·순진함·이상·승화.

  8. 나: "최소한 사물을 사물 그 자체로서 볼 수 없으면, 환쟁이로서는 완전히 실격이다"(107~08); "우리는 천생 그런 동류이다"(110)—보들레르류의 동료 의식; "유자를 유자답게 한 것, 그게 무엇이었던가…… 나는 생각하기 시작했다…… 그건 제가 하는 일에 대한 자부심이 아니었던가…… "(122); "예술이니 작품이니 운운하고 내세우는 녀석일수록 그것은 또 내장이 그만큼 황폐해 있다는 증거밖에 되지 않는다"(133); "죽은 사람에게 그나마 제일 가까이 갈 수 있는 길이란 오직 홀로 마음으로나마 절감하는 것, 그것 외에 또 무슨 방법이 있겠는가"(178)—결국은 그와 나와의 동질성의 확인인가……

4.24

이광웅의 『목숨을 걸고』(창비, 1989)는 상투적이다. 비슷한 주제, 비슷한 어법…… 소박한 정신이 받아들인 복잡한 세계. 이미 소박해져 있는 복잡성.

김남주의 『사랑의 무기』(창비, 1989)의 염무웅의 발문은 고민의 소산이다. 비판만 할 수도 없고, 찬송만 할 수도 없는 비평가의 양심이 선연하게 느껴진다. 시는 그저 그렇다.

심산의 『식민지 밤노래』(세계, 1989)는 읽을 만하다. 특히 후기의 자기비판은 귀담아들을 만하다. 재주는 있어 보이나, 아직 자기 세계는 찾지 못한 것 같다. 자기 세계라…… 그게 찾을 만한 가치가 있는 것인지, 없는 것인지 알 수 없으나, 자기 세계가 아직 없다는 것은 확실하다. 상투적인 반미, 신명난 통일춤…… 잊혀지지 않기 위해 더 과격해질지 모른다. 그때는 더욱 추할 것이다.

4.25

『여성 3』(창비, 1989)에 실린 「『토지』에 나타난 여성 문제 인식과 역사 의식」은 세 명의 필자가 공동으로 쓴 글인데, 『토지』의 여성들이 새로운 역사 의식을 갖지 못하고 전통적인 여인으로 주저앉아 있어, 소설적으로(?), 아니 투쟁적으로 선명하지 못하다고 분석하고 있다. 말하자면 자기 시대에 갇힌 인물들이라는 뜻이겠는데, 그들의 분석은 읽을 만하다. 그러나 때로 분석을 위한 분석으로 떨어져, 소설로서의 『토지』가 주는 감동의 근원을 밝히는 데까지는 이르지 못하고 있다. 이르지 못하고 있다? 천만에, 우리가 노린 것은 그것이 아니다……라고 필자들은 항변할 것이다.

5.1

메이데이에 연구실에 앉아 윤후명의 『원숭이는 없다』(민음사, 1989)를 읽는다. 우선 상상 속의 동물들이 많이 나온다. 그리고 소시민의 아련한 느낌이 거기에 겹쳐진다. 직장이 없고 엄나무를 좋아하고, 아내의 정절을 때로는 의심하지만, 보다 영원한 어떤 것을 찾는 나. 그는 이야기의 끝에 그가 삶에서 요약해낸 단장들을 집어넣는다: "진실한 사랑에는 무엇보다도 생명이 중요한 것(인데, 그렇지 않다면) 사랑은 완성되지 않는다"(105); "나도 나를 찾아 떠나야 한다"(126); "우리가 얻으려 했던 것은 한 마리의 상상의 동물, 기린과 같았을까"(258). 그는 일상 속에서 원숭이처럼 허우적거리며, 영원한 것을 찾아 헤맨다. 그의 미래는 열려 있으며, 그 미래는 그의 갇힌 과거에 다시 갇힌다. 그는 미래를 꿈꾸는 것이 아니라 차라리 회상한다. 그의 소설이 갖는 서정성은 거기에서 연유한다.

5.5

최인훈의 『길에 관한 명상』(청하, 1989)은 매우 방어적이고 자기 옹호적이다. 그전의 최인훈의 산문이 보여주는 단정함·단아함 그러면서도 힘이 넘쳐흐르는 충일성이 많이 가시고, 때로는 중언부언에 이를 정도로 자제를 못 하고 있다. 그렇다고 추할 정도는 아니고, 예전에 비해 그렇다는 말이다. 내용에 대해서는 할 말이 없다. 내가 아는 최인훈 그대로이다.

5.12

기계는 때로 견딜 수 없이 사람을 피곤하게 한다. 며칠 내내 컴퓨터에 매달려 있었는데, 오늘에야 겨우 그것에서 해방되었다. 정과리 선생 덕이다. 그가 두 시간을 만진 덕에 나는 편안하게 그것을 이용한다. 그 작동의 원리는 거의 모르는 채. 원리는 몰라도 이용은 할 수 있다. 끔찍한 일이다. 기계는 인간을 해방시키는 것이 아니라, 인간을 오히려 잡아맨다. 거기에서 벗어난다는 것은 그리 쉬운 일이 아니다. 그러나 벗어나려 해야 한다. 그렇잖으면 그것은 내 의식을 아프리카에 있다는 저 무서운 진흙 구덩이로 나를 한도 없이 끌고 들어갈 것이다. 벗어나려고 애를 쓰면 쓸수록 더 빨려 들어가는 곳으로. 오래전부터 나는 본능적으로 기계를 무서워했는데, 아마도 그 제어하기 어려움 때문이었으리라. 시골에서 내가 만질 수 있었던 것은, 책보자기 정도였고, 라디오도, 아버지만 만질 수 있었지, 나는 만질 수가 없었다. 아버지의 책상 위에 놓여 있었던 그 제니스 라디오를 내 얼마나 곤혹스럽게, 그러나 호기심에 가득 차 쳐다보았던고. 가까이 가면 언제나 아버지가 엄격하게 말씀하셨다. 만지지 마라. 만지지 마라. 그 금지의 소리가 언제나 내 속에서 울려 내가 기계를 그렇게 무서워한 것인가. 만지지 마라. 흰 종이는 만질수록 까맣게 된다. 죄를 짓지 마라…… 만지지 마라. 그래서인지 기계를 만진다는 것은 이중의 심리적 끌림을 의미한다. 혐오와 매혹을. 언젠가는 이 불필요한 기계들을 부숴버리겠다. 그러나 나는 내가 결코 기계들을 부숴버리지 못하리라는 것을 잘 알고 있다.

　오늘은 초파일이었고, 나는 오생근 선생과 관악산의 새 코스를 개척했다. 사람들이 잘 안 다니는 길을.

5.13

마누라, 아이들과 함께 더스틴 호프만의「레인 맨」을 보러 갔다. 만원이었다. 호프만이 자폐증 환자로 나오는 영화였는데, 역시 할리우드 영화답게 지루하지 않고, 재미있었다. 형제애를 강조한 영화랄까, 매우 긍정적인 영화였는데, 할리우드의 낙관주의가 크게 돋보였다. 할리우드와 모스크바는 엉뚱한 곳에서 때로 서로 만난다.

5.15

3시에 제1회 소천문학상 시상식이 있었다. 진형준이 그 수상자였는데, 수상 소감이 들을 만했다. 이런 공식 석상에 선 것은 두번째인데, 결혼식 때는 제법 떳떳하기도 했는데, 이번에는 전혀 안 그렇다고. 그 대목에서 웃음이 터져 나왔다. 소천의 제자들 모두가 열심이었고 성실했다. 기억에 남을 만한 자리였다.

　박정만 시선 『해지는 쪽으로 가고 싶다』(나남, 1989)의 황동규의 해설은, 그의 해설답게, 당당하고 거침없다. 그래서 때로 오만해 보이고, 독선적인 것 같아 보인다. 그러나 글은 박정만의 한 면을 분명하게 쥐고 있다. 그가 박정만의 시를 포괄적 역설이라고 부른 이유는 분명하지만, 그때의 역설은 영미 문학에서 쓰이는 지적 기교라기보다는 차라리 노자의 박명의 시학, 사라짐의 시학에 가깝다. 다시 말해 박정만에게는 지적 제스처가 없다. 다만 사라지는 것이 안타깝고 견딜 수 없지만, 그 사라짐을 수락하지 않을 수 없는 약한 육체를 인정할 뿐이다. 그의 육체는 점점 비전에 가까워지고, 그는 존재 쪽으로 가려 하지만 그것은 이미 불가능하다. 쓸쓸하지만, 의미는 있는 시학이다. 삶은 사라짐이기도 한 것이다. 황동규가 뽑은 시들은 그의 시 중에서 비교적 좋은 시들이다. 그 비교적 좋은 시들의 울림은 그러나 언제나 한결같지 않다. 다만 황동규의 다음 구절은 기억할 만하다: "저 광활한 우주 속으로 사라진다면 그 누구, 특히 지우들과 만날 인연은 희박해지리라. 그의 이 시는 나보다 오래 살다 죽을 자들은 안 만나겠다는 말로도 들린다. 그것도 하나의 경지일 것이다. 갑자스런 죽음만이 그런 경지의 등가물이 될 수 있을 것이다."

정효구의 『시와 젊음』(문학과비평사, 1989)을 읽으면, 그녀의 비평이 매우 착실하고 성실하고 교훈적이라는 것을 알 수 있다. 그녀는 좋은 문학 교수이다. 그 좋음에서 조금만 더 벗어날 수 있었으면 좋겠다.

5.19

전성우는 흔히 '마지막 심급에서는'이라고 번역되는 말을 '종국에 가서는'이라고 옮기고 있는데, 그 문맥에서는 적절해 보인다(『사회비평』, 1989년 봄호〔342〕).

5.20

어제 저녁에는 스승의 날을 그냥 넘기기 그렇다고 몇몇 아이들이 하이덴으로 초대해 새벽 2시까지 술을 마셨다. 오랜만에 아이들하고 어울려서인지 비교적 술을 많이 마신 셈이다. 웃고 떠들고, 주정받고…… 그렇게 늙어가나 보다.

안도현의 『모닥불』(창비, 1989)은 재미없다. 체험의 폭도 좁고(평교사의 지루한 체험), 사유의 깊이도 없다, 아니 없어 보인다. 통일의 당위성을 주장하는 의식이 무의식을 완전히 억압하고 있다. 좋은 교사, 좋은 시민. 옳다고 알려진 것만을 사유하는 젊은 시인의 그 순응주의가 내 마음을 아프게 한다. 그의 재능이 이 정도였는가?

문지 집들이에 갔다가 오랫동안 만나지 못한 많은 사람들을 만났다. 다들 늙어가거나 늙었다. 오, 지난날의 눈은 어디 있는가!

서태석의 「옥산 아줌마」(『창작과비평』, 1989년 여름호)는 가능성이 있어 보인다. 우선 구체성의 정신이 살아 있다. 해학 감각도 있다.

> 서른여덟, 아홉 고생한 사람쯤 봤는데
> 마흔여덟의 펑퍼짐.

같은 시구는 평이하면서도 재미있다. 그러나 「연가」 같은 시는 넋두리이다. 그 상투성에서 벗어나야 구체성의 세계가 살아난다.

박완서의 「복원되지 못한 것들을 위하여」도 재미있다. 개인의 내부에 있는 이기주의를 그리는 데 그녀만큼 뛰어난 사람은 드물다. 다만 전과 같은 깔끔함이랄까, 완성감은 적어진 것이 흠이다. 흠일까? 나이의 힘은 아닐까?

이성복의 연애시를 읽으면, 뭔가 불안스럽다(『문학과사회』, 1989년 여름호). 관념이 지나치게 앞으로 튀어나와 아슬아슬하다. 구체성의 세계로 되돌아가야 하는 게 아닌가 한다. 정과리의 글은 지나치게 의미 부여한 듯하다. 이인성을 다룬 임우기의 글은 읽을 만하다. 이인성의 소설을 끝까지 꼼꼼하게 읽고 쓴 최초의 글 같아 보인다. 장경렬의 서정인론은 지나치게 현학적이다. 그런 의미에서 그는 아직 완전히 귀국하지 않은 셈이다. 류철균의 김윤식론은 읽을 만하다. 가능성이 있어 보인다. 주 붙이기와 같은 현학취가 더 없어져야겠다.

5.24

월요일 아침에 치수가 담담한 목소리로 어머니가 돌아가셨다고 전화를 했다. 팔순을 넘긴 지가 오래전이니까 담담할 만은 했으나, 그래도 목소리에는 슬픔이 배어 있었다. 나는 알았다고 말한 뒤에 병익에게 전화를 했다. 그가 시골에 내려가겠다고 했으므로 문제는 차편을 구하는 것이었다. 주연은 연락이 되지 않았고, 생근은 타교 출강 중이었다. 결국 병익이는 인철이와 함께 가는 것으로 낙착되었고, 나는 서정기 패들과 가기로 했다. 우리는 여섯이었다. 선운사 입구의 풍천장집에서 점심을 먹고 들어간 무장은 아주 조그만 동네였다. 그러나 옛날 의미에서의 시골이었다. 서로가 서로를 잘 알고 있고, 그 집 저녁거리는 무엇이라는 것까지 잘 알고 있는 그런 시골은 오랜만에 보는 시골이었다. 그의 집은 크고 넓었다. 기둥은 통나무였고 마당에는 꽃들이, 아니 꽃나무들이 가득 차 있었다. 마당이 넓으니, 사람들이 좀 붐벼도 보이질 않는다. 아파트하고는 완전히 다른 정황이다. 문상 뒤에 나오는 상도, 독상·겸상·큰상…… 이런 식이다. 그의 촌놈 얼굴은 시골에서는 아주 의젓하니 잘 어울린다. 그는 천생 시골 사람이다. 차라리 그의 색시는 시골 사람인데도 시골에 어울리지 않는다. 무슨 이유 때문일까?

잡학의 대가인 서정기의 말 하나: "모음이 많은 이탈리아에 비해 우리나라에서는 받침이 많아 노래가 발달하지 못했어요." 생각해 볼 만한 말이다.

학교에 나가, 김원우의 「아득한 나날」(『문학과사회』, 1989년 여름호)을 천천히 읽는다. 텔레비전 기자의 해직-고생-복직의 과정이 지루하리만큼 자세히 묘사되어 있다. 해직되면 무조건 민주화를 위해 싸워야 한다고 믿는 사람들에겐 이 소설은 견디기 힘든 폭력으로 보일지 모르겠으나, 나에겐 이것이 더 구체적인 삶이 아닐까 생각된다. 주인공은 한국 사회의 모순과 갈등을 잠복기가 긴 속병 같은 것으로 치부하고 있는데 바로 거기에서 그러한 속병앓이를 구체적으로 묘사하고 싶은 마음이 생겨나나 보다. 나도 소시민이기 때문인가. 하기야 자기는 결단코 소시민이 아니라고 주장하는 소시민들이 얼마나 많은 나라에서 지금 나는 살고 있는지!

5.25

서인석의 『기호학 교육론』(성바오로 출판사, 1989)은 그의 논문들과 프랑스 기호학파들의 논문들을 모아놓은 것인데, 방법은 물론 그레마스의 방법이며, 앙트르베른 그룹이 통속화시켜 보급한 간이용 방법이다. 그의 글은 평이하고 기호론의 기본에 충실하지만, 역시 성서 학자답게 때로 은총을 지적하는 배려를 빠트리지 않는다. 그가 번역해 실린 글들도 평이한 글들인데, 용어 번역에는 반대 의견이 있을 수 있겠다. 예를 들어, 'discours'를 '술화'라고 옮기는 것 따위(185). 그런 예들을 더 들어보겠다: 'faire interprétatif' → 해석 작위(해석적 행위?(209)); 'thymique' → 정조적(기질적?(210)); 'dispositif énonciatif' → 발화적 배열(언표 장치?(214)); 'métalangage' → 형이언어(메타언어? 이차언어?(215)) 등등. 그러나 책 끝의 참고 문헌과 기호학 전문 술어집은 읽어둘 만하다. 기호학을 공부하는 사람은 어떻든 그의 용어 번역에서 자유스러울 수는 없겠다.

5.26

모르고 있었던 것: "그러다가 푸코가 근대적 주체 내지 근대 세계의 미몽에서 깨어나기 시작한 것은 1978년에 출판된 크리스토퍼 래쉬의 『나르시시즘의 문화』를 읽고 난 후부터였다. 그는 이 저서를 통해 주체에 대한 근대적 개념의 뿌리를 AD 1~2세기의 그리스 로마 철학과 AD 4~5세기의 기독교 정신에서 발견하게 된 것이다"(이광래, 「양생의 미학으로서의 윤리」, 『세계의 문학』, 1989년 여름호[18]). 래쉬의 책을 숙독할 필요가 있겠다. 『세계의 문학』의 푸코 특집은 그저 그렇다.

때로 마음은 사적 즐김의 세계 속에 자리 잡아, 내 마음이 가는 곳으로만 가려 한다. 산에 다니면서부터, 산에 대한 시가 부쩍 마음을 끈다. 박재삼의 약간 감상적이지만, 울림은 있는 시구:

>이것이 절정에 올수록
>산을 보는 경치도 경치지만
>그 위에 장관 하나를 더 없는
>이런 사치를
>내가 저승 가면 못 보는
>그 한을 어쩔거나.

그 한을 정말 어쩔거나! 아, 산에 가고 싶다, 모든 것 다 팽개치고······

주창윤이라는 시인은 처음 보는 시인인데, 시가 맑고 깨끗하다.

읽기 편하다. 슬슬 거친 시들이 읽기가 거북해지는 것을 보니 늙어가긴 늙어가나 보다.

>자기를 밀어내 사구를 쌓는 강은 아름답다.
>갈대구름은 그곳에서 피어난다.
>은어 풀어주기 전에
>먼저 젖지 않으므로
>천천히 물 위로 나를 밀어내는 저녁 강
>나는 가라앉지 못하고
>스스로를 파내어 생을 이룬 강이
>흐르고 있을 뿐이라고 말할 수는 없다.

주창윤의 「저녁 강」은 박재삼의 「울음이 타는 저녁 강」보다 그 리듬이나 처연함이 뒤떨어지지만, 그 깊이는 훨씬 깊어 보인다. 자기를 밀어내 사구를 쌓는 강은 아름답다라는 첫 행은 시가 자연발생적인 것이 아니라 자기 삶의 총화이다라는 것을 아름답게 진술하고 있다. 시인은 저녁 강가에 앉아 자기를 반성하고 자기를 밀어내 사구를 쌓는 강과 비긴다. 그 비김은 낯설지 않고 친숙하고 다정하다. 나도 자꾸 밀려나는 사구처럼 가라앉지 못한다. 살 삶은 그저 흘러가는 시간이 아니다. 오랜만에 좋은 시를 한 편 읽었다. 그의 다른 시는 그렇게 좋지는 않다. 한 편의 좋은 시는 우연의 소산인지.

송재학의 「늙은 여자」 연작은 읽을 만한데 깊은 감동은 주지 않는다. 수사가 세계관을 압도하고 있기 때문인 것 같다.

5.27

래쉬의『나르시시즘의 문화』(최경도 역, 문지, 1989)는 읽을 만하다. 번역 문장은 평이하고 비수사적이다. 때로, ~가 주장하였으니 ~이다라는 투가 눈에 거슬리나, 심하지는 않다.

흥미 있었던 몇 대목:

1. 대부분의 미국인들은 여전히 성공을 부·명성, 그리고 권리로 정의하지만 그들의 행동은 그들이 이러한 업적의 내용에는 별로 관심이 없음을 보여준다. 사람이 행하는 것은 그가 성공을 거두었다는 사실보다 덜 문제시된다(82).

2. 현대의 사회 상태는 공화정 시대의 바로 최초에 마르키 드 사드 후작에 의해 상상된 공화적 사회형과 유사하게 되어간다. 여러 가지 점에서 혁명적 개인주의의 예언자들 가운데서 최상의 선견지명을 가졌고 확실히 가장 갈피를 잡을 수 없는 인물이었던 사드는, 끝없는 자기 탐닉을 재산 관계에서의 혁명의 논리적 절정, 즉 가장 순수한 형태로 혁명적 우애를 획득하는 유일한 길로 변호했다. 〔……〕 사드의 이상적 사회는 인간들이 궁극적으로 다른 것과 교체될 수 없는 대상물로 축소될 수 있다는 자본주의의 원칙을 재차 단언하였다. 그것은 또한 온정주의의 파괴와 모든 사회적 관계를 시장에 예속하는 것이 잔존하고 있는 억제력과 만인의 만인에 대한 투쟁으로부터 경감된 환상을 벗겨버렸다는 홉즈의 발견을 구체화했으며 그것을 놀랄 만한 새로운 결론으로 이르게 하였다. 〔……〕 그는 여권주의자들보다 더욱 분명하게 자본주의하에서의 모든 자유는 결국 똑같은 것, 향유하고 향유를 받을 똑같은 보편적인 의무로 귀착되는 것을 알았다. 〔……〕 이리하여 순수한 개인주의는 개성에

대한 가장 급진적인 거부로 결말이 났다. 〔……〕 사생활에 대한 부르주아적 방어는 자신의 소멸 속에서 개인을 찬미하는, 사생활에 대한 가장 철저한 공격에서 절정에 이른다〔92~94〕.

3. 나르시시즘적 성격의 출현은 특히 우리들의 역사적 시간감의 급격한 변화를 반영한다. 나르시시즘은 미래에 대한 흥미를 잃어버린 사회에서 성격 구조의 전형적인 형태로 대두된다. 부모들에게 자식들을 통한 대리적 삶을 영위하지 말도록 충고하는 정신의학자들이나, 종종 명분 있는 실제적 이유 때문에 부모가 되는 것을 연기하거나 거부하는 부부들이나, 제자리 숫자의 인구 성장을 권고하는 사회 개혁가들 등은 모두 재생에 관한 끈질긴 불안——실로 우리 사회가 마땅히 번식을 계속해야 되는지의 여부에 대한 널리 퍼진 의구심——을 증명하고 있다〔249〕.

그리고 프랑스 인명의 미국식 발음의 한 예: 로저 카일로이스 Roger Caillois는 로제 카유아라고 읽어야 할 인명이다〔127〕.

래쉬의 논지는 현대인은 부르주아적 개인주의 최종 산물인 심리인이며, 그는 과거에 대한 관심을 갖고 있지 않기 때문에 미래에 대해서도 흥미를 갖지 않는다라는 것으로 요약될 수 있다. 그 심리인을 그는 나르시시스트라고 부른다. 그는 삶의 의미를 발견하려고 애를 쓰는 인간이다. 서문에 요약되어 있는 래쉬의 결론: "비록 낡은 금기로부터의 해방이 그에게 어떤 성적인 안정도 가져다주지 못하지만 성에 대한 나르시시스트의 태도는 엄격하다기보다는 관대하다고 볼 수 있다. 다른 사람들로부터의 자격 인정과 칭찬을 요구하는 데에는 매우 경쟁적이지만, 새로운 나르시시스트는 무의식중에 경쟁을 억제할 수 없는 파괴의 충동과 연관시키고 있기 때문에 그것을 불신한다. 그러므로 그는 자본주의 초기 발전 단계에서 맹위를 떨친 경쟁의 이데올로기를 거부하며, 심지어 스포츠와 게임에서 그것이 제한적으로 나타나는 것도 불신하고 있다. 반사회적 충동을 깊숙이 감추면서도 그는 협동과 팀워크를 격찬하고, 자기에게는 해당되지 않는다고 남몰래 믿고서 규칙과 법규의 존중에 대해서 예찬한다"(15).

이석호의 「섬」(『세계의 문학』, 1989년 여름호)은 그리 나쁜 소설은 아니다. 그런데도 좋다는 느낌은 들지 않는다. 승준·옥사장·경진 등은 매력 있는 인물들인데 살아 있질 못하다. 승준의 아내가 왜 정신이상에 걸렸는지, 그의 도저한 결백주의(결백주의? 아니 차라리 도덕주의라고 해야 되지 않을까. 그는 경진과는 잠을 잘 수 없어도 술집 여자와는 잠을 잘 수 있다. 술집 여자는 여자가 아니라, 음식 같은 것인 양)는 어디서 생겨난 것인지가 분명하지 않아, 소설의 전반적 분위기는 겉도는 분위기이다. 승준의 과거, 아니 기원과 그 소설은 완전히 단절되어 있다. 그래서 그의 경진 거절도, 만남이나 헤어짐은 같은 것이라는 달관된 몸짓과도 같이, 깊은 울림을 울리지 않는다. 더구나 뛰어난 예술가들이 본능적으로 내보이는 놀라운 삽화 하나 없다. 끔찍하다, 아니 안타깝다. 그것을 메우기 위해 작가는 때로 지나치게 멋있는 수사를 동원하나 그것이 성공적인 것 같지는 않다. 예를 들어, 우린 잠시 만났다 풀어지는 연줄과 같은 것이라는 수사(455). 한번 얽히면 절대 풀어지지 않는 연줄도 있다는 것을 작가는 모른 것일까?

최석하의 「포장마차와 신문지」(『포항문학』 9호)는 읽을 만하다. 그의 시는 요즈음 점점 쉬워지고 있는데, 그 쉬움이 긴장의 결여에서 나오는 것이 아니라 삶의 깊이를 체득한 데서 나오는 것이어서, 차라리 구수하다. 그의 선시에 비해 이것이 훨씬 그답다. 그가 제스처에 신경을 쓰지 않고, 그의 주변의 구체적 현실을 계속 관찰하고 성찰한다면, 그의 재능으로 봐, 좋은 결과를 이끌어낼 수 있을 것 같다. 「나는 소매치기」도 좋고, 「잔인한 시대의 술꾼」도 좋다.

5.28

해원사에서 보현봉으로 가는 길을 처음으로 가봤다. 길도 좋고, 경치도 좋다. 감탄만 하다가 김치수에게 또 야단맞았다: "처음 가보는 길은 다 좋아 보이지." 그럴 리가 있는가. 같이 가니까 처음 가는 길도 근사해 보이지, 혼자 처음 가는 길이야 얼마나 무섭고 고통스러운가.

내려오다 정명환 선생 댁에 들러 회갑 기념으로 만든 논문집을 전해드렸다: "자주 좀 들르게. 나이 드니까 쓸쓸하이." 그분도 쓸쓸한가 보다. 그러나 어쩌랴, 그것이 실존주의인 것을.

5.29

김정환의 『우리, 노동자』(동광, 1989)의 전언은 분명하고 수사도 정확하다. 전언이 너무 분명하기 때문에, 계속 읽기가 아주 고되다. 현실 파악도 직선적이고, 시의 논리도 그만큼 직선적이다. 직선적이기 때문에, 깊이가 느껴지지 않는다. 현실은 논리 위에 떠 있거나, 논리 밑에 숨어 있다. 삶을 영위하는 사람은 거의 없고, 소리 높여, 노동계급의 해방을 외치는 목소리만 있다. 안타깝다. 그를 보고 안타깝다고 말하는 나를 보고 안타깝다고 말하는 사람도 물론 있을 것이다. 진리를 눈앞에 두고도, 돌아가다니.

5.30

유종호의 『함부로 쏜 화살』(문이당, 1989)을 읽어보니 그가 정지용을 얼마나 좋아하는지(/좋아했는지) 알 수 있다: "그러다가 마주친 것이 정지용 시집이었다. 중학 1학년 때다. 8·15 후 건설출판사란 데서 낸 판본이다. 누런 종이에 표지도 볼품없는 허름한 책이었다. 우리말의 아름다움에 한없이 매료되었다. 어휘력이 빈약했던 당시의 나에게 이 시집은 가위 조선말의 보물 창고였다. 〔……〕「고향」「향수」같이 정평이 나 있는 시 이외에도「산 넘어 저쪽」「무서운 시계」같은 동시,「압천」「따알리아」「홍춘」「슬픈 기차」「유리창 1」같은 작품을 특히 좋아했다. 모두 쉽게 외워지는 것들이다. 세평이 높았던「바다」「해협」「비로봉」같은 작품엔 그렇게 끌리지 않았다"〔93~94〕. 그가 어떤 시를 좋아하고 어떤 시를 좋아하지 않았나 하는 것을 꼼꼼히 따져보면 그의 시관의 비밀이 어느 정도는 드러난다. 그는 모더니즘 계열의 시를 어렸을 때부터 좋아하지 않은 것이다. 그 이유는 무엇일까? 토속어에 대한 이끌림이 너무 강했던 탓일까, 아니면 뒤에 재투사된 것일까? 토속어에 대한 그의 취향은 유치환의 시에 대한 그의 폄하에 가장 잘 드러나 있다.

김형영의 시가 갈수록 죽음 곁으로 다가가고 있다. 「내가 드는 마지막 잔을」(『현대시세계』, 1989년 여름호)은 아름다운 시다.

내가 드는 마지막 잔을
그대 눈물로 채워다오

내 눈물은 말랐거니
다른 날을 볼 수 없으리

끔찍하게 아름답다. 다른 날을 볼 수 없게 된 사람이 마지막으로 드는 눈물 없는 잔의 그 지독하게 쓸쓸한 맛!

6.1

한승원의 『아버지와 아들』(나남, 1989)은 아버지와 아들 간의 세대 간 갈등을 다루고 있다. 상업주의적 출판사에 근무하는 시인 아버지와 운동권 학생 사이의 갈등에서, 작가가 논리적으로 편들고 있는 것은 물론 학생 쪽이지만, 감정적으로, 다시 말해 전-이성적으로 편들고 있는 것은 아버지 쪽이다. 편가르기는 비교적 선명하지만, 편과 편 사이의 갈등은 너무 단순하고 피상적이다. 가족적 문맥이 거의 사상된 가족 간의 갈등은 논리이지 소설이 아니다. 아깝다.

신대철의 『나무 위의 동네』(청아, 1989)는 별 재미가 없다. 아직

소녀적인 감상이 지배적인 산문들을 아무런 부끄러움 없이 쓰고 있다. 이태준과 황동규의 나쁜 면을 확대시켜놓은 것 같은 산문집이다. 생각해볼 만한 문단 하나: "자기 삶을 추상화시키지 않으려면 사물을 있는 그대로 보는 것도 중요하지만 그에 결부된 이미지나 관념도 함께 보아야 할 것이다. 강렬한 삶일수록 우리의 삶은 사물과 관념 사이에 펼쳐 있거나 뭉쳐 있기 때문이다"(70). 그리고 알게 된 또 하나의 사실: 그와 박기동이 무척 친한 사이라는 것.

몇 권의 시집을 쌓아놓고, 천천히 읽는다. 의무적인 책읽기가 아니니까, 읽다가 재미있으면, 더 천천히 읽고, 재미없으면 마구 넘긴다. 몇 개의 기억하고 싶은 시구들:

i. 극소량의 시를 토해내고 싶어 하는
귀신이 내 속에서 살고 있다. (최승자, 『기억의 집』, 문지, 1989 (12))

ii. 나는 의미없는 작은 구멍이에요
즐거움도 아픔도 모두 껴안는
그런 작은 구멍이에요 (홍영철, 『너는 왜 열리지 않느냐』, 문지, 1989(69))

iii. 보잘것없는 것들의 생각도 꿈도
도대체 알 수 없는 우리가
무슨 깊은 생각을 해낸다는 것일까

무슨 거대한 꿈을 그려낸다는 것일까 (홍영철(75))

홍영철의 작은 구멍은 여자의 구멍이 아니라 시간이라는 구멍이다. 시간이라는 구멍은 작은 구멍이지만, 모든 것을 다 껴안는다.

정인섭의 『무진일기』(문지, 1989)는 예전 세계의 계속이다. 「못 잊는 죄 하나」 「기우는 달을 쳐다보다가」는 읽을 만하다.

6.2

혼자 루이스 푸엔조라는 아르헨티나의 영화감독이 만든 「오피셜 스토리」를 보러 갔다. 관객들의 수는 그리 많지 않았지만, 영화는 뛰어난 것이었다. 아르헨티나의 정치적 상황이 70년대 말부터 80년대 초까지 얼마나 열악한 것이었나를 분명하게 알 수 있었다. 한국과 비슷했거나 더했으면 더했지 덜한 것 같지는 않다. 끔찍한 이야기를 하는 감독의 눈은 그러나 절제되어 있고 때로는 서정적이어서 더 울림이 크다. 화면의 색조도 아름답다. 그러나 무엇보다 아름다운 것은 점점 주인공의 의식이 깨나는 과정 그 자체이다. 그 의식화는 억지가 없고 매우 자연스러워 관객을 자기도 모르는 사이에 그 주인공의 의식 속으로 이끌고 간다. 그래서 주인공의 의식과 관객의—아니 나의—의식은 어느 틈엔지 하나가 된다. 나도 그렇게 될 수 있다라는 것이 그러므로 이 영화의 마지막 전언이다. 집에서는 좋은 아들이며, 상냥한 남편이 밖에서는 얼마나 나쁜 놈일 수 있는지도 그것은 무섭게 뚜렷하게 보여준다. 너도 이런 개새끼 중의 하나이다라는 것이 그것의 또 다른 전언이다. 주인공의 남편이 얼마나 숙달된 고문꾼인가 하는 것은 지하실에서 주인공의 친구와 그녀의 남편과의 대화, 그리고 문틈에 끼인 주인공의 피투성이의 손으로 뛰어나게 아름답게 형상화되어 있다. 아름답게? 그렇다. 아름답게! 다시 말해 눈물이 나게! 주인공은 그러나 아무 말 없이 화장실에 가 손을 씻고—빌라도처럼—멋있는 수건으로 그것을 동여맨 뒤, 남편을 다정히 껴안은 뒤 그의 곁을 떠난다. 눈물을 흘리는 그의 얼굴이 클로즈업된다. 아, 저런 놈도 눈물을 흘리는구나. 밖에서 악질적이면 악질적일수록 안에서는 다정하고 상냥한 것일까. 그는 안에서는 민주주의를 행하고 밖에서는 식민주의를 행하는 19세기의 저 교활한 제국주의자들과 너무나도 닮았다. 아니 그가 바로 그 제국주의이다.

6.3

이창기의 『꿈에도 별은 찬밥처럼』(문지, 1989)은 가능성과 불모성이 겹쳐 있다. 초고를 읽을 때에는 가능성만 눈에 띄었는데, 책으로 나온 뒤에 다시 읽어보니 자만심이 지나치고 이미지의 울림이 거의 없다. 이상하다. 그러나 배금주의를 비판하고 있는 「너와 내가 태어나 7」은 읽을 만하다.

> 너를 보내고 돌아오는 길에
> 무심코 주워버린 동전 하나
> 문득 쓸쓸해진
> 미친년 하나 헤매지 않는

개똥 하나 없는 거리

그랬구나,
이 차고 동그란 것이
지상에 빛나는 별이었구나

말들의 빈틈을 좀 줄여야 하겠다. 그래야 읽힌다.

6.4
보현봉 바로 밑에는 기도원이 있다. 아침에 그곳을 지나가는데, 잘 쓸어놓은 마당이 눈을 끌었다. 오랜만에 보는 시골 마당이었다. 아스팔트는 아무리 깨끗이 쓸어놔도 깨끗하다는 느낌이 들지 않는다. 시골 마당만이 잘 쓸어놓으면, 깨끗하다. 깨끗하게 쓸린 마당이야말로 선의 공간이다.

죽음은 이 모든 것을 보지 못하게 된다는 것을 뜻한다.

6.6
어제 저녁에는 기형도의 누이와 그의 선배, 친구들과 술을 마셨다. 과음이었는지, 아침에 일어나는 게 힘들었다. 그런데도 빚을 갚았다는 느낌이 들어 마음은 편하다. 새로 안 사실들: 그의 고향은 연평도이다. 황해도 해주에서 월남한 모양이다. 아버지는 일제 시대에 전문학교를 나온 지식인이어서 집에는 책들이 많았다 한다. 어머니는 일종의 후처로서 아버지와 사이가 그렇게 좋았던 것 같지는 않다. 중앙고등학교 출신. 공부는 잘한 편. 누이와의 사이가 좋았던 모양. 시를 쓰면, 밤 열두 시에도 친구 집에 전화를 걸어 그것을 읽어준 모양. 정리벽이 있다. 하나도 안 버리고, 모든 것을 보관하고 정리한다. 과장이 없다고 할 수는 없으나, 그의 시는 비교적 사실에 충실하다. 석유 냄새 나는 누이는 신문 배달을 하는 누이라는 뜻이다. 신문에서 나는 석유 냄새, 다시 말해 잉크 냄새. 대중가요를 위한 기사가 두 편 있다. 심수봉에게 갔던 기사인 모양이다. 유행가를 잘 부른 모양. 우리들 앞에서는 명곡들만 불렀는데 친구들과는 그렇지 않았다. 시를 발표한 뒤에는 자기 시에 대해 언급한 비평가들에게 전화를 하는 꼼꼼함도 보여준 모양이다. "죽기 일주일 전에 몸살을 앓았는데 그것이 신호였던 모양이에요"(박해현). 그러나 어떻든 한 젊은 시인은 죽었고 우리는 살아남아 그를 이야기한다. 죽음만이 어떤 사람에 대해 아무런 말을 해도 괜찮게 만들어준다. 죽음은 모든 것을 허용한다.

6.8

하종오의 『꽃들은 우리를 봐서 핀다』(푸른숲, 1989)에 대해서는 박혜경의 해설이 올바르다, 올바르다기보다는 설득력이 있다. 그녀는 이 시집에서 하종오가 소시민의 삶을 주로 다루고 있으며, 시를 포기할까 말까 망설이고 있다고 지적한 뒤에, 그것은 그의 본바탕이 소시민적인데도 안 그런 것처럼 행동한 데서 생겨난 현상이라고 꼭

집어낸다. 하종오의 소박주의는 냉정한 현실 비판 위에 세워진 것이 아니며, 민중적 삶에 대한 소박한 믿음과 주관적 열정에 그 뿌리를 두고 있다. 그녀의 설득력 있는 결론: "민중의 삶에 대한 올바른 인식은 민중에 대한 주관적인 열정이나 소시민적 삶에 대한 일방적인 폐기 처분에 의해서가 아니라 소시민적 자기 기반과의 끊임없는 마찰과 긴장 속에서 얻어진다"(127). 올바른 지적이다.

김광균의 『임진화』(범양사 출판부, 1989)에서, 시인은 여전히 우울한 어조로 죽음을, 아니 친구들의 죽음과 자신의 늙음을 노래하고 있다. 한두 개의 재미있는 이미지:

빌딩들은 해변가의 절벽같이 떼지어 서서
인왕산의 낙조에 잠기어간다 (29)

나는 먼 곳을 쳐다보았다.
자라나는 것과 사라져가는 것을
세월이 조용히 가르고 있나 보다 (65)

빌딩을 해변가의 절벽같이 보는 눈은 매우 특이한 눈이다. 그리고 자라나는 것과 사라져가는 것, 태어나는 것과 죽어가는 것을 하나로 보는 눈은 달관한 사람의 눈이다.

6.12

어제는 좀 힘이 들었다. 아침부터 몸에 열이 좀 있었는데 무리해서 북한산을 종주했더니 밤에는 열이 나고 뼈마디가 쑤셨다. 이러다가 가는 것인가 할 정도로. 삶의 순간순간이 죽음과의 싸움인데 그것을 모르고 희희낙락 지낸다. 그러나 고통이 없다면 죽음의 실감도 없으리라. 많이 아프라, 죽음이 너를 무서워하도록.

6.13

김승희의 『달걀 속의 생』(문학사상사, 1989)에는 재치가 넘쳐난다. 그 재치는 그러나 대부분의 경우 절제되어 있지 않아, 과시적으로 느껴진다. 과시적 재치는 우선은 그럴듯하지만 쉽게 싫증 난다. 그녀의 재치가 더 세련되거나 더 신중해졌으면 좋겠다. 더 세련되면, 이상처럼 비-상식의 세계에 들어갈 수 있을 것이고, 더 신중해지면, 김수영처럼 풍자의 세계에 들어갈 수 있을 것이다. 그러나

> 나는 조금 더 조금만 더 진화되고 싶다
> 진화되어야만 한다
> 아니라면 아아 차라리 퇴화되고 싶다
> 어항에 알맞는 조그만 사이즈로 〔26~27〕

같은 시구나 「내가 없는 한국 문학사」 같은 시는 재미있다. 앞에 인용한 시구에서, 퇴화되고 싶다는 퇴화하고 싶다의 소극적·부정적 형태이며, 물고기와 같은 조그만 사이즈로 퇴화하고 싶다는 것은

숨고 싶다와 예쁘게 보이고 싶다의 이중적 교직이다. 그 이중적 교직이 김승희의 개인 심리학의 비밀이다.

6.16

김태연의 『폐쇄 병동』(열음사, 1989)은 지루하다. 김문수적인 인물들을 더 과장하여 늘어놓고 있으나, 그 인물들이 살아 움직이는 것 같지는 않다.

부산에는 괜찮은 시인들이 많다. 그러나 대개 그만그만하고, 뚜렷하니 큰 시인은 보이지 않는다. 『열린시 11』(책펴냄 열린시(출판사 이름치고는 이상하다))에 실린 시들도 그만그만하다. 나로서는 박태일의 시가 비록 백석의 영향인 것 같지만 괜찮아 보인다. 전보다 넉넉하고 차분해졌다. 그의 「김광균과 백석 시에 나타난 친족 체험」도 읽을 만하다. 이윤택의 글은 장광설이다. 자만심이 지나치고, 논리가 너무 신문 기사적이다. 선정주의를 너무 빨리 배웠고, 자기가 쓴 것이 대단한 것으로 알고 있다. 젊었을 때에는 대개 그렇다고들 하나, 좀 심하다. 절제를 배워야겠다. 그리고 자기가 뚫을 수 있는 길이 무엇인가를 숙고할 필요가 있다.

6.17

송영의 「도깨비 할머니」(『문예중앙』, 1989년 여름호)는 감칠맛이 있다. 백석의 사투리 시를 연상시키지만, 그것을 관류하고 있는 것은 삶과 이야기, 저쪽 세계(죽음의 세계)의 혼융이다. 아들과 함께 사라진 어머니의 이야기는 아름답고 쓸쓸하다.

젊은 비평가들이 본 80년대 소설의 본질과 한계는 재미있으나 시론의 범주를 벗어나지 못한 것 같다. 한기는 가능성이 있어 보인다.

장경렬의 「신비평과 그 이후의 미국 비평」(『외국문학』, 1989년 여름호)은 읽을 만하다. 그의 글의 문체가 지나치게 번역 투라는 점이 이따금씩 눈에 거슬린다. 해체 이론을 해상 구축적 이론이라고 옮기는 것은 약간 무리가 있어 보인다. 해상 구축은 해독적 구축이라는 뜻으로 자꾸 읽힌다.

황동규의 「관악일기」는 좀 풀어진 듯한 느낌이고, 하재봉의 「퍼스날 컴퓨터」는 재미있다. 그러나 그것뿐이다. 더 깊이 있게 봐야 하지 않을까 하는 느낌이 든다. 기차와 타자기를 연결하는 수준은 넘어서야 한다. 하기야 그것이 그리 쉬운 일은 아닐 것이다. 현대 문명을 바라다보는 눈이 익어야 하니까.

6.18

이제는 갈수록 긴 책들이 싫어진다. 짧고 맛있는 그런 책들이 마음을 끈다. 두껍기만 하고 읽고 나도 무엇을 읽었는지 분명하지 않은 책들을 읽다가 맛 좋은 짧은 책들을 발견하면 기쁘다. 바르트의 어떤 책들, 그리고 푸코의 『마그리트론』…… 바르트가 단장으로 자꾸 끌려간 이유를 알 만하다.

6.19

황동규·홍기창과 함께 오랜만에 같이 점심을 먹으러 갔다. 할매곰탕집으로 갔는데, 먹고 돌아오는 중이었다. 나는 그가 낙성대 길을 그냥 스쳐 지나가자, 왜, 정문으로 가려고, 라고 물었다. 내 감각은 학교로 가는 길은 언제나 낙성대 길을 가리킨다. 그런데 그의 감각은 언제나 법대 앞의 주차장을 향한다. 그래. 자기 집이 제일 좋은 집이어서 집으로 가는 것이 아니라, 집이기 때문에 가지. 그 말은 옳은 말이었다. 집이기 때문에 우리는 집으로 간다. 그 집의 다른 이름들은 많다. 제일 흔한 이름은 무엇일까?

6.25

문익환의 『두 하늘 한 하늘』(창비, 1989)은 구어체가 그 특징이다. 구어체이기 때문에 이미지의 전개에는 무리가 없고 말의 연결은 자연스럽다. 그 자연스러움 때문에 그의 시의 소박성·순진성 등을 논의할 수 있는 것이지만, 그것들이 언제나 행복한 결과만을 낳는 것은 아니다. 대부분의 경우 그것은 오히려 말주정에 가깝다. 구어체는 할 말이 웅변적이지 않으면, 깊은 감명을 주지 않는다. 그것은 대개 구수함의 차원에서 끝나게 마련이다. 문익환이 통일을 논할 때, 그것은 웅변적으로 울린다. 할 말은 많고, 할 수 있는 말은 많지 않다. 그 정황이 그를 웅변적이게 만든다. 그러나 그렇지 않은 시들은 늙은이의 넋두리 같다. 가족 이야기가 너무 많은 것도 구어체에는 도움을 주겠지만, 시에는 도움을 주지 않는 것 같다.

    그러나 문익환의 시를 읽은 뒤에 읽은 박청륭의 『사막은 고장이다』(세명, 1989)는 얼마나 문학적이며, 기교투성이인지. 역겨울 정도이다.

마해송 선생 추모집 『행복하여라 마음이 가난한 사람』(성바오로 출판사, 1989, 비매품)을 읽고 안 것: 김광균과 그가 개성 사람이라는 것. 마해송이 상당한 민족주의자이며 염결주의자라는 것. 자식들을 자기식으로 독특하게 사랑한 사람이라는 것. 미식주의자라는 것(김광균은 자기의 미식주의가 마해송에게서 연유한 것이라고 밝히고 있다) 등등.

22일, 상봉 터미널에서 원통 가는 첫차를 타고 설악산으로 떠났다. 날씨는 맑고 깨끗했다. 좋은 산행이 될 것 같았다. 아침 5시 10분경에 집을 나섰는데 상봉 터미널에 도착하니 5시 40분이었다. 지난 10월에 차를 못 잡아 고생한 일이 생각나 일찍 나선 것인데 너무 일찍 도착한 것이다. 그러나 차 속에서 속을 끓이는 것보다는 기다리는 것이 낫다. 그래야 산행을 하는 데 안달복달 안 하게 된다. 백담사까지 차가 안 들어간다고 해서 하는 수 없이 한계령으로 다시 갔다. 역시 지난 10월에 고생한 코스인데 이상하게도 이번에는 괜찮을 것 같았다. 12시 반에 밥을 해먹고 대청에 도착한 것은 5시. 그래도 힘은 들었다. 산장에는 손님들이 별로 없었고 우리는 편안하게 잠을 잤다. 23일 8시에 대청을 떠나 화채를 거쳐 권금성에 도착한 것은 4시. 다리가 뻑적지근했으나 기분은 좋았다. 세번째로 설악을 오른 것이다. 이번에는 숨도 덜 차고 쥐도 덜 났지만, 코피는 여전했다. 아직도 건강하다고 말할 수는 없다. 대포리의 오징어 데친 것은 구수하고 맥주는 꿀맛 같았다. 내려와서 설악을 보니 저 봉우리들을 내가 넘어왔단 말인가 하는 탄식이 절로 나왔다. 벌써 10월이 기다려진다. 산은 깊은 꿈이다. 깨나면, 다시 꿀 엄두도 못 내는 그런 꿈.

 ……점심을 먹고 끝봉을 바라다보면서 길을 걷다가, 송 선생이 이 산목련 좀 보세요, 얼마나 소박한지요 하는 소리에 정신이 번쩍 들었다. 나는 바위들과 큰 나무들의 뿌리, 크고 깊이를 알 수 없는 홈에 더 정신을 팔고 있었던 것이다. 그것들은 이따금씩 내 꿈속에 나타나 나를 무의식의 심연으로 이끌고 간다. 그것이 죽음에의 공포일까, 아니면 어머니의 품으로의 회귀 본능일까 나는 오래 생각했지만 알 수 없었다. 아니 그 길이 설악의 길인지, 다른 산의 길인지도 불분명했다. 그러나 그것은 설악의 길이었고, 다른 산들의 길이었다. 뿌리, 바위, 깊이 팬 홈, 그것은 무의식의 기본 구도이다. 나는 그것들에 겁을 내지는 않았으나, 그것들이 나를 거북하게 만든 것은 사실이다. 왜 그랬을까요? 송 선생이 대답한다. 우리는 꿈속에서 생명 진화의 모든 과정을 추체험하지요. 뇌의 앞부분이 약해지면 그 추체험의 강도가 강해지는 것이 아닐까요. 산에 다니면서 그러면 나는 생명 진화의 과정을 다시 겪고 있단 말인가. 아니 그러면 산은 생명의 깊은 꿈이란 말인가. 의연하게 수직으로 올라서서 깊게 생명의 꿈을 꾸고 있는 산이여, 나는 밤마다, 길게 옆으로 누워 생명의 꿈을 꾼다. 너와 나의 교차점에 삶은 있나 보다. 너는 오르고 내려가고 나는 퍼지고 번진다……

6.29

양순서의 「저녁길」(『문학정신』, 1989년 7월호)은 읽을 만하다. 오정희의 문체와 주제를 그대로 본뜨고 있으나, 모방이라고 단순히 말해버릴 수 없는 어떤 것이 있다. 그것은 그녀가 오정희보다 훨씬 더 묘사에 충실하려 하고 있다는 인상을 주는 데서 생겨난다. "잠든 아이를 업은 담희는 오늘도 길이 끝나지 않기를 꿈꾸며 걷는다. 그러나 길은 곧 그녀를 떼어버린다. 담희는 길에 버림받고서 컴컴한 골목을 돌아 여섯 개의 계단을 밟고 올라가 쪽문의 자물쇠에 열쇠를 꽂는다. 아이가 등뒤에서 뒤척이다 만다"와 같은 문장은 아름답다. 아, 알겠다, 그녀는 오정희보다 덜 절망적이다. 그녀에겐 아직 자제할 수 있는 힘이 남아 있다.

7.3

『견딜 수 없는 존재의 가벼움』이 「프라하의 봄」이라는 이상한 제목으로 개봉되었다. 프라하의 봄이라! 거기에서는 좌파 상업주의의 냄새가 물씬 난다. 소설을 읽은 뒤라 그런지 영화는 그리 만족스럽지 못했다. 우선 소설의 해석이 너무 직선적이다. "당신의 삶은 너무 가볍고 내 삶은 너무 무겁다"라는 말은 존재의 견딜 수 없는 가벼움을 지나치게 얇게 해석한 결과이다. 거기에는 번뇌와 고통이 없다. 그다음, 의사 토마스의 사랑이 너무 과장되어 있고, 사비나의 그림도 지나치게 미술적—다시 말해 그로테스크하고 충동적이다. 일상성에서의 탈출은 다른 식으로도 충분히 묘사될 수 있었으리라. 그러나 사진이 증언의 역할만을 하는 것이 아니라 죽음으로 안내하는 살인의 역할도 한다는 것을 그것은 무섭게 보여준다. 사비나와 토마스의 역할을 맡은 배우들은 그들의 역량 이상의 연기를 보여준 것 같다. 그러나 틀림없는 사실은 네 시간이 전혀 지루하지 않았다는 사실이다. 한국 여자들 같은 배우들을 갖고서도 얼마든지 좋은 영화를 만들 수가 있다. 그런데 못 할 뿐이다!

7.6

주창윤의 『물 위를 걷는 자 물 밑을 걷는 자』(민음사, 1989)는 읽을 만한 시집이다. 데생을 완벽하게 배운 미술학도 같다고나 할까, 묘사가 정확하고 단정하다. 가능성이 있어 보인다. 흠이라면, 남진우의 말대로 좁다는 것이다. 자기 고통의 흔적이 잘 보이지 않는 것이 이 시인의 약점이다.

고원정의 『빙벽』(현암사, 1989)은 읽을 만하지만, 너무 길다. 짧게 쓸 수 있는 얘기를 너무 늘인 것 같다는 인상을 주는 것이 흠이다. 다시 말해 마구 넘겨도 되는 소설이다. 그러나 힘은 느껴진다. 힘의 절제에 대해 잘 생각해야 될 것 같다. 힘이 절제되지 않으니까 엄숙하게만 얘기가 진전된다. 긴 소설인데도 유머가 거의 없다. 그래서 때로는 답답하다.

박태순의 『낯선 거리』(나남, 1989)는 박태순의 문학적 삶의 한 부분을 마감하는 느낌을 준다. 외촌동 사람을 주로 그린 난민촌 문학이 절대 빈곤의 문학으로, 그것은 노동문학의 바다로 나아가게 된다는 그의 일관된 주장은 여기서도 되풀이되고 있다. 그러나 한두 가지의 주목할 만한 주장도 눈에 띈다. 우선, 문학과 작품의 구분: "문학은 바로 그렇게 배수진을 치면서 앞으로 나아가고 그리고 작품은 미래를 바라보려고 하면서 뒤로 남는다. 앞으로 향하는 문학과 뒤편으로 떨구는 작품. 문학은 항상 거창하고 작품은 항상 서투르다." 그다음, 그의 문학에 대한 반성: "내 소설이 무뚝뚝하고 독자들에게 불친절하며 어떤 면에서는 불편한 것일 것이었음을, 이번에 그 작품들을 추려보면서 반성하게 되었다. 말하자면 나는 작가-작품 사이의 융통성 없는 직선, 또는 폐쇄적인 정직성의 통로에 닫혀져 있음을 살피게 되었다. 왜 그랬을꼬, 딱해 보이기도 한다." 그의 장점은 계속적인 자기반성에도 있다. 요설은 반성이 없으면 정말 읽기 추하다.

7.7

전연옥의 「안개」(『심상』, 1989년 7월호)는 기형도의 「빈방」의 변주이다. 그것은 박목월/조지훈의 나그네 변주 이후에 가장 성공한 변주 중의 하나로 생각된다. 변주는 역시 깊은 공감이 먼저고, 기교는 그다음이다.

> 그는 사랑을 잃었네
> 사랑을 잃고 봉분 하나를 그는 얻었다 하네
> 익명의 소문들이 그의 생애를 지우는 동안
> 슬픔이 창궐한 전등불 아래서

사람들은 경악의 얼굴로 술을 마셨네
아름다운 기억들이 술잔에 가득 넘쳤네
그가 기른 가축들이 긴 나무 다리를 건너와
시린 별빛 아래서 이별을 고하는 동안
어떤 편안한 잠이 그의 곁에 와 누웠네
아무도 그의 사랑 찾아주지 못했네

그가 잃은 사랑 눈먼 자의 슬픔으로 떠돌 때
사람들은 새끼처럼 꼬여 칼잠을 자고
꿈속 어느 갈피 짬에서 그를 만날 수 있었네
그가 찍은 삶의 구두점이 동행 없는 모습으로 거리를 헤매고
안개가 그의 그림자를 지우고 있었네
아무도 그의 사랑이 되어주지 못했네

「빈방」의 어법을 흉내 낸 것도 어색하지 않고, 이미지의 흐름도 자연스럽다. 좋은 시는 많은 생각거리를 준다.

7.8

김지하 시의 특색은 요설과 침묵 사이를 그것이 오고 가고 있다는 것이다. 할 말이 끓어오를 때, 그의 시는 요설을 지향하지만, 할 말이 부질없다고 느낄 때, 다시 말해 그의 절망과 좌절이 너무 클 때, 그의 시는 침묵을 향한다. 침묵을 향하는 그의 시는 단순하고 소박하다. 그렇다고 그 단순성이나 소박함이 깊이를 결여하고 있는 것은

아니다. 깊이 있는 소박, 혹은 소박한 깊이가 그의 시의 단순성의 비밀이다. 그것을 가능케 하는 것은 대개의 경우 선적인 상상력이지만, 그것은 때로 상투형으로 떨어진다. 상투성으로 떨어지지 않는 단순성은 주위의 사람들에 대한 사랑, 삶 자체에 대한 사랑이다. 세상을 살 만한 것으로 만들기 위해, 그는 단순해진다. 쉬운 일은 아니다.

7.9

『작가세계』 창간호에 실린 윤후명의 「약속 없는 세대」, 박영한의 「우묵배미의 사랑」은 둘 다 일상인의 사랑을 다루고 있다. 언제나처럼 윤후명의 주인공들은 그의 분신과 같은 인상을 주고, 박영한의 주인공들도 『왕룽일가』의 인물들과 아주 가깝다, 아니 바로 그들이다. 그들의 사랑은 처녀·총각의 사랑이 아니어서 그것이 좋은 결과로 끝나지는 않는다. 그들의 사랑은 난마와도 같이 얽혀 있으며, 성 외의 다른 탈출구가 없다. 그래서 그 소설들의 성의 묘사는 끈질기고, 육욕적이며, 성욕 도발적이다. 차이가 있다면, 윤후명의 성은 그나마 환상적인 데가 남아 있는 데 비해, 박영한의 그것에는 그것도 없다는 것 정도이다. 그것 외에 할 것이 없으니까 성을 교환하는 일상인들의 일상적인 모험은 그래서 측은한 느낌을 준다. 윤후명과 박영한의 요설이 갈수록 심해지고 있는 것도 지적해둘 만한 사항이다.

자기의 시세계를 절묘하게, 자기도 모르게 짤막하게 압축하고 있

는 시인은 행복하다. 정현종의 두 줄의 시구:

>무정부적인 감각들의 절묘한 균형으로
>집 전체가 그냥 한 송이의 꽃인 그러한 곳

이 시구가 들어 있는 시의 제목은 「한 그루 나무와도 같은 꿈이」이다(『작가세계』(157)). 이 시구를 『사회비평』에서도 봤는데 그대로인지 고친 것인지는 모르겠다. 확인해야 알 일이다.

7.13

임우기 부친상으로 김치수와 함께 이인성의 프레스토로 대전에 문상을 갔다. 아침 10시 15분에 떠났는데 대전에 12시 반에 도착했다. 문상을 하는데 옛날식으로 곡을 한다. 오랜만에 들어보는 곡인데, 임우기의 곡은 극진한 슬픔의 곡이다. 망인은 제재소를 하던 부자이었는데, 정치 바람에 돈을 거의 날렸고, 마지막엔 20년 전의 누락 세금이, 세무소의 잘못이었는데도, 망인의 잘못인 양 원금에 이자가 붙어 엄청난 세금을 냄으로써 완전히 빈털터리가 되었다 한다. 임우기의 형님과 임선묵이 같이 자랐다는 이야기는 거기서 뜻밖에 만난 임선묵에게서 들은 이야기. 이남 이녀로, 큰형과 나이 차이는 약 10여 년이니 그러면 형님 겸 아버지겠다. 점심을 먹고 일어서려는데, 김원우가 들어선다. 원우의 처고모부란다. 이리 얽히고 저리 얽히는 것이 사람의 사는 모양인가 보다. 2시에 대전을 떠나 집에 들어오니 4시 반, 늘어지게 한숨 자다. 죽음은 어떤 경우에도 사람을 처연하게 만든다.

송찬호의 『흙은 사각형의 기억을 갖고 있다』(민음사, 1989)는 읽을 만한 시집이다. 그의 시는 한편 한편 읽을 때는 큰 감명을 주지 않는데—내 감각이 그토록 무딘가?—시집으로 읽으니 좋다. 내 느낌이 의심스러워 두 번을 읽었는데도 그 느낌은 여전하다. 역시 내 직관이 옳았나 보다. 그는 좋은 시인이 될 수 있다. 그의 관심은 그의 고향 땅의 어두운 추억과 말이라는 추상적 기호에 쏠려 있는데, 그것을 지탱하고 있는 원리는 바슐라르가 부정적 로트레아몽 콤플렉스라고 부른 심리적 현상이다. 자신을 가능한 한 줄이고 줄여 사람들로부터 완벽하게 도망가고 싶다는 마음의 움직임이 그의 시의 동적 원리이다.

오, 저 밑 버림받은 세상에는
몸 움푹 움푹 패인 빈 바구니 같은 늙은 여인들만 남아 뒹굴고 있었다 〔28〕

의 빈 바구니는 그 웅크림의 한 극단이다. 또 다른 극단은 물론 죽음이다. 그의 뛰어난 한 시구:

예서 길이 끝나는구나 벼랑 끝에 서고 보니
길없는 깊은 세상이 더 가까워 보이는구나
마지막 한걸음, 뒤에서 등을 밀어
그래, 가자가자 〔25〕

빈 바구니와 절벽 밑의 공은 하나이다. 그 사물들의 세계나 말들의 공의 세계나 마찬가지이다. 보라,

모든 말들을 퍼내고 남은 것은
빈 구덩이, 〔63〕

빈 구덩이의 구조는 폐허의 구조이며, 그 폐허를 지배하는 것은 어둠이다. 그 어둠에 출구는 없다. 그의 세계 인식도 비극적이다. 그러나 어둠을 지나치게 강조하는 것은 밝음에의 욕구가 그만큼 크다는 증거가 아닐까?

7.16

육체는 즐김-즐거움의 공간이면서 동시에 치욕-수치의 공간이다. 육체만이 그런 것은 아니지만, 그것은 그 무엇보다도 극명하게 그것들을 드러낸다. 오늘 아침 부슬비는 내리고, 몸은 두 주째 산엘 가지 못해 찌뿌드드해, 혼자 관악산엘 가다가 설사를 만났다. 배는 아프고 괄약근을 잔뜩 오므리고 뒤뚱뒤뚱 걷는 모습이 아마 유유히 길을 가는 사람들의 눈에는 기이하게 보였으리라. 겨우 주차장 앞의 화장실에서 일을 보고 나오니 진땀이 난다. 산다는 것이 뭔지라는 형이상학적인 질문이 항문에서부터 솟아난다! 사상은 육체의 공간 속에 숨어 있다, 아니 웅크리고 있다. 그놈이 기지개를 켜면 머리가 놀란다. 아, 육체는 이렇게도 할 말이 많았구나.

7.20

새로 창간된 『시나무』(창간호, 1989년 7월호)를 읽다가 재미있는 표현과 맞부딪쳤다: 거대한 변기의 세계관. 좌식 양변기에 귀뚜라미가 빠져 있다. 늦은 밤에 시인은 그것을 본다. 귀뚜라미는 "거품 한 가운데 밤을 우는 창녀" 같다(이 이미지는 울림이 없다. 오줌 거품? 밤을 노래한다? 정숙지 못하게? 모든 연상 작용을 동원해도 그 이미지는 크게 울리지 않는다). 그는 귀뚜라미를 건지지 않는다. 그도 그 귀뚜라미가 갇힌 거대한 변기의 세계관 속에 갇혀 있으므로. 이미지들은 때로 진부하나 최승호의 그 현실 인식은 재미있다.

> 둥근 벽 밑바닥의
> 구멍은* 귀뚜라미를 삼킬 준비를 끝내고
> 때를 기다린다
> 누구든 죽음의 반대편으로 노 젓는 일이란 없는 것이다.
>
> 구멍을
> 보지 말았어야 했어
> 나를 집어삼키는 그 구멍을

최승호의 「둥근 벽」의 다섯번째 단락은 그의 현실 인식의 한 극을 보여준다. 위 인용문의 *표는, 원문의 '구성은'이 오식임이 틀림없다는 내 판단에 따라 내가 그 단어를 교정했음을 뜻한다. 변기의 구멍은 죽음으로 가는 길이다. 그 구멍은 소멸로 가는 길이며 망각으로 가는 길이다. 그가 구멍이 충일일 수도 있다는 것을 알았으면 좋겠다. 구멍 속에 숨겨져 있는, 그래서 기를 쓰고 아이들이 찾으려 하는 구슬처럼 구멍 속에는 결코 없어지지 않는 것들도 있다.

7.22

빌 오거스트Bille August라는 처음 보는 감독이 만든 덴마크 영화 「정복자 펠레」를 보고, 그것이 1988년도 칸 영화제 그랑프리상을 받았다는 선전이 할 만한 선전이라고 생각했다. 별다른 드라마틱한 줄거리가 없는데도 두 시간 반의 시간이 지루하지 않다. 아니, 지루하지 않다는 말은 거짓말이다. 지루하지만, 그것은 빨려 들어가는 지루함이다. 부자의 연기도 좋고 다른 연기자들의 연기도 수준급이지만, 뛰어난 것은 촬영이다. 한 장면 한 장면이 마치 브뤼헐의 그림과도 같다. 특히 사계절의 풍경은 일품이다. 그 풍경들은 침침한 그러나 밝은 색조의 화면 속에서 생생하게 그 품위를 유지하고 있다. 저런 아름다운 풍경 속에 그토록 가슴 아픈 사연들이 숨어 있다. 아니 사람의 마음이 그런 풍경을 만든다. 터너의 색조 속에서, 바다와 바위와 어린아이가 나타나는가 하면, 브뤼헐의 색조 속에, 춤추는 일꾼들의 아코디언 소리와 눈 덮인 집들이 나타난다. 낭만주의의 온상들이다. 아름답다, 저 화면을 조금만 더 보고 싶다라는 소리가 나오기가 무섭게 새로운 화면이 나타난다. 중세가 아직도, 아니 세기 초 아니면 전세기 말까지에도 남아 있다. 그리고 그들이 배우는 삶의 지혜는 우리들이 배운 것들과 거의 같다. 사람은 어디서나 거의 비슷하게 산다. 오랜만에 좋은 영화를 봤다. 한 번 더 보고 싶다.

7.23

장마 때 산에 오르는 것은 보통 때 그러는 것보다 두 배는 더 힘이 든다. 지난주에도 그랬지만 이번 주에도 땀이 너무 나 온몸이 다 젖었다. 김치수가 땀에 범벅이 되어 한 말: "노점상 단속은 노동자의 임금 수준을 동결하는 한 방법이며, 노동 인력을 확보하는 한 방법이다." 노점상의 한 달 벌이는 노동자의 임금을 훨씬 웃돌기 때문에 노동을 해야 할 인력의 상당수가 노점상으로 빠져나간다. 그러니 단속을 하지 않을 수 있는가. 그 말은 푸코의 말을 상기시킨다. 광인 감호는 노동 인력 확보의 한 수단이었다. 그 말에는 일리가 있다. 노점상 단속은 노동자·농민 들에게 유동 인력이 되지 말라고 경고하는 의미를 갖고 있다...... 보현봉을 거의 다 돌아갈 때까지 시원한 바람이 부는 곳이 한 군데도 없다. 덥고 짜증 나는 날이다. 한 가지 좋은 점은 더우니까 산에 오는 사람들이 훨씬 준 것이다. 어디에나 명암은 있다.

7.27

박인홍의 『벽 앞의 어둠』(민음사, 1989)은 읽을 만하다. 우선 문장이 단단하고 힘이 있다. 이 소설집의 특색은 가족의 부재와 과시적이라고까지는 할 수 없으나 여하튼 심한 책읽기이다. 이 소설집의 주인공들은 가족이 없기 때문에 역사가 없고, 그래서 과거가 없다. 과거체로 묘사되는 것도 언제나 현재이다. 아버지에 대한 암시가 잠시 나타나는 「향」에서도 그 아버지는 나의 다른 모습에 지나지 않는다. 그는 그 나름의 과거를 갖고 있지 않다. 주인공은 대개 남자이며, 그 상대역으로 여자가 나오기는 하지만 그 여자 역시 과거가 없는 여자이어서, 대화는 언제나 독백과도 같아 보인다. 그 자신에 대해 그가 부주의하게(? 아니다, 잘 계산해서이리라. 그는 가족을 갖고 싶은 것이다) 보여준 것은,

> 아무것도 이루지 못한 채 어느덧 삼십대 중반이라는 얼토당토않은 나이에 이르러버린 남자, 몇 번의 연애(라고 하는 것)에 실패한 후 가슴이 식어버렸지만 가슴이 식어버렸다는 사실조차도 의식치 못하고 있는 남자, 여자들은 더욱 그러하며 다른 사람들을, 그리고 자기 자신도 믿지 못하는 남자, 깨진 바가지 같은 집안에서 자랐고 지금은 억지로 꿰매놓은(그러니까 물이 줄줄 새는) 바가지 같은 집안에서, 탈출을 꿈꾸기만 하며, 지겨워하며 살고 있는 남자, 항상 주머니 걱정을 해야 하는 남자, 똥을 누러 갈 때는 시집을 들고 가고, 때로는 시위에 끼어들어 전경들에게 돌도 던지지만 그저 그러기만 할 뿐인 남자, 자기의 삶과 자기가 하는 일에서 아무런 의미도 찾지 못하고 스스로를 기생충이라고 생각하는 남자, 항상 피곤해하며 욕이나 해대는 남자…… [279]

라는 것이다. 그 문단에는 그에 대한 거의 모든 정보가 감춰져 있다. 그다음, 그의 책읽기는 독학자답게 광범위하고 되는대로이다. 그런 책읽기의 강점은 엉뚱한 것들끼리의 친화성의 발견이다. 책의 후반에 이르면서, 가족에 대한 막연한 갈증과 함께 영화 보기가 중요한 변용으로 등장한다.

그의 세계관을 보여주는 몇 개의 문단들:

1. "죽음의 세계(모든 것이 죽어가는, 모든 것이 죽을 수밖에 없는 저주받은 세계)에서는 영원한 삶 역시 끔찍한 것이 아닐까?"(47).

2. "남자의 귀에는 보다 나은 내일을 약속하는, 그러면서 오늘의 희생을 요구하는 모든 말들이, 어조가 강하고 확실하면 할수록, 억압과 착취를 위한 것으로 들리기 때문이다"(131).

3. "현상은 다만 말들을 만들기 위한 구실에 지나지 않았다"(203).

4. "하원갑 섣달그믐과 상원갑 정월 초하루 사이가 너무, 너무 길구나"(272).

그리고 읽을 만한 권오룡의 해설. 박인홍의 편지의 한 구절: "오룡이가 쓴 글에 교정 미스가 제법 있습니다. 유념하시고 읽어주십시오. 사실 이 책에서 가장 재미있는 글이 오룡이의 해설인 듯합니다"(1989. 7. 24). 자기 말만 하던 박인홍이 그토록 겸손해지다니! 그러나 이야기를 하는, 아니 해체시키는 방법을 더욱더 깊게 생각해야 더 크겠다. 만나면 베케트를 읽어보라고 권할 것. 더 자세하게 묘사하라고 권할 것.

7.28

이석호의 『섬』(민음사, 1989)의 뒤에 실린 두 편의 단편은 그가 아직 수업 중인 소설가라는 느낌을 강하게 전해준다. 예쁘게만 쓰려고 하지 비틀지를 못한다.

박인홍의 『벽 앞의 어둠』은 일종의 죽음 연습이다. 모든 소설이

고립된 자아의 죽음을 다루고 있다. 그 죽음은 그 자아에게 가족이 없고 그래서 그가 시간성에 갇혀 있지 않기 때문에 아주 당연한 것으로 생각된다. 죽음이 저항에 부딪히는 것은 그가 가족을 얻어 그들을 부양해야 하게 될 때이다. 그때가 과연 올까? 나는 오리라고 믿는다. 그때 죽음은 더욱 무서운 얼굴을 하고 나타날 것이다. 그는 자기 소멸과 절망적으로 싸우게 될 것이다.

7.29

어제는 치수와 함께 정명환 선생을 모시고 술을 마셨다. 우리는 회갑 때문에 모신 것이지만, 스승은 이산문학상 때문에 나온 것이라는 표정이었다. 술을 마시면서 스승은 다시 이인성의 소설에 대해 큰 기대를 표시했다. 7월 5일 한국일보 문학상 시상식에서 그의 소설을 나탈리 사로트의 소설적 위치에 비긴 것은 너무 격정적인 표현이 아니냐는 내 반응에 오히려 놀라는 표정이었다. 모든 것을 다 비꼬기가 그렇게 쉬운가, 자기까지 포함해서 말일세. 치수는 아무 말도 없었다.

이제는 맥주를 마시기만 하면 설사다. 내 몸속에 그토록 많은 물이 들어 있었나 할 정도로 한도 없이 쏟아낸다. 더 무서운 것은 그런 것을 겁에 질려 바라다보는 내 마음이다.

'말들의 풍경'이나 '말들의 놀이'라는 제목으로 『젊은 시인들의 상상 세계』와 같은 글을 한번 써볼 것.

7.31

'말들의 풍경', 더 정확하게 말하자면 '말들의 욕망의 풍경'은 말의 바깥에서는 말의 주인처럼 행세하는 주체가 말의 안에서는 노예처럼 기어다니는 현상이 주체의 상실과 말들의 욕망의 압도적 드러남에서 연유한 것이라는 것을 드러내는 것을 목표한다. 자기가 쓰는 말들이 사실은 타자들의 말이 아니라 말들 자체의 끓에서 얻어진 것이라는 것을 알 때의 허망감. 아니 그 허망감은 누가 느끼는가? 그런 문제들에 대한 성찰……

8.1

『문학정신』 8월호에 실린 김남일의 「속옷」, 김영현의 「엄마의 발톱」은 읽을 만하다. 그 두 작가에게는 거의 비슷한 애상 — 이라고밖에는 아직 뭐라고 달리 표현할 수가 없다 — 의 분위기가 있다. 김남일이 훨씬 더 정치적으로 반성적이고 김영현이 습속적(문화적)으로 반성적이라는 차이는 있다. 조선희의 「겨울꽃」은 다른 기지촌 소설에 비해 약간은 낙천적이라는 차이는 있으나 결국 상투적이다. 새로운 울림이 없다는 뜻이다. 「허구적 현실, 그리고 글읽기」를 보니 이인성이 대단한 건담가-논쟁가라는 것을 알겠다.

8.3

때로 타인들의 문장 속에서 내 이름을 발견했을 때의 당혹감은 꼭 무엇을 훔치다가 들킨 어린아이의 심정이다. 원재훈의 「20세기가 간다」(『시운동·시힘 동인 합동 신작 시집』, 문음사, 1989)를 읽었을 때의 마음의 움직임이 바로 그것이다.

> 석가모니가 예수가 간다
> 김소월이 백석의 부축을 받으며 진달래 동산으로 가고
> 김수영이 신동엽과 함께 피 흘리며 풀 속으로 가고
> 미당이 말당과 더불어 질마재 넘어가고
> 고은이 머리 빡빡 깎고 산속으로 울며 간다
> 그걸 물끄러미 바라보는 김현은 책을 읽으며 아예 책 속으로 들어간다
> 쫄랑쫄랑 아이들을 데리고 간다
> 모두들 간다 이제 돌아온다라는 낱말은 만국어사전에서 사라졌다
> 여기에서 내가 운다는 것은 얼마나 어리석은가
> 이제 고전이란 나에게 무엇인가? (77)

흥미 있는 것은 시인 명단에 신경림·황동규·정현종·김지하 등의 이름이 빠져 있다는 것이고, 나는 골목대장쯤으로 인식되고 있다는 것이다. 그러나 거명된 이름들도 되돌아오지는 않는다. 그들은 가버린 사람들이다. 가버린 사람들의 작품을 고전이라 한다면, 그것이 나에게 무슨 소용이 있을까? 읽히지 않는 고전이 되어버린 사람이 되어버린 허망함은 누구에게 가서 하소연하나. 생각할수록 끔찍하다.

그 동인지에서 다른 시들을 만나지 못한 것은 서운하다. 그것도 끔찍하다.

8.4

바타유의 『에로티즘』(조한경 역, 민유사, 1989)은 읽을 만하다. 바타유의 어려운 글을 어떻든 읽게 만들었다는 점에서 일단 번역은 성공적이다. 물론 그의 글을 지나치게 단순화시켰다는 비판은 있을 수 있으나 그것은 지나친 비판이다.

몇 개의 생각거리:

1. 인간은 노동을 통해 이성의 세계를 건설하지만, 인간의 내부에는 그럼에도 불구하고 언제나 폭력이 도사리고 앉아 있다. 본래부터 난폭한 것이 자연이 아니던가![42].

2. 금기와 위반의 관계를 비로소 인식한 학자는 괄목할 만한 종교사 해석학자 마르셀 모스이며, 그는 강의를 통해서 금기와 위반에 관한 그의 관심을 드러냈다. 그러나 그의 저서는 금기와 위반에 관한 내용을 단편적인 문장에서밖에 보여주지 않는다. 금기와 위반에 관심을 집중시킨 최초의 학자는 마르셀 모스의 강의와 조언을 참조하여 『축제의 이론』이라는 책을 써낸 로제 카유아이다[70]. ─ 『인간과 신성』(갈리마르, 1950) 4장: 「위반의 신성: 축제의 이론」.

3. 그런데 다행히 위반에 관한 마르셀 모스의 이론은 그의 제자인 카유아가 그의 조그만 책 『인간과 신성』으로 잘 설명하고 있다. 더욱 다행한 것은 로제 카유아는 단순한 편집에 그치지 않고, 사실들을 구체적으로 예거하고 있을 뿐만 아니라, 거기에다가 자신의 능동적이고도 확고한 사상까지 가미시켰다. 나는 여기에서 카유아의 도식을 빌려 오겠다. 그의 논술에 의하면, 인종학에 의지해 살펴보건대, 미개인들에게서의 시간은 세속적 시간과 신성의 시간으로 갈라져 있었다는 것이다. 세속적 시간이란 일상의 시간으로서, 그

것은 노동의 시간이자, 금기를 준수하는 시간이었다. 반면 신성의 시간이란, 축제의 시간, 다시 말해 금기를 위반하는 시간이었다. 에로티시즘의 차원에서 볼 때, 축제는 성적 방종의 시간이다. 종교적인 차원에서 볼 때, 축제는 제물 헌납의 시간, 다시 말해 살해 금기를 위반하는 시간이다(288).

4. 타락한 세계에서는 욕설의 효과가 없다. 타락한 세계에서의 상소리는 증오의 표현 외에 다른 것일 수 없다. 그러나 평범한 세계에서는 다르다. 평범한 세계에서의 욕설은 위반과 불경이 주는 감정과 유사한 감정을 불러일으킨다(153).

5. 철학이 어떤 극단성에 그 노력을 기울이지 못한다면, 철학은 아무것도 아닌 것이 되고 말 것이다. [······] 가능성의 극단, 극단적 삶, 철학적 극단을 포용하지 못하는 철학은 결국 실패하고 말 것이다(289) — 이 문단은 푸코와 관련하여 깊이 있게 성찰할 만하다.

사드에 대한 깊은 관심들이 나를 놀라게 한다: 블랑쇼의 『로트레아몽과 사드』, 바타유의 『에로티즘』에 실린 두 편의 사드에 대한 글들, 푸코의 사드론들······을 묶어 한 편의 글을 만들어볼 것.

8.5

사회학자들이 소설을 읽으면서 소설로 읽지 않고 자료로 읽는 것은 이해할 수 있는 일이지만 사회학자들의 마음에 들지 않는다고 마음대로 폄하하는 것 — 뭐랄까, 사회학적 인식이 덜됐다는 거다. 마치 자기들은 진리를 쥐고 있고 소설가들은 아무리 그것을 가르쳐줘도 모른다는 듯이. 돌대가리들이다 — 은 우스꽝스러운 일이다. 소설가들이 사회학자들에게 구체적 감각이 없으며 소설적 상상력이 없다고 비판한다면 펄쩍 뛰리라. 그러나 진리를 쥐고 있는 사람은 없다. 쥐고 있는 척할 뿐이다. 이름 있는 사회학자들의 거의 모든 책은 죽었으나 소설들은 살아남았다. 기억하라, 진리는 숨어서 드러나지 그대로 드러나지는 않는다는 것을.

8.6

자만심이 악덕인가 아닌가 하는 것에 대해서는 여러 가지 의견이 있을 수 있으나, 그것의 심리적 근거는 자기는 진리를 쥐고 있다는 확신이다. 그 확신이 없는 자만심에 대해서도 생각할 수는 있으나, 그것은 일종의 가짜 자만심으로 그것이야말로 가장 타기할 만한 악덕이다. 그 자만심이 문학비평에 작용할 때의 피해는 매우 크다. 진리의 이름으로 남을 비판하는 사람의 그 기세당당함은 회의나 반성, 따짐과 잼 등의 일체의 이성적 조작을 불가능하게 하기 때문이다. 이것은 내 진리에 비추어, 아니 내 진리가 아니라, 진리에 비추어 옳지 않다. 그것은 신탁이며 거역할 수 없는 명령이다. 그러니 의미는 작품 속에 있는 것이 아니라, 작품 밖, 진리를 쥔 자에게 있다. 의미는 진리이며 그것은 하나이고 그것은 진리를 쥔 자가 신탁으로 제시한다. 그런 자들에게 의미란 작품 안에 있으며, 작품 밖에 있지 않다, 아니 적어도 작품 밖에만 있지는 않다고 말해봐야 웃음거리일 따름이다. 의미는 안에 있으며 여러 요소들의 얽힘에서 나온다라고 그래도 말해야 한다. 그것이 자만적 비평, 더 나아가 신탁적 비평,

진리 담지적 비평의 횡포에 저항하는 한 방법이다. 아니 다른 방법도 있을 수 있다. 그것은 그런 비평이 마치 존재하지 않는 것처럼 자신의 비평을 이끌어가는 방법이다. 그 시대착오적 성격에 대해 사람들이 논의하기 시작할 때 그것의 존재 이유는 어느 정도 달성된다.

김은국의 시베리아 기행을 보고 있다가 재미있는 지적을 보았다. 그에 의하면, 시베리아에 있는 나나이족은 아직 1,200명 정도 남아 있는데 어업을 주로 한다. 그들이 얼마나 어업에 깊게 관계되어 있는가 하는 것은 그들이 생선 껍질로 된 옷을 만들어 입었다는 것으로도 알 수 있다. 생선 껍질로 된 옷을 만들어 입다니! 아니 그럴 수 있는 것인가. 그때 내가 생각한 것은 생선 껍질이고, 그 생선들은 갈치·고등어·조기 같은 것들이다. 이 관습의 노예. 아니 그렇다면 그들은 어떤 생선 껍질로 옷을 만들어 입었을까?

8.11

안경원의 『오늘 부는 바람』(현대문학사, 1989)은 원고로 읽었을 때와 마찬가지로 밋밋하다. 다시 말해 절실하지가 않다. 그러나 그녀의 물방울 이미지는 읽을 만하다. 물방울 이미지가 나오는 몇 편의 시편들이 다 좋다는 이야기가 아니라, 물방울 이미지들의 어떤 것들이 좋다. 그녀가 물방울에 관심을 갖게 된 것은 최하림의 "물방울 속의 맑은 세계 우산을 쓰고 들어가봤으면"이라는 절창을 읽었기 때문이 아닐까 하는 의심이 가기도 하지만 확인할 수는 없다.

누구의 손가락에도 집히지 않는

　　모래 가루로 빗방울 방울방울

　　한 톨씩 들어가고 싶어

　　살이 닿자 깨지는 세계

　　으악 소리치며

　　살 속 보이지 않게 사금파리이고 싶어. 〔58〕

이나

　　끝내 떨어지는 내 혼의

　　작디작은 동그란 빗방울 〔112〕

등은 어떻든 읽을 만하다. 자신은 동그란 어떤 것이며, 그것은 잘 으깨진다. 그런데 재미있는 것은 그 으깨지는 빗방울이 사금파리처럼 반짝거린다는 것이다. 고체처럼 동그랗게 엉킨 물은 광물질처럼 깨진다. 바삭 소리를 내며 으깨지는 빗방울! 내 영혼은 그런 빗방울이다. 울림이 많은 이미지인데 시인은 더 발전시키지 못한다. 그것이 그녀의 시인으로서의 한계다. 그녀의 무의식은 아직 으깨지지 않고 단단히 합리성으로 무장되어 있다.

8.12

치수가 약 열흘 동안의 중국 여행에서 돌아왔다. 소주·북경·심양 등을 돌아온 모양인데, 35, 6도가 넘는 더위였다 한다. 그가 한 말들 중에서 기억나는 것: 문화대혁명 때 얼마나 많은 사람들이 죽었는지는 통계가 나와 있지 않아 알 수 없으나, 내몽고의 통계는 알려져 있다. 거기에서 약 만 명 정도의 인명 피해가 있었다고 하니 미루어 짐작할 수밖에 없다. 그 문화혁명이 계속되고 있을 때의 유럽에서의 마오주의자들의 미친 듯한 행동이 생각난다. 구체적 사실은 죽고 이데올로기의 신화만이 돌아다니던 시절의 병들. 그다음, 중국에서 만난 사람들치고 천안문 사건에 대해 자기의 생각을 솔직하게 말하는 사람들은 거의 없다. 하긴 그렇겠다, 우리도 경험이 있으니까. 그다음, 중국 사람들은 비교적 솔직하게 하고 싶은 말을 한다. 다만 그들을 만나기가 힘들 뿐이다.

8.13

복거일의 「임정을 찾아서」는 그 기도는 좋았지만 깊이는 없어 보였다. 그것이 텔레비전의 속성 때문인지 복거일의 준비 부족 때문인지는 잘 알 수 없다. 두드러진 것은 김구를 이승만보다 앞에 내세웠다는 것 정도겠는데, 그것만으로는 부족하다는 느낌이 든다. 차라리 테러리즘의 옹호로 나갔더라면, 민족주의가 더 선명하게 부각되지 않았을까 하는 생각이 든다. 게릴라를 다루지 못한 것에 대한 변명도 될 수 있었을 것이다.

8.15

그것이 무엇이든 간에, 그것이 합리적인 것이라면, 그것은 역사적으로 설명될 수 있다. 비합리적인 것은 역사를 뛰어넘거나, 역사를 비껴간다. 그것은 마치 진공 속에 있었던 것처럼 나타난다. 그 진공의 다른 이름이 영원이나 초월이다. 아니 그렇게 간단하게 말할 수 있을까? 영원이나 초월도 역사적인 것이 아닐까? 그것도 역사의 어느 순간에 나타난 역사적인 것이 아닐까? 노장 사상이 그러하듯, 선이 그러하듯. 비역사적인 것의 역사성도 가능한 한 현상이다. 그렇다면 역사적인 것도 영원한 것, 초월적인 것의 한 부분적 형상은 아닐까? 그렇다면, 역사는 무엇이며, 영원(초월)은 무엇일까? 나는 다시 원점으로 돌아온다. 그 돌아옴이 그렇게 썩 기분 좋은 것은 아니다. 순환은 그 속에 끼어든 사람에게는 견디기 힘든 질곡이다.

8.17

죽음은 역사적 사실이 아니라 심리적 여건이다. 그것은 시간의 정지가 아니라, 공포·불안·초조…… 등의 심리적 반응이다. 죽음이 많은 사람을 그것에 대한 사유로 이끌어 들이는 것은 그것 때문이다. 죽음이 도둑처럼 갑작스럽게 온다면, 그것을 두려워할 사람이 어디 있겠는가. 그러나 죽음은 순간순간 온다. 그것은 사람의 마음의 인내심을 시험하는 하나의 도구와도 같다.

8.19

내 기억의 창고엔
내가 꾸다 만 꿈들이 널려 있고

어쩌다 우울한 날들에는

악몽이 되어 우우우 되살아났다

악몽은 긴 채찍을 들고 내 뒤를 쫓고

나는 어그적거리며 달아나려 했으나

무서워라, 벗어날 길이 없었다

놀라 깨어나보면

머리는 휑하니 비어 있었다.

8.20

오랜만에 특이한 경험을 하였다. 치수하고 둘이 대성문을 오르는데 비가 쏟아지기 시작하더니 대남문쯤 오니까 온몸이 젖었다. 비옷을 입어도 비는 사정없이 속으로 들이치고 등산화 속까지 축축해지기 시작했다. 자기도 등산 시작 후 처음 겪는 비라고 치수가 말했다. 그런 억수같이 쏟아지는 비를 맞으며, 나무 밑을 걸어가는 것에는 특이한 맛이 있었다. 때로 안개가 걷히면 먼 산들이 아주 맑게 그리고 깨끗하게 보였다. 그때의 즐거움과 시원함. 아, 이런 재미로 산에 오르나 보다.

8.24

김수용이 옮긴 하이네의 『신시집』(문지, 1989)을 읽다가 흥미 있는 두 개의 시구를 찾아냈다.

i. 그토록 오래 우리를 속여온
　이원저 사고는 파괴되있고,
　육체에 대한 어리석은 학대도
　드디어 종말을 고했다. 〔46〕

ii. 모든 창조적 열망의 마지막 근원은
　따라서 병인 듯하도다
　창조하며 나는 회복될 수 있었고
　창조하며 나는 건강해졌노라. 〔89〕

　이 시구가 씌어진 것은 1844년이다. 그런데 과연 이원적 사고는 파괴되었고, 육체에 대한 학대는 종말을 고했는지? 그리고 창조적 열망의 마지막 근원은 정말로 병인지? 진보주의자로서, 하이네는 낭만적 사유를 그대로 받아들이고 있는 것인지? 여하튼 1844년에 그토록 중요한 문제들이 이미 해결되었다고 큰 소리로 외친 하이네의 용기는 높이 살 만하다. 재능은 시간에 구애받지 않는다. 박상륭은 이미 60년대에 민간 신앙의 위대성을 꿰뚫어보지 않았는가. 너무 앞서가면, 결국 고독해지고, 자기가 본 것이 정말로 옳은 것인지 회의하게 된다. 그것을 견디어내야 살아남는데, 어쩌랴, 그것은 그리 쉬운 일이 아니다. 그도 20년이나 외국 땅에서 혼자 버려져 있다가 겨우 다시 발견된 것이 아닌가. 그때 생기는 것은 환희일까 아니면 회한일까?

　『문학과사회』(1989년 가을호)에 실린 오규원·최두석·임동확의 시들은 읽을 만하다. 임동확은 유년 시절의 추억에서 자유롭지가 못한데 그것이 오히려 그의 시에 깊은 서정성을 부여해주고 있다. 최두석의 시는 여전하나, 그 역시 유년 시절의 추억을 시적 모티프로 삼는 경우가 늘고 있다. 오규원은 착 가라앉아 있는 느낌이다. 더 멀리 뛰기 위해 움츠리고 있는 개구리와도 같다고나 할까, 뭔가 침중한 느낌이다.

정찬의 「수리부엉이」도 읽을 만하다. 같이 열성당원이었으면서, 한 사람은 삶과 죽음의 경계를 없앤다는 핑계로 로마인에게 투항하고, 한 사람은 끝내 죽음으로 로마인들에게 저항한 두 사람의 대로마 싸움을 마사다 성의 공방전을 배경으로 그려내고 있는 그 작품은 막강한 권력 앞에서 어떻게 싸워야 하는가에 대한 작자의 깊이 있는 성찰을 보여준다. 싸움의 방법은 투항이냐 저항이냐가 아니라, 말-변명이냐, 침묵-진실이냐의 양자택일이다. 죽음에 이르는 침묵이 더 효과적인가, 아니면 죽음과 삶을 다 같이 껴안는 말이 더 효과적인가? 그 두 방법은 각각 엘리아잘과 요셉스로 대표되고 있다. 그러나 흥미로운 것은 작가가 그 둘 중의 어느 하나에 손을 들어주지 않았다는 것이다. 침묵도 중요하고, 그 침묵의 의미를 살아남아 증언하는 것도 중요하다. 증언되지 않는 침묵은 이미 침묵이 아니다. 마지막에 엘리아잘은 요셉스에게 말한다:

> 권력의 공간을 벗어난 침묵이 말이 될 때 그 말은 죽음의 무게, 즉 진실의 무게를 획득하게 된다. 참된 말, 존엄의 말, 거룩한 말, 생명을 생명이라고 할 수 있는 말, 죽음을 죽음이라고 할 수 있는 말, 자유를 자유라 할 수 있는 말이 되는 것이다. 이 말이야말로 유대의 혼

을 참되게 사랑할 것이다. (1012)

　침묵을 말로 바꿀 수 있는 사람은 침묵을 선택한 사람이 아니라 말을 선택한 사람이다. 그 사람을 통해 침묵을 선택한 사람들은 "위험한 군중"이 된다. 그들은 로마인들을 결코 용서하지 않을 것이다. 이 이중의 전언은 일제하의 이광수와 유신·오공 시대의 지식인들에게 뼈아픈 침이 될 전언이다. 돌아가지 말라, 바로 너에게 그렇게 될 침이다…… 그러나 관념이 너무 합리적이고, 개인성이 거의 보이지 않아 소설이 아니라 논문을 읽는 것 같은 느낌을 주기도 한다. 여하튼, 최인훈·이청준·이문열·복거일의 뒤를 이을 또 한 사람의 작가가 나온 듯한 느낌이다.

8.25

사촌들 사이의 근친상간을 그린 작품 중의 하나: 김기진의 『해조음』. 청루에서 몸을 판 경험이 있는 여자(남수/복순네)가 사촌과 살림을 차린 데 충격받고 자살한다. 갑자기 생각나는 근친상간 소설 또 하나: 최명희의 『혼불』. 한국에서의 근친상간 소설에 대해 한번 써볼 것.

8.27

유종호 씨 큰딸이 시집을 간다 하여, 산에서 내려오는 길에 태극당엘 들렀다가 오랜만에 여러 친구들을 만났다. 여럿이 어울려 찻집에 갔다가 돌아오는 길에 정현종이 한 말: "구월, 시월에는 산에 가서 일광욕을 하면, 기분이 그렇게 좋을 수가 없어요. 관악산엘 가서 한 번은 다 벗어부치고 한 한 시간 정도 일광욕을 했는데 그렇게 기분이 좋더라고. 불알을 굽는 재미도 있고. 아니야, 등산로에서 조금만 벗어나면 사람이 하나도 없거든." 과연 재미있었겠다.

8.28

최수철의 『고래 뱃속에서』(문학사상사, 1989)는 읽을 만하다. 최수철은 이인성·박인홍·김수경 등과 함께 소위 형태 파괴적 소설가로 알려져 있다. 그러나 그의 소설 해체는 그렇게 과격하지 않다. 그가 소설을 해체하려고 할 때마다 그의 이야기꾼으로서의 재질이 살아나 그를 이야기의 넓은 세계로 이끌고 간다. 그 세계는 구체적이면서도 우의적이다. 그의 세계는 상징적이며 관념적인 것이 아니라 우의적이고 구체적이다. 그것이 그와 다른 형태 파괴적 소설가들을 가르는 변별점이다. 『고래 뱃속에서』의 고래 뱃속은 상징적 장소가 아니라 우의적 장소이다. 그 장소는 고래 외의 다른 것일 수도 있는 장소가 아니라, 짐승적인 것—인간은 인간에 대해서 늑대이다라는 의미에서 늑대적인 것—을 환기시키는 모든 것이다. 그것은 늑대적인 것의 우의이다. 그 소설은 또한 뚜렷한 줄거리를 갖고 있다. 주인공은 삶에 지쳐 환상 속에서 진공 속으로 날아간다. 그리고 그 진공 속에서 다시 빠져나와 삶의 자리로 내려앉는다. 1장 마지막에 "그는 자신의 몸이 풍선처럼 가볍게 허공으로 두둥실 떠오르는 것을 느낄 수 있었다"라고 적은 소설가는 14장 마지막에 "그러면서 그는 진공 속으로 들어서듯 진공을 벗어났다. 혹은 진공을 벗어나듯 진공 속으로 들어섰다"라고 마무리한다. 소설은 그러므로 진공 속에서의 움직임이며, 그런 의미에서 비-역사적이고 초월적이다. 진공 속에서는 시간성·계기성이 없다. 그 속에서는 모든 것이 부유할 뿐이다. 그 부유하는 진공의 공간은 그러나 현실에서 어느 정도는 벗어나 있으므로 그것을 비판하고 반성하는 자리가 될 수 있다. 그의 소설이 때로 강한 현실 비판적 의미를 띠는 것은 그것 때문이다. 그 진공의 공간에서는 의미·폭력·광기·지배 이데올로기 등의 모든 것들이 성찰의 대상이 된다. 거기에서는 억압이 풀려 있기 때문이다. 억압이 풀리면, 인간의 내부 깊숙이 숨어 있던 동물성이 슬그머니 얼굴을 내민다. 과연 그의 소설은 동물적인 이미지들로 가득 차 있다. 그 동물적 이미지들이 언제나 행복한 울림을 울리는 것은 아니다. 때로 그것은 상투성의 세계에 안주하고 있기도 한다. 그러나 그 이미지들이 때로 큰 울림을 울릴 때가 있는데 그때 그 동물성은 관능성의 광휘로 빛난다. 그 소설은 줄거리를 갖고 있기 때문에 그 소설의 주인공의 삶도 재구성할 수가 있다. 그는 시골 출신의 대학 졸업자로 직장 생활을 하는 지식인이다(70, 19). 그가 보는 세계는 동물적인 세계이며 거기에서 벗어나기는 힘들다. 아니 세계는 동물적이 아니라 세계는 동물이다. 그렇다면 그 소설을 쓴 소설가가 생각하는 인간다운 세계는 어떤 세계일까? 그는 그 질문을 피해간다. 그가 보기에 이 세계의 동물성이 너무 압도적이기 때문일까? 아니면 인간다운 세계란 불가능한 어떤 것이기 때문일까? 그 대답이 어떠하든, 이 세계는 동물이라고 외치는 사람은 단순한 동물은 아니다. 그런 사람들이 많아야 이 세계는 그 동물성에서 조금이라도 벗어날 수 있다.

8.29

이기철의 『내 사랑은 해지는 영토에』(문학과비평사, 1989)는 그 나름의 수준을 유지하고 있으나 그것뿐이다. 그의 시의 상당수는, 이것은 어디서 읽은 것 같다는 인상을 준다. 자기 색채가 뚜렷하지 않다는 말이다. 안타깝다. 이것은 아마도 다른 사람의 작업에 지나치게 관심을 표명하는 데서 연유한 것이나 아닌지 모르겠다.

    여자와 섹스 이야기가 들어가지 않으면 시가
    안 된다고 생각하는 풍조가 서글프다.
    냉소와 폭로가 들어가지 않으면 감각이
    낡았다고 생각하는 풍조가 서글프다. 〔74〕

라는 시를 보면, 한국시는 섹스시와 폭로시의 두 갈래가 지배하고 있으며, 그는

    느릅나무 그늘에 누워 듣는 물소리 같은 시 〔75〕

를 쓰고 싶어 한다. 그런데 그런 시는 어떤 시일까? 아마도 서정시를 그는 그렇게 말하고 있는 것 같은데, 그때의 서정시란 무엇일까?

『여성과문학』 창간호에 실린 오정희의 소설은 소품이다. 아름다

운 문장 한두 개로 소설을 버티고 있다. 더 깊어져야 한다. 깊어지기 위해서는 좀더, 바타유가 쓰는 의미로 위반이 많아져야 한다. "무언가 차갑고 이물스러운 것"(196) 이상의 것이 필요하다. 그것이 무엇일까? 나도 모르겠다.

9.1

작품은 드물고 비평의 목소리는 높다. 비평가들의 장단에 맞춰 춤을 추는 사람을 제외하고는 거의 모두 쭈뼛쭈뼛한 자세이다. 당당한 비평가들의 글을 읽을 때는 내 마음도 당당해지고, 주눅 든 작가들의 작품을 읽을 때에는 내 마음도 주눅 든다. 그러곤 그만이다. 울림은 신문의 정치면이나, 경제·사회면을 읽을 때만도 못하다. 신문을 정독하면 작품을 읽을 필요가 없어지는 것이나 아닌지 겁난다. 그래도 마음 다잡고 읽는다. 씩씩한 비평가들과 주눅 든 작가들의 얼굴을 살려주기 위해서.

　　―만주에서 독립운동하는 것도 『토지』에서는 여러 가지 다양한 노선 중에서 어떤 것이 가장 바람직한가가 잘 나타나 있지 않습니다. 무장 독립운동을 하면서 계급 의식으로 무장된 정통적인 노선이 자리 잡아야 하는데 위정척사파와 만주에서 독립운동을 하는 사람, 상해임시정부 등이 두루뭉술하게 독립운동한다는 식으로 묘사되고 있습니다. 저는 『토지』를 보면 계속 이러한 아쉬움이 남습니다.
　　―박경리 씨가 사회과학 공부를 덜한 모양입니다(웃음). (『오늘의 소설』, 현암사, 1989(30))

60년대 초의 백철과 황순원의 논쟁 생각이 난다. 요즘 와서야 가설로서 제시되고 있는 것을 박경리가 알지 못했다고 야단치는 비평가들의 이 당당함은 자신들은 진리를 쥐고 있다는 사제적 권력의 한 전형적 모습이다. 그것은 토론이 필요 없는 믿음의 세계에 속하는 것을 강요하는 사람의 당당함이다(나는 그런 목사들이 싫어서 교회를 나가지 않게 되었는데 요즈음은 그래도 목사들이 조금은 더 낫지 않은가 하는 생각이 든다).

분단 구조의 의식적 반영인지는 모르겠으나 우리는 어느덧 적대감 없이는 살 수 없이 되어버린 사람들이라는 느낌을 떨쳐버릴 수 없습니다. 오늘날 우리에게 일용할 적대감을 주옵시고…… 하는 게 오늘 우리가 사는 모습이 아닌가…… 그러다 보니까 서로가 서로를 억누르고 제거하고 지배하려는 억압과 폭력의 악순환이 되풀이되고…… (『문학정신』, 1989년 9월호〔41〕)

정현종 정도니까 그래도 유머러스하게 사태를 묘사하고 있지, 다른 시인들은 히스테리 증세를 보이거나 무시해버릴 대목이다. 무시무시한 대담을 읽고 나면 입맛이 싹 가신다. 오늘도, 정현종식으로 말하자면, 일용할 양식을 먹기는 틀렸나 보다.

9.2

『문학정신』에서 정현종과 좌담을 한 비평가들이 누구누구인가는 잘 알 수 없으나, 나에 관련한 한 문단은 해명이 필요할 것 같다.

〔……〕저는 개인적으로 정현종·김현·김지하 세 분이야말로 4·19 세대의 문학적 상징이 아닐까 생각하는데 이 세 분 모두가 80년대 들어서 동양 정신에 깊이 침윤돼 있음을 보게 됩니다. 그런데 바로 거기서 문제가 발생합니다. 즉 역사주의와는 일정한 거리를 유지하고 있는 동양 사상이 우리의 급박한 현실 상황 속에서 어떤 적극적인 역할을 할 수 있느냐는 거죠. 지금 같은 물질 만능의 자본주의 사회에서 동양 사상이 카운터 파트너로서의 역할을 할 수는 있겠지만 적극적이고 미래 지향적인 차원에까지 나갈 수 있느냐는 데엔 회의가 드는군요. 자칫 서구적 딜레탕티슴과 또 다른 정신적 귀족주의로 함몰될 염려가 있다고 보는데요. (『문학정신』, 1989년 9월호〔50~51〕)

나를 김지하나 정현종과 같은 수준에 올려놓은 것에 대해서는 과분하다는 감이 들지만, 이 비평가의 주장은 검토할 필요가 있다. 우선 셋 다 동양 정신에 침윤되어 있다는 주장. 물질과 정신, 객관과 주관, 선과 악…… 등의 이원론을 거부하는 것을 동양 사상이라고 생각하는 것은 지나친 단순화가 아닐까? 예를 들어 영지학파는 어떤가? 또 역으로 유가의 태도는 어떤가? 셋이 다 같이 일원론을 향하고 있지만 그 지향이나 방법은 다르다. 그것을 밝혀내는 것이 비평가들이 할 일이 아닐까. 우선 김지하는 삶(살림)/죽음(죽임)의 대립을 극복하는 데 전력을 쏟고 있고 그 방법은 알레고리이다. 정현종은 일/놀이의 대립을 극복하는 데 힘을 기울이고 있고, 그 방법은 일탈이다. 그래서 김지하에게 있어서는 반제·반파쇼가, 정현종에게 있어서는 해방(성·노동·억압에서의 해방)이 중요시된다. 나는 어떤가? 나는 그 중간에 있으며, 내 방법은 분석이다. 알레고리나 일탈이나 분석을 간단하게 동양 정신이라 부를 수 있을까? 나는 차라리 그것이 서양의 계몽주의 정신의 한 유산이 아닐까 생각한다. 전통적인 서양 정신은 비합리주의를 억압해온 합리주의 정신이며, 그 합리주의 정신은 비합리주의 정신을 동양적인 것이라고 선전하고 그래서 동양은 근대화되지 못했다고 강변한다. 동양 정신은 역사 허무주의나 초월주의이며 그것은 역사주의와 현실주의를 강조하는 서양 정신과 대립된다. 그 서양 정신은 그러나 17세기 이후의 서양 정신이며, 그 이전의 서양 정신은 그렇지 않았다는 연구 결과나, 비합리주의적인 동양 정신은 서양의 제국주의가 퍼뜨린 한 신화라는 연구 결과는, 서양 정신과 동양 정신의 분할이 새롭게 이뤄져야 함을 암시하고 있다. 그러기 위해서는 예를 들어 노장은 무위 사상이다라는 식으로 통설을 재생산하지 말고 무위가 자연을 거스르지 않는 삶을 사는 것이라는 식의 새로운 생각을 확대 재생산해야 한다. 더구나 언제, 왜 노장이 무위로 무장하고 최소 국가주의를 선택하게 되었는가를 한국 역사에서 찾아내야 한다. 노장에 대한 관심이 예를 들어 실학파들에 의해 다시 생겨났을 때, 그 학파가 생각한 것은 무엇일까? 그 학파의 역사 허무주의의 소산일 뿐일까? 20세기 후반에 박이문이나 김용옥이 새롭게 해석하고 있는 노장은 동양 사상인가, 서양 사상인가? 그런 문제들에 부딪히면, 동양 사상이 단순한 서구식 딜레탕티슴이나 정신적 귀족주의가 아니리라는 것은 분명하다. 서양 정신을 깊이 파고들어가면 갈수록 그것이 동양 정신이라고 알려진 것과 깊이 연관되어 있음을 알 수 있듯이, 동양 정신을 깊이 있게 연구하면 할수록 그것이 서양 정신이라고 알려진 것과 깊게 연관되어 있음을 알 수 있다. 그런 의미에서 우리는 아직도 계몽주의 시대에 살고 있으며, 어떤 식으로든지 그것에 대한 자기의 태도를 밝히지 않을 수 없다는 현대 대륙 철학자들의 생각은 주목을 요한다(정현종이 그 문제에 대해 깊이 있는 성찰을 하지 않고 동양 정신에 대한 전통적인 생각을 재생산하고 있는 것은 매우 안타까운 일이다. 그가 푸코와 하버마스의 논쟁에 대한 내 글을 꼭 읽어줬으면 한다).

너는 동양 정신에 침투되어 있다. 아니 아니…… 어떤 의미로는 그렇고 어떤 의미로는 그렇지 않다. 아니 그런 말도 해서는 안 된다. 글은 읽은 자의 몫이다. 너무 말을 많이 하는 것은 좋지 않다.

9.15

죽파 김난초 선생이 며칠 전에 죽었다. 그녀의 가야금 산조를 거푸 듣는다. 그녀는 계면에 미친 젊은이들과 달리 예술의 권태로움을 뼛속 깊이 느낀 예인이었다는 느낌을 받는다. 그녀는 그런 의미에서 위대한 예인이다.

9.20

『문예중앙』(1989년 가을호)에서 두 편의 좋은 소설을 읽었다. 하창수의 「더 깊어지는 강」과 이승우의 「에리직톤의 초상 2」가 그것이다. 하창수의 소설은 노동 운동을 하다가 죽은 누이의 아이를 어머니의 무덤으로 데려갔다 오는 이야기인데 이야기의 진행에 무리가 없고 주인공의 마음의 움직임이 스산하게 그러나 별 저항 없게 그려져 있다. 묘사는 매우 서정적인데 그것은 자연과 심리에 작가가 섬세한 주의를 기울인 덕분에 얻어지는 덕목이다. 임철우나 김원일의 어떤 소설을 상기시키는 아름다운 소설이다. 이승우의 소설은 형이상학적인 소설이다. 그것은 이 황폐한 시대에 어떻게 삶을 영위해나가야 하는가를 성실하게 묻고 있다. 작가는 신과 인간의 관계에만 주목하는 삶도, 인간과 인간의 관계에만 주목하는 삶도 바람직하지 않으며, 바람직한 것은 그 수직의 방향과 수평의 방향이 조화를 이루는 것이라는 것을 분명하게 말하고 있다. 그러나 그것 역시 하나의 절충은 아닐까? 삶은 차라리 어느 한 방면을 극단적으로 가는 데서 탈출구를 얻을 수 있는 역설의 자리가 아닐까? 다시 말해 너무 쉽게 해답을 내리는 것 자체가 절충이 아닐까? 그러나 그 두 소설을 읽으니까 마치 내 세대들이 4·19에 사로잡혀 있듯이 그들은 운동권에 사로잡혀 있다는 생각이 든다. 거기에 찬성하든 반대하든, 운동의 논리는 이제 삶 깊숙이 들어와 있다. 그들의 소설을 읽으면서 나는 내가 그들의 세대가 아니라는 것을 분명하게 느낀다. 내 세대들이 관념이라고 보는 것의 상당수를 그들은 현실로 보고 있다. 그런 그들의 태도를 옳지 않다고 비판할 수는 없다. 그들은 그들의 삶을 살고 나는 내 삶을 산다.

9.21

조윤호의 『첫번째 나무』(중앙일보사, 1989)는 읽을 만하다. 그의 시는 환상적 이야기시라고나 부를 수 있을 그런 시이다. 아니 그의 시 중에서 읽을 만한 것은 환상적인 이야기를 하여 삶을 되돌아보게 하는 시들이다. 환상적 이야기의 환상적이란 말은 우선은 현실적으로는 일어날 수 없는이라는 뜻이며, 그러나 일어날 수는 있는, 그래서 놀라움과 꿈을 유발할 수 있는이라는 뜻이기도 하다. 프랑스어의 'conte merveilleux'에 가깝기도 하고 'littérature fantastique'에 가깝기도 하지만, 바르트가 쓰는 의미의 'littérature irréaliste'에 아주 가깝다. 「새」「넝마」「무서움」 같은 시들은 좋은 시들인데, 문제는 그런 시들이 그리 많지 않다는 데 있다.

권오룡의 『존재의 변명』(문지, 1989), 김철의 『잠 없는 시대의 꿈』(문지, 1989), 남진우의 『바벨탑의 언어』(문지, 1989)는 다 같이 일정한 수준을 유지하고 있다. 그러나 김철은 논객으로서의 면모가 강하고(중산층의 허위 의식을 비판하는 그의 글은 매우 매섭다. 김윤식의 『염상섭 연구』에 대한 그의 서평은 그런 의미에서 읽을 만하다. 그리고 반공주의·지배 이데올로기에 대한 날카로운 비판도 그의 논객으로서의 면모를 잘 보여준다), 권오룡은 분석력이 돋보인다(그의 만연체는 그의 사유의 궤적 그 자체이다. 느릿느릿 그는 문제의 핵심을 찾아들어 간다. 초기의 윤흥길·황석영론 들과 최근의 최수철·박인홍론 등은 좋은 글들이다). 남진우는 기자의 문체로 시를 읽는다. 깊이는 없으나, 감각은 있다. 그의 장점은 직관적 의미 포착이며, 그의 단점은 좋은 작가와 나쁜 작가를 자기 나름으로 구분하지 않는다는 데 있다. 모든 작가들이 분석의 대상이 될 수는 있지만, 뛰어난 작가들과의 싸움을 통해서만 비평가도 자란다. 자라지 않는 비평가를 보는 것은 나이 든 난쟁이를 보는 것처럼 괴롭다.

9.24

광주에서 전주로 가면서 김정웅이 한 말: 사람에게는 하늘이 양이고 땅이 음이지만, 식물에게는 땅이 양이고 하늘이 음이다. 그래서 하늘을 향하는 것은 음이다. 콩나물에게 있어 대가리가 음이고 뿌리가 양이다. 나쁜 버섯은 대개 머리가 크고 아름답다.

일리가 있는 말인 것 같다. 흥미로워 적어놓는다.

9.27

김훈의 『내가 읽은 책과 세상』(푸른숲, 1989)은 김훈 특유의 화려한 수사의 모음이다. 그의 글은 이상하게도 일상적인 삶을 그가 묘사하고 있을 때에도 화려하다. 그 이유는 그가 "업과 더불어 짜증과 더불어 모자람과 더불어 한 발자국씩" 나아가고 있는 데에 있다. 자기 삶의 체취가 진하게 배어 있는 글은 어떤 경우에도 수사 쪽으로 기운다. 소박도 그때에는 하나의 수사이다. 그 수사가 남의 감정을 뒤흔든다. 그 수사에는 흔히 삶의 진수가 숨어 있다. "판소리의 바탕은 한국의 산하와 한국의 자연, 그리고 거기서 벌어진 삶의 내용 전체"(269)라든가 북을 만드는 데에는 "산전수전을 다 겪고 죽은 늙은 황소의 가죽이"(286) 좋다라고 그가 쓸 때, 그의 수사는 수사 이상이다. 그의 책-세상 읽기는 사람 읽기에 다름 아니다.

김지하의 「역려」(『다리』, 1989년 9월호)의 첫 부분은 아름답다. 자기의 전생을 전봉준에게서 찾는 그의 안간힘이 역겹지가 않다.

  내가 가끔
  꿈에 보는 집이 하나 있는데

  세 칸짜리 초가집 빈 초가집

  댓돌에 피 고이고 부엌엔
  식칼 떨어진

  그 집에
  내가 사는 꿈이 하나 있는데

  뒤곁에 우엉은
  키넘게 자라고 거기
  거적에 싸인 시체가 하나

  아득한 곳에서 천둥소리 울려오는
  잿빛 꿈속의 내 집
  옛 고부군에 있었다는
  고즈넉한
  그 집

이 시의 묘미 중의 하나는 내가 가끔 꿈에 보는 그 집이 내 꿈이 사는 집으로 바뀌는 곳에 숨어 있다. 현실 속의 꿈과 꿈속의 현실은 하나이다.

10.3

김혜순의 시를 읽다가 흥미 있는 시를 하나 만났다. 「도솔가」라는 제목이 붙어 있는 그 시에서는 두 개의 해 대신에 두 개의 달이 떠 있다.

    죽은 어머니가 내게 와서
    신발 좀 빌어달라 그러며는요
    신발을 벗었더랬죠

    죽은 어머니가 내게 와서
    부축해다오 발이 없어서 그러며는요
    두 발을 벗었더랬죠

    죽은 어머니가 내게 와서
    빌어달라 빌어달라 그러며는요
    가슴까지 벗었더랬죠

    하늘엔 산이 뜨고 길이 뜨고요
    아무도 없는 곳에

둥그런 달이 두 개 뜨고 있었죠 〔1: 73〕

이 시는 불가능한 일들로 이뤄져 있다. 죽은 어머니가 시인에게 와 신발을 빌리고, 부축해달라 말하고 가슴을 빌려달라고 한다. 딸은 아무 말 없이 신을, 발을, 가슴을 빌려준다—발과 가슴을 선뜻 떼내 빌려준다. 하늘엔 산이 떠 있고 길이 떠 있다. 아무도 없는 곳엔, 그곳이 하늘인지 땅 밑인지는 알 수 없으나, 둥그런 달이 둘 떠 있다. 누구나 보는 하늘엔 산과 길이 떠 있는데, 왜 아무도 없는 곳엔 둥그런 달만 두 개 떠 있을까? 이 시에 나타나 있는 불가능한 일에는 그러니까 두 종류의 불가능한 일들이 겹쳐 있다. 하나는 어머니와 딸 사이의 불가능한 일이며, 그 불가능한 일이 이뤄지면 이뤄지는 밖의 불가능한 일이다. 내가 어머니에게 이런 일을 하니까, 하늘에는 산과 길이 뜨고, 아무도 없는 곳에서는 둥그런 두 개의 달—다시 말해 두 개의 보름달이 뜬다. 그 시에 시인은 「도솔가」라는 옛 이름을 붙인다. 그것은 무슨 이유 때문일까? 이상하다. 그런데 이 시를 읽으면 서유석의 「타박네」가 생각난다. 그 이유도 모르겠다. 이 시에는 십장생도와 민요가 배접되어 있다. 슬프면서도 유장하다.

10.7

오랜만에 홍성원과 배용균의 「달마가 동쪽으로 간 까닭은」을 봤다. 화면은 아름다웠고 대사도 거칠지는 않았다. 그러나 너무 문학적인 영화이다. 그는 침묵의 맛은 알고 있으나 그것에서 감동을 이끌어내지는 못하고 있다. 아름다운 서정시를 두 시간 이십 분으로 늘려놓은 영화라고나 할까.

10.13

내가 내 육체의 주인이 아니라, 내 육체가 내 주인이라는 생각에 갈수록 깊게 사로잡힌다. 10월 11일에 예의 설악산 등산팀 — 송준만·김대행·김치수에다가 남경희·홍성원까지 끼어 6명 — 이 설악산을 향해 떠난 것에는 아무 하자가 없었는데, 설악산 공원 입구에서 백담사를 향해 한 한 시간 반 정도를 걷다가 문제가 발생했다. 시멘트 포장길을 잘 안 다닌 발바닥이 문제를 일으킨 것이다. 발바닥이 쓰리고 아프더니, 양말을 갈아 신었는데도, 수렴동과 마등령이 갈라지는 곳에 오니, 피가 배어 나오기 시작했다. 걸으면, 아픔이 느껴지지 않는데, 조금만 쉬어도 발을 디디기가 힘들다. 수렴동에서 요란하게 보수 공사를 했는데도, 12일 아침에 일어나보니, 더 걷는 것은 무리였다. 제기랄이라는 말이 저절로 나왔다. 제일 미안한 것은 나만 믿고 따라온 홍성원에게였다. 그러나 그가 더 가는 것을 제일 말렸다. 나이 든 오랜 친구처럼 정다운 이는 없다. 나는 그들과 수렴동에서 헤어졌다. 혼자 터덜터덜 백담사로 내려오는 길은 처량하고 우울했다. 하늘도 내 마음을 아는 듯 용대리에 오니 비를 뿌리기 시작했다. 내 의지나 욕망은 아무것도 아니고, 내 육체만이 내 실질적인 주인이다. 어기적거리며 들어온 나를 보고, 마누라가 그래 남들은 대청을 가는데, 당신만 떨어져 얼마나 슬프오라고 놀린다. 터지는 울화를 꾹꾹 눌러 담고, 설악산을 즐기고 있을 친구들을 생각한다. 비가 적게 와야 할 텐데……

10.24

김훈이 쓴 기사를 보니, 김주영이 절필을 선언한 모양이다. 나이가 오십에 접어들면, 앞만 보고 달려온 자기의 삶에 회의가 생기게 마련이다. 머리로는 그것이 일종의 기력 쇠퇴라는 것을 알고 있으면서도, 육체로는 그것이 회피할 수 없는 삶이라고 믿는다. 그래서 모든 것에서 도망하기 위해 머리는 온갖 꾀를 쓴다. 그의 삶이 얼마나 힘든 삶이었을까 하는 것은 충분히 알겠다. 한 4, 5년 전쯤, 거의 모든 것을 팽개치고 집에 들어앉아, 노자와 장자만 읽던 내가 생각난다. 나는 버렸고, 그리고 2, 3년을 보냈다. 그러고 나니 조금씩 기력이 되살아났다. 지금도, 그때의 그 무기력증을 생각하면, 겁이 난다. 삶에는 지름길이 없다. 자기가 가야 할 길은 가야 한다. 그의 절필이 좋은 결과를 얻기를 바랄 뿐이다. 그러나 그렇게 쓰는 내 손은 기쁘지가 않다.

10.31

송기숙의 『녹두장군 1, 2』(창비, 1989)는 재미있으나, 그 재미는 이미 여러 대하소설에서 맛본 재미이다. 또 그런 식이구나라는 것이 내 첫 느낌이다. 앞으로 어떻게 전개될지 알 수 없으나, 전봉준은 루카치식의 역사소설이 그러하듯, 구성의 전면에 나와 있지 않다. 그러나 그는 비범한 인물이며, 비범하게 생긴 인물이다. 그 소설에도 『임꺽정』의 흔적은 남아 있다. 또한 모든 계교는 성공적으로 수행된다. 그것도 그 소설을 이야기로 읽게 만드는 한 요소이다. 관리나 나졸은 다 바지저고리이고, 계교를 꾸미는 사람은 순식간에 그것을 꾸며낸다. 신통한 일이다. 소설적 정의는 거의 언제나 승리한다…… 그러나 문장은 구수하고 정답다. 전라도 사람들을 다루는 전라도 작가의 이점이다. 계속해서 읽어야 할 소설이지만, 『임꺽정』을 넘어설 것 같지는 않다.

11.2

설악산 등산팀의 해단식에서 홍성원에게 들은 말: 이문열의 이천 집을 지켜주는 녀석에게 들은 이야기인데, 이문열의 아버지가 교수직에서 정년퇴직해서 신의주에서 살고 있다대. 이문열의 우파적 발상은 그것과도 관계있을 거야. 아마 거기 가보고 싶은 모양이던데. 모든 사유의 뒤에는 이데올로기가 숨어 있나 보다. 여하튼 그 소리를 들으니, 그의 상당수의 행위가 이해된다. 그도 얼마나 괴로울 것인가.

11.3

박운식의 『모두 모두 즐거워서 술도 먹고 떡도 먹고』(실천문학사, 1989)는 읽힌다. 시적 수사도 수준에 올라 있고, 시를 대하는 눈도 성실해 보인다. 그의 시를 지배하고 있는 것은

> 내 가는 팔뚝에 주렁주렁 많이도 매달리는
> 농비, 학비, 조합비, 사채빚
> 내 가는 팔뚝이 부러질 것 같구나
> 텅 빈 들판에 바람아
> 더 세게 불어봐라
> 지금껏 견디어온 질긴 내 팔뚝은
> 부러지지 않으리라 부러지지 않으리라 (86~87)

에 잘 나타나 있듯, 낙관적 소시민주의이다. 그의 신분은 농부이지만, 그의 의식은 농부의 의식이라기보다는, 소시민의 낭만적 결기가 기본을 이루는 의식이다. 그 점에 대해서는 최두석이 적절하게 지적하고 있다. 그의 시가 깊은 감동을 주지 않는 것은 그 허세 때문이다. 아름다운 말들은 그때 장식으로 변한다.

『문학정신』 11월호에 실린 이순원의 「아버지의 수레」와 박용수의 「대리인」은 읽을 만하다. 이순원은 분단 문제를 아버지가 남긴 물자징발증명서를 통해 접근하고 있으며, 박용수는 반미 문제를 한 카피라이터의 고뇌를 통해 접근하고 있다. 둘 다 상투적인 작품을 쓰지 않으려고 애를 쓰고 있으나 그 성과가 기대한 것만큼 큰 것 같지는 않다. 한두 작품을 더 읽어야 가능성을 알 수 있겠다.

11.4

김석희의 『이상의 날개』(실천문학사, 1989)는 재미있다. 그 재미는 디드로 이후 소설의 반성이라고 불린 실험과 옛이야기 투의 전개가 교묘하게 삼투·보완되어 있는 데서 연유한 것인데, 그래서 실험이 실험으로 느껴지지 않고 입심으로 느껴진다. 이야기의 기원으로 되돌아가는 것이 전위적인 실험과 맞붙어 있는 것이라는 것을 그의 소설은 보여줄 뿐 아니라, 그의 소설은 더 나아가 한 역사적 사실의 복원은 복원자의 관점에 의한 재구성이라는 것을 보여준다. 4·3 사건의 재구성은 그의 한 집념이기도 하지만, 그 집념은 언제나 되풀이되는 재구성으로 나타난다. 그 재구성은 그가 일상적 사건을 그릴 때에도 보여지는데, 그때의 재구성은 흔히 우화의 모습을 띠고 있다. 우화적 재구성이건, 역사적 재구성이건, 그의 재구성은 재미있게 이야기를 하고 싶다는 무의식의 표현이며, 그것이 그의 실험의 진정한 기원이다. 그러나 그는 흔히 같은 부류로 분류되는 이인성·최수철·박인홍과 매우 다르다. 이인성이 이야기의 조건을 다루고 있다면, 최수철은 해체되기 직전의 이야기의 흔적들을 되찾고 있으며, 박인홍은 이야기와 영화라는 결합하기 힘든 것을 결합하려 애를 쓰고 있다. 김석희는 이야기의 기원으로 이야기를 되돌림으로써 사실 해석이 하나의 이야기임을 납득시키려 한다. 그 작업들을 비평가들은 해체주의라 이름 붙이고 있는데, 일리가 없는 것은 아니나, 미국 단편소설의 기법을 넘어서려는 노력의 의미를 미국식으로 재해석하는 한계를 보여준다는 점에서 바람직한 이름 붙이기는 아닌 듯하다. 그들이 묻는 핵심적 질문은 소설은 이야기인가 아닌가인 것 같아 보인다.

  주목할 점:

  1. 그의 소설에는 아담이라는 이름이 자주 나온다. 지친 인간들

에게서 그가 기대하는 새 인간은 어떤 인간일까. 그 아담이라는 이름을 달고 있는 것은 대개 개이냐. 개 같은 사람과 사람 같은 개.

2. 이념적으로 그는 진보주의자이지만(억눌린 사람, 노동하는 사람에 대한 그의 경사) 그가 제일 잘 묘사하는 것은 소시민들이다. 직장인들의 절망적인 몸부림.

박희섭의 『검은 강』(문지, 1989)은 좋은 소설이다. 대구매일의 장편 공모에 응모했을 때보다 훨씬 좋아졌다. 우선 구성상으로 크게 이상한 곳이 발견되지 않는다. 임우기의 말로는 문장이 거친 곳이 많다는 것인데, 그렇지도 않다.

제목의 『검은 강』: 정철오의 말에 의하면, "개인의 이해나 희망과는 무관하게 흘러가는 것이 역사이고 또 전쟁이다. 저 검게 흐르는 강처럼 말이다"(234). 부디아 역시 "역사는 이 강물과 같이" "모든 이념과 술수, 이념과 사상을 포용하고도 거침없이 흐르는 저 검은 강"(456)이라고 말함으로써 철오의 역사관을 수용한다. 검은 강은 역사라는 강인데, 그것은 투명하지 않고 불투명해, 그 역사가 어디로 흘러가는지 잘 알 수가 없다.

이 소설의 주인공은 한국인 철오와 아프리카인 부디아이다. 둘은 다 제삼세계인이며, 대학을 다니는 지식인들이다. 그들을 한곳에 모은 것은 역사이고, 역사의 아이러니이다. 철오의 정신적 상흔은 작은아버지 때문에 고문받고 죽은 아버지, 그리고 능욕당한 그의 누이이며, 부디아의 그것은 정보부원들의 고문(그리고 자기가 자기의 의사와 달리 밀고자가 되었을지도 모른다는 공포)이다. 그 상처가 책벌레인 철오를 외국으로 내몰고, 시를 쓰는 부디아를 혁명 전선으로 내몬다. 그들을 관류하고 있는 것은 낭만적 허무주의, 혹은 역사 허무주의이다. "문득 부디아의 타오르던 눈길이 사그라들면서 쓸쓸한 비애가 폐허처럼 어둡게 동자에 고였다. 묘한 감정의 전이였다. 철오는 그 변화를 한순간도 놓치지 않고 주시했다"(216). "철오는 왠지 슬픔보다는 허무감에 사로잡혔다. 이제껏 많은 죽음을 보아왔지만 이런 마음이 들기는 이번이 처음이었다. 〔……〕 인간의 삶이란 것이 허망하기 짝이 없게 느껴졌고 인간과 인간 사이에서 벌어지는 모든 행위들이 하찮고 딱하게만 느껴졌다. 그 모든 편가름 행위, 악과 선이란 개념마저도 죽음 앞에선 한갓 부질없는 짓거리에 불과하다는 생각이 들었다"(443). 그 허무주의 때문에 이 소설을 비판할 사람들이 많을지도 모르겠다. 그러나 소설은 허무주의를 보여주면 나쁘고, 진보주의를 보여주면 좋은 그런 물건이 아니라, 그것을 납득할 만하게 만들었느냐, 그렇지 못한가에 따라 평가되는 물건이다.

박희섭의 무의식 중의 하나: 나쁜 놈들은 사형을 가해서라도 그들의 나쁜 짓을 징벌해야 한다는 무의식. 그는 소설가답게 그 무의식의 위협을 잘 알고 그것을 경계하고 있으나, 그의 시적 정의는 때로 그 경계를 넘어선다.

그 자신은 생-텍쥐페리, 사르트르 등을 높이 평가하고 있으나, 그가 실제로 크게 영향을 받은 것은 말로, 카뮈 같아 보인다. 역사 해석이나 테러리즘에 대한 그의 생각은 그들의 그것과 아주 비슷하다. 좋은 작가로 성장할 수 있을 것 같다.

사족 하나: 그에게서 책을 받았으나, 서명이 없었다. 나는 예의가 없다고 말했고, 김병익은 아무것도 모르는 사람이라 그랬을 것이라

고 말했다. 책을 다 읽고 마지막 면을 넘기다가 나는 맨 뒷면에 서명이 있는 것을 보았다. 판권란 다음다음 면에, "칫 작품집을 내며 김현 선생님께 감사드립니다. 1989. 10. 27. 박희섭"이라고 씌어 있었다. 나는 웃고, 그가 순진한 사람이라는 김병익의 말에 동의했다.

11.6

고은은 계속 열심히 쓰고 있다. 그러나 작품들이 다 고르지는 않다. 『한국문학』 11월호부터 새로 연재하는 「거리의 노래」는 대부분이 좋지 않다. 너무 상투적이고 너무 무반성적이다. 많이 쓰면 그러나 재미있는 구절은 한둘 있게 마련이다. 「상계동 가는 길」의

　　전위! 그것은 항상 변두리에 있다

는 재미있다. 떠돌이만이 그 말의 진짜 뜻을 안다.

11.15

권택영이 옮긴 라이트의 『정신분석 비평』(문예출판사, 1989)을 읽으니, 푸코가 쓴 '아버지의 부인'이 무슨 뜻인지를 알겠다. 문제가 되고 있는 용어는 라캉에게서 나온 용어이다: "라캉은 은유의 패턴을 아버지의 법, 또는 아버지의 이름이 어머니의 욕망과 자리를 바꿀 때 일어나는 것과 비슷하게 생각한다. 〔……〕 욕망의 충족을 지연시키는 아버지는 그런 지연을 요구하고 그런 억압을 강요하는 안 돼라

는 어휘를 말할 수 있다. 아버지의 이름 *nom du père*과 아버지의 부인 *non du père*은 어머니의 욕망과 자리바꿈을 일으킨다. 어머니의 욕망이 환상이라면 아버지의 말이 뜻하는 것은 약속은 되어 있지만 영원히 약속이 연기되는 해묵은 욕망과 협상을 벌이는 일종의 속임수, 혹은 놀이라고 볼 수 있다. 〔······〕 그러므로 아버지의 말, 즉 어린아이에게 이미 만들어진 대상의 세계로부터 나온 그런 정의에는 미망이 도사린다. 이것은 프로이트의 이론이 새롭게 진전된 것이다. 말이건 글이건 모든 발화에는 무의식이 침투되어 있다. 라캉 자신의 글도 독자를 좌절시키면서 동음이의어, 풍자, 괴상한 은유를 사용해 이런 미망을 끊임없이 모방한다"(151~52).

11.17

이정준의 『자유의 문』(나남, 1989)은 추리소설적인 기법을 사용하여, 문학-소설의 길과 절대선의 길을 찾은 종교의 길이 어디서 만나고 어디서 헤어지는가를 검증하고 있다. 백상도와 주영섭(정완규/주영훈)은 각각 종교의 길과 소설의 길을 대표하는 인물들인데, 그들은 저마다 자기의 길을 확고하게 선택했다는 점에서 공통점을 갖고 있으며, 그들 선택의 확고성은 세속적 이름의 버림과 새 이름의 사용으로 상징화되어 있다. 작가의 관점은 절대선의 세계를 지키기 위해 모든 세속적 증거를 없애려고 하는 백상도보다는 집착을 버리고 사랑으로 모든 것을 포용해야 한다는 주영섭 쪽에 기울고 있다. 그래서 소설에서 제일 화려한 수사는 주영섭의 백상도 비판이 보여주는 수사이다: "그런데 그 선과 정의의 계율이 어떤 개인의 구체적인 삶의 값에 눈이 멀게 된다면, 〔……〕 그것은 이미 사랑의 방도 나 길일 수가 없지요. 어른께선 일대면 그때 그 기도의 힘보다도 사랑을 먼저 잃고 계셨던 거란 말씀입니다. 그때의 절망이나 외로움도 사실은 그 사랑을 잃은 때문이었을 거구요"〔243〕. 주영섭의 소설관: "〔소설이 믿음과 사랑을 위해서 자기 계율을 버린다는〕 것은 소설이 거짓과 참진실을 증거하기 위해선 사람들의 삶이나 세상일뿐 아니라 소설 자체의 계율에 대한 고백이나 검증도 함께 이루어져 나아가야 한다는 뜻입니다. 우리 삶을 속이고 굴레를 짓는 것은 세상일뿐 아니라 소설 자체의 계율도 마찬가질 수 있으니까요. 우리 삶을 증거하려는 소설이 오히려 그것을 거짓되게 말하는 굴레가 될 때는 그 묵은 틀을 서슴없이 벗어던질 수가 있어야 한다는 말씀입니다" 〔252〕. 종교의 길과 소설의 길의 차이를 그는 이렇게 요약한다: "어르신은 그것을 영구불변의 절대 계율로 지켜나가려는 데 반해 소설의 길은 끊임없는 자기반성과 변화가 이루어져 나간다는 것이지요" 〔253〕; "자기반성과 변화는 실천의 포기가 아니라 인간과 삶에 대한 실천적 사랑의 자리로의 귀환이다"〔254〕. 주영섭의 문학관은 문학은 삶의 변화의 기호가 되어야지, 그것의 주장이 되어서는 안 된다라는 문학관이다.

그것이 이청준이 도달한 결론이라면, 그는 10여 년 동안 하나도 변화하지 않았다. 바로 그것이야말로 『비화밀교』 전후의 그의 소설관이기 때문이다. 그렇다면 그는 왜 소설을 버리고 삶의 자리로 뛰어들어가지 않고, 뛰어들어가야 한다고만 말하고 있는가? 그것은 하나의 주장은 아닌가? 다시 말해 그는 상투적 언사를 말하고 있는 것은 아닌가? 그 토포스에 구체성을 부여하기 위해 그가 보여주는 세목들은 구체적이라기보다는 오히려 추상적이다. 자기주장을 관철하기 위해 스스로 죽음을 선택한 작가에겐 가족이 없었을까? 죽음 앞에서 그는 아무런 회의도 느끼지 않았을까? 소설의 자리로 지리산을 선택한 것, 주영섭을 추리소설가로 선택한 것, 백상도와 다른 두 사람과의 관계를 종교적 관계로 맺어준 것, 말벌 떼의 습격으로 주영섭을 죽게 만든 것, 그것을 백상도가 미리 짐작한 것…… 그 모든 것들이 나에겐 자꾸 토포스로 느껴진다. 이청준의 마성, 자기의 계산을 소설이 배반하는 것을 어쩔 수 없이 참는 것이 이제는 마멸된 것일까? 그에게서 마성·집요성이 없어지면, 남는 것은 얼개뿐이다. 안타깝다.

11.20

논문 심사 때문에 학교에 들른 이성복과의 대화:

— 논어를 한 1년 반에 걸쳐 중문과·철학과 선생들과 같이 읽었는데요, 세계관이 바뀐 것 같아요. 세계가 전과 달리 보이거든요.

— 어떻게 보이는데?

— 뛰어난 글은 안 그렇지만, 글도 그것이 전부라는 생각은 들지 않고요. 전에는 글쓰기가 먼저고, 책읽기는 나중이었는데, 요즈음은 반대예요. 더구나 동양의 고전은 주석과 함께 읽어야 본문만 읽으면 별 재미가 없어요.

— 시는 어떻고?

— 시도 그저 그렇고요. 차라리 학문을 하고 싶은데요, 전공을 잘못 찾은 것 같고요.

─동양 철학을 했으면, 서양 철학에 재미를 붙이게 되지 않았을까?

─그랬을지도 모르지요. 하지만 스승들의 항상 웃는 얼굴을 보면, 아, 동양 고전에 뭔가 있긴 있구나 하는 생각이 들던데요.

─그러나 고통 없는 삶이 재미가 있을까?

─글쎄요, 어떻든 선생님도 『논어』를 한번 읽어보시지요. 정말 좋아요.

─글쎄…… 난 내 목표가 있어서. 아직도 정리해야 할 사람들이 남아 있고, 쉬운 문학 개론 같은 것을 하나 쓸 수 있었으면 하는데, 될지 몰라……

─『논어』를 꼭 한번 읽어보세요. 전 『주역』을 읽기 전에 『대학』과 『중용』을 한두 달 읽었는데요. 그 뒤에 거의 매일 읽어 8개월이 걸렸어요, 『주역』 읽는 데요. 그런데 요즈음엔 『논어』예요.

─그것도 바뀌지는 않을까?

선생님은 자동차를 안 모시나요? 전 그것이 유일한 스트레스 해소책인데요, 재미있어요. 요즈음은 잠도 잘 자고요, 책읽기도 재미있어요. 그는 갈수록 깔끔해지고, 선생다워진다. 나는 그런 그가 좋기도 하고 싫기도 하다. 남들이 다 병들어 있으면, 아프지 않더라도, 아프지 않다는 것을 널리 알리는 것은 좋지 않은 것이 아닐까? 그러나 여하튼 아픈 것보다는 아프지 않은 것이 더 낫다.

11.24

수요일에는 서우석과 「카미유 클로델」을 보러 갔다. 「아마데우스」

에서도 느낀 것이지만, 천재적인 예술가를 왜 갑자기 만들어내는 것인지가 의심스럽다. 재능은 있으나, 억압받고 착취당하는 예술가를 왜 새로 퍼뜨리는 것일까? 과거를 조립하는 것이 현재의 앎이라면, 현재의 앎의 어떤 부분이 억압받는 재능 있는 예술가라는 개념을 요구하고 있는 것일까? 그러나 화면은 아름답고 생동감이 있었다. 영화 그 자체로는 뛰어난 것이었다. 근 세 시간 동안이 전혀 지루하지 않았다.

사족: 폴 클로델이 카미유 클로델의 동생이라는 것은 처음 알았다. 영화에서의 그는 지독한 속물이었다. 성공을 꿈꾸는 랭보라……

당의 건설을 노래하는 시들이 늘고 있다. 김정환도 노골적으로 그것을 요구하고 있다. 당이 만들어지면, 모든 갈등은 해결이 된다는 투다. 끔찍하다.

> 우리는 아직도 제국주의 속에서
> 사회구성체를 희망의 양식으로 삼지 않는다
> 우리는 아직도 신식민지에서
> 자본과 외국군을 물질 운동으로 생각하지 않는다
> 산발적인 것이 문제가 아니다
> 부르주아 도덕을 우리가 부르주아에게
> 기대하고 호소하는 것이 문제이다
> 불리하다면 우리는 매년 오월
> 광주 망월동에 한꺼번에 모이지
> 않을 수도 있다 당이 있다면 우리는

>   산발적일 수도, 동시다발적일 수도
>   있다. 투쟁은 최루탄과의 싸움도
>   전경과의 싸움도 심지어 대통령과의
>   싸움도 아니고,
>   미국 대통령과의 싸움도 아니다
>   자본은 그 무엇보다도 인격적이며
>   유물론은 인간보다 인간적이다
>   그리고 싸움은 필연적이다. 그렇다면
>   국립묘지는 급한 것이 아니다
>   조직할 것은 산 노동이며 당이며
>   불리하지 않아도 우리는 죽은 자들을
>   싸우다 죽은 곳에 묻어야 한다 (「기차에 대하여 44」)

부르주아와의 연대를 포기한 듯한 인상을 주는 이 시의 의미에 대해서는 그 연작의 완성을 기다려야 하겠지만, 중요한 문제 제기인 듯하다. 모두들 연대를 주장하고 있는 시기에 마치 틈입자처럼 그의 시는 난입한다. 그 가짜 평화를 깨기 위해서라는 듯이(『창작과비평』, 1989년 겨울호〔95~96〕).

포스터의 『푸코와 마르크스주의』(민맥, 1989)는 주목할 만한 언급들을 많이 하고 있다. 베버와 프랑크푸르트 학파와 푸코의 유사점과 차이점〔29〕, 역사가의 위치에 대한 성찰〔92~95〕 등이 특히 그러하다. 나로서는 관료 제도와 컴퓨터의 관계를 푸코식으로 언급하는 대목이 흥미 있다:

19세기에 원형 감옥이 도입될 때, 관료 제도와 컴퓨터는 아직 발명되지 않았다. 푸코는 관료 제도와 컴퓨터가 감시 통제의 원리를 촉진시킬 것이라는 사실을 언급하지 않는다. 사실 그것들은 감시 통제의 원리를 새로운 수준으로 확대시킨다. 정보 과정의 기제들(사람을 사용한 관료 제도, 기계를 사용한 컴퓨터)을 통해 행동을 감시하는 능력은 상당하게 신장된다. 이제 감시 기술들은 더 이상 푸코가 생각하는 것처럼 신체들을 규제하는 방법들에 의존할 필요가 없다. 전자 시대에 들어서면서 공간적인 제한은 억압책으로 크게 사용되지 않는다. 이제는 행동의 궤적을 추적하기만 하면 된다. 〔……〕 그래서 원형 감옥식의 시는 대중화된 집단뿐만 아니라 고립된 개인에게까지 확대된다. 〔120~21〕

그런데 중요한 것은 컴퓨터까지도 상이한 계급들에 의해 상이하게 받아들여진다는 사실이다. 어떤 집단은 이익을 보고, 어떤 집단은 그렇지를 못하다. 컴퓨터가 유토피아를 보장하는 것은 아니다 〔137〕. 그렇다면 다시 손 움직임으로 되돌아가야 하는가? 나는 다시 푸코가 제기하는 가장 중요한 문제로 되돌아간다.

12.2

병원의 침대에 누워 조정래의 『태백산맥』 4부(한길사, 1989)를 읽는다. 좌익 빨치산을 긍정적으로 묘사한 — 빨치산을 지지하는 것이 아니라, 그것이 갖고 있는 역사적 의미를 드러내는 — 소설로는 거의 유일한 것이 아닐까 하는 느낌이 든다. 물론 이북에서 씌어진 것도 그 나름의 의미가 없는 것은 아니겠으나, 그것들의 거의 대부분은 일제 시대 농민소설의 연장선 위에 있어, 현대 이북의 역사를 보여주지는 않는다. 조정래는 큰일을 하나 했다. 그것은 『토지』나 『장길산』을 많이 뛰어넘고 있다. 그 자신은 그의 노력 때문에 빨치산 문학이 가능해진 것을 그 소설의 큰 공헌으로 생각하고 있다: "나중에 후일담으로 엮겠지만 비밀이란 유지할 수가 없어요. 그 시대에 상처를 입은 많은 사람들이 『태백산맥』 1부가 책으로 묶여 나오면서 숨결이 틔어가지고 『남부군』이 나오고 『빨치산』도 나오고 한 것 아닙니까?"(『문학정신』, 12월호〔47〕). 8만이 넘는 빨치산들이 죽음을 무릅쓰고 싸운 예는 세계적으로도 드문 일이며, 그것을 문학화한 것이 그의 공이다〔42〕. 그러나 그의 정말 훌륭한 공은 그 수많은 빨치산들에게 그에 알맞은 성격을 부여한 점이다.

몇 가지 지적할 점:

1. 견우와 직녀의 전설을 그는 완벽한 전설이라고 말하고 있는데〔8: 13〕, 그런 그의 태도가 더 진전되면 인종차별주의로 갈 소지가 있다.

2. "전쟁의 기본은 적과 우방을 간단하고 명확하게 가르는 것이었다. 〔……〕 중도적 입장은 기회주의일 뿐이었고, 객관적 입장은 방관주의일 뿐이었고, 종교적 사유는 허무주의일 뿐이었고, 개인적 판단은 이기주의일 뿐이었다"〔8: 120〕.

3. 김범준이 지용의 시를 되뇌며 1924년 압록강을 건넜다는 기술은 조금 지나친 기술이 아닐지〔8: 281〕.

4. 이승만이 작전권을 미국에게 넘긴 일에 대한 서민영의 비판〔9:

159]은 들을 만하다.

　5. 남해여단장의 태도를 안창민은 지친 혁명가의 허무적 초월주의(9: 308]라 부르고, 혁명가가 지치면 그것 자체가 죽음인 것이오라고 말한다(9: 309].

　6. 지리산에 대한 작가의 태도(10: 78]: 지리산 골짜기는 피신처요 무덤이다. 더 도망갈 곳이 없기 때문이다. 지리산은 역사의 무덤이다.

　기회가 올지 모르겠으나, 기회가 오면 다시 한번 읽고, 한 편의 글을 써보고 싶다.

12.7

『현대소설』 창간호에 실린 서정인의 사진을 보고, 나는 그의 문체의 비밀 하나를 알게 되었다. 짧은 단문으로 되어 있으나, 때로 요설로 느껴지는 서정인 문체의 비밀 중의 하나는 컴퓨터에 있다.

12.12

　새벽에 형광등 밑에서 거울을 본다 수척하다 나는 놀란다
　얼른 침대로 되돌아와 다시 눕는다
　거울 속의 얼굴이 점점 더 커진다
　두 배, 세 배, 방이 얼굴로 가득하다
　나갈 길이 없다
　일어날 수도 없고, 누워 있을 수도 없다

결사적으로 소리 지른다 겨우 깨난다
아, 살아 있다.

인명 찾아보기

ㄱ

가다머, 한스-게오르크 182
감태준 165
강석경 31, 264, 265
강우방 155, 156, 158
강운구 155~58, 160
강은교 272
강형철 277
강호무 21
고들리에, 모리스 150
고리키, 막심 182
고원정 178, 310
고유섭 67
고은 31, 74, 163, 180, 190, 194, 200, 357
고재식 66
고정희 165
골드만, 뤼시앵 45, 46, 117
공지영 221
괴렌, 세리프 228
괴테, 요한 볼프강 폰 25
구로사와 아키라 228
권오룡 151, 321, 345
권일송 20
권진규 179
권택영 357

권혁진 165, 181
그라스, 귄터 41
그레마스, 알지르다스 쥘리앵 288
그르니에, 장 179
기형도 193, 199, 200, 272, 300, 311
김광규 240
김광균 302, 307
김국태 215
김기림 261
김기진 335
김난초 343
김남일 155, 221, 323
김남주 280
김내성 178, 270
김대행 350
김동리 274
김동인 151, 254
김만옥 197
김명수 57
김명인 220, 239
김민숙 148
김병익 182, 356
김봉구 89, 225
김상일 20
김석만 186
김석희 353, 354

김선학 259
김수복 200, 263
김수영 75
김수용 332
김승옥 35
김승희 303, 304
김연수 89
김영태 77, 78, 174, 268
김영현 200, 272, 323
김영호 42
김용옥 342
김용택 58, 181, 219
김욱동 43
김원룡 155~57
김원우 48, 69, 196, 287
김원일 68, 161, 209
김윤식 29, 36, 41, 55, 94, 134, 286, 345
김은국 328
김인배 151
김인환 36, 230
김재민 260
김정란 213
김정웅 241, 346
김정환 24, 49, 175, 294, 362
김종삼 173
김주연 39, 130, 176
김주영 44, 68, 147, 152, 153, 249, 351
김준태 61, 86
김지하 50, 61, 75, 87, 96, 134, 140, 164, 180, 190, 201~03, 209, 210, 213, 275, 312, 341, 347

김진경 38, 49, 50
김철 345
김초혜 204
김춘수 20, 22, 106, 180, 204
김치수 72, 176, 192, 208, 229, 274, 286, 294, 319, 322, 329, 332, 350
김태연 304
김학웅 209
김향숙 58
김형영 72, 152, 165, 296
김혜순 24, 206, 348
김화영 153, 270
김훈 127, 142, 164, 346, 351

ㄴ
나기철 165
나태주 122
남경희 350
남송우 79
남정현 221
남진우 310, 345
노향림 94
니체, 프리드리히 66, 140

ㄷ
다우닝, 존 262
데리다, 자크 23, 182, 218
데보린, 아브람 모이세예비치 99
도스토옙스키, 표도르 미하일로비치 46, 96, 97, 107, 108, 120
도종환 162
들라, 다니엘 17

ㄹ

라이트, 엘리자베스 357
라캉, 자크 109, 357, 358
래쉬, 크리스토퍼 289, 291, 292
레닌, 니콜라이 100, 117
레비-스트로스, 클로드 150
레이몽, 마르셀 79
로베르, 마르트 146, 153, 169
로브-그리예, 알랭 138
뢰비, 미카엘 46
루카치, 죄르지 18, 19, 46, 98, 101, 117, 124
류철균 286
리쾨르, 폴 183
린, 데이비스 52

ㅁ

마르크스, 카를 99, 100, 117
마르탱뒤가르, 로제 184, 185
마스페로, 앙리 53
마종기 213
마해송 307
만, 토마스 41, 125
말라르메, 스테판 59
말로, 앙드레 356
맥기니스, 브라이언 103
메링, 프란츠 99
모스, 마르셀 325
문익환 306
문정희 165
문충성 49, 50, 203, 260
민태원 270
민희식 23

ㅂ

바르뷔스, 앙리 118
바르트, 롤랑 76, 109, 113, 179, 182, 219, 305, 345
바셰, 장 25
바슐라르, 가스통 45, 148, 315
바타유, 조르주 325, 326, 339
바흐친, 니콜라이 102
바흐친, 미하일 미하일로비치 102~04, 144, 191, 193
박경리 68, 266, 340
박남철 141, 272
박덕규 200
박래부 127
박몽구 29
박복만 170
박상륭 333
박영한 179, 313
박완서 286
박용수 353
박운식 352
박은수 225
박의상 84
박이문 342
박인홍 120, 319, 321, 354
박재삼 54, 142, 164, 290
박정만 51, 233, 235, 249, 283, 284
박제천 107, 123, 165, 257
박주관 32
박진화 38
박청륭 306
박태순 47, 69, 75, 310
박태일 79, 304

박해현 301
박현서 165
박혜경 301
박희섭 355, 356
반성완 18
발레리, 폴 24
발자크, 오노레 드 99, 262
방인근 110
배용균 349
백석 183, 261
백철 340
베르톨루치, 베르나르도 258
베른, 쥘 277
베른슈타인, 에두아르트 118
베버, 막스 363
베저, 에르제베트 98
베케트, 사뮈엘 165, 321
보들레르, 샤를 93
보카치오, 조반니 89
복거일 85, 125, 133, 196, 203, 217, 330
부버, 마르틴 103, 104
뷔토르, 미셸 173
브뤼헐, 피터르 318
블랑쇼, 모리스 326
블로크, 마르크 28
비스콘티, 루키노 276
비트겐슈타인, 루트비히 103

ㅅ
사드, 마르키 드 291, 326
사로트, 나탈리 322
사르트르, 장-폴 18, 103, 104, 139, 356
사이드, 에드워드 23, 144
상드, 조르주 84
생-텍쥐페리, 앙투안 드 356
샤르, 르네 193, 194
샤토브리앙, 프랑수아 르네드 113
서우석 361
서유석 32, 349
서인석 30, 288
서정기 287
서정윤 162
서정인 71, 145, 169, 269, 286, 366
서정주 20, 50, 261
서태석 285
설호정 155
성민엽 185, 187, 216, 251
소포클레스 120
솔제니친, 알렉산드르 이사예비치 41
송기숙 351
송기원 213
송수권 165
송영 304
송욱 123, 232
송재학 244, 290
송준만 350
송찬호 315
스탈린, 이오시프 99~101, 117
스탕달 90
스필버그, 스티븐 66
신경림 180, 194
신대철 23, 296
신동엽 180
신상성 106

신형기 63
심산 280

ㅇ
아리스토텔레스 35
아우어바흐, 에리히 144
안경원 328
안도현 285
안병무 60
안수길 36
안수환 123, 165, 234
양귀자 71
양성우 165
양순석 309
에메, 마르셀 259
에오르지, 이슈트반 98
에우리피데스 120
엘리아데, 미르체아 36
엥겔스, 프리드리히 99
염무웅 56, 59, 70, 188, 280
염상섭 95, 110
오거스트, 빌 318
오규원 37, 154, 164, 194, 334
오마르 하이얌 238
오생근 39, 196, 283
오성찬 226
오세영 249
오정환 33
오정희 275, 309, 338
오태환 80
오현우 211
와일드, 오스카 76
와트, 이언 41

원재훈 323
유강희 163
유순하 234
유승우 209
유익서 254, 264
유재용 33, 152
유종호 295, 335
유치환 295
윤동주 130
윤사순 131
윤성근 20, 165
윤소영 127
윤승천 216
윤재철 118, 165
윤정모 221
윤제림 170
윤중호 195, 243
윤후명 105, 281, 313
윤홍길 152
이관묵 25
이광수 110, 178
이광웅 280
이국선 64
이균영 35
이기영 110
이기철 338
이남호 80
이달희 180
이동렬 187
이동하 35, 63, 152, 274
이문구 152
이문열 151, 270, 272, 352
이문재 200

인명 찾아보기 373

이석호 293, 321
이성복 161, 165, 181, 286, 360
이성부 180
이세기 174
이순원 353
이승우 343
이승하 153, 165, 260
이시영 56, 57, 189, 190, 200
이연헌 170
이영옥 263
이영유 161, 221
이용악 261
이윤택 69, 200, 304
이은봉 37
이은상 20
이인성 96, 120, 185, 186, 286, 322, 323, 354
이재무 171, 213
이제하 19, 20, 133, 152, 264, 278
이준석 38
이중섭 47, 180
이창기 299
이철수 38
이청준 37, 67, 141, 150~52, 161, 246, 250, 275, 358, 359
이춘길 23
이태 226, 227, 260
이태준 212
이하석 193, 200
이해인 162
이휘창 211
인병선 264
임권택 191

임동확 161, 334
임방울 88, 89
임우기 286, 314, 355
임철우 42, 160, 161, 215
임헌영 250

ㅈ

자르키, 알렉산드르 276
자스, 한스-마르틴 28
장경렬 286, 305
장병기 19
장석주 24, 87, 165, 277
장영수 165
장용학 106
장정일 120, 165, 249
전상국 152, 270
전성우 284
전인옥 311
전영애 59
정과리 71, 238, 251, 282, 286
정대구 49
정도상 250
정동주 48
정명교 185
정명환 114, 294, 322
정문길 17
정병규 160
정인섭 298
정재서 26
정지영 184, 239
정지용 183, 261, 295
정진규 33
정진석 38

정찬 334
정현기 35
정현종 75, 176, 213, 216, 230, 314, 336, 340, 341, 343
정호승 154, 165, 181
정효구 148, 284
제임슨, 프레드릭 247
젤린스키, 파데이 103
조광희 229
조선작 152
조선희 323
조윤호 344
조정권 33, 106
조정래 68, 106, 155, 260, 262, 364, 365
조태일 180
조페, 롤랑 83
조해일 152, 178
조혜정 229
주네, 장 46
주네트, 제라르 125
주섭일 187
주인석 186
주창윤 289, 290, 310
주채혁 235
지드, 앙드레 76, 85
지라르, 르네 30, 115, 116, 126, 235
진형준 70, 283

ㅊ
채만식 174, 178, 196, 266
천양희 181
천이두 88

첼란, 파울 60, 161
최동호 78
최두석 37, 213, 260, 334, 353
최명희 335
최석하 165, 294
최성각 259
최수철 138, 185, 336, 354
최승호 24, 128, 164, 317
최영철 165
최윤 215
최인호 178
최인훈 43, 125, 176, 281
최창학 212
최하림 172, 180, 181, 328

ㅋ
카뮈, 알베르 69, 122, 356
카우아, 로제 292, 325
카프카, 프란츠 139, 169, 275
코제브, 알렉상드르 126
콘, 제임스 39, 40
쿠오, 토마스 42
쿤데라, 밀란 41, 230
클로델, 카미유 362
키에르케고르 103

ㅌ
터너, 윌리엄 318
토도로프, 츠베탕 41, 144
톨스토이, 알렉세이 니콜라예비치 46
톨슨, 멜빈 40
트로츠키, 레온 100, 101

행복한 책읽기
김현 일기 1986-1989

1판 1쇄 발행　　1992년 11월 20일
1판 30쇄 발행　　2014년 4월 2일
개정판 1쇄 발행　2015년 12월 12일
개정판 9쇄 발행　2025년 11월 21일

지은이　김현
펴낸이　이광호
펴낸곳　㈜문학과지성사
등록번호　제1993-000098호
주소　04034 서울시 마포구 잔다리로7길 18(서교동 377-20)
전화　02)338-7224
팩스　02)323-4180(편집) 02)338-7221(영업)
전자우편　moonji@moonji.com
홈페이지　www.moonji.com

ⓒ 김현, 1992, 2015. Printed in Seoul, Korea
ISBN 978-89-320-2810-1 03810

이 책의 판권은 지은이와 ㈜문학과지성사에 있습니다.
양측의 서면 동의 없는 무단 전재 및 복제를 금합니다.